U0944434

华东政法大学65周年校庆文丛

所谓司法

法律人的格局与近代司法转型

李秀清 / 著

崛起、奋进与辉煌
——华东政法大学65周年校庆文丛总序

2017年，是华东政法大学65华诞。65年来，华政人秉持着“逆境中崛起，忧患中奋进，辉煌中卓越”的精神，菁莪造士，棫朴作人。学校始终坚持将学术研究与育人、育德相结合，为全面推进依法治国做出了巨大的贡献，为国家、为社会培养和输送了大量法治人才。一代代华政学子自强不息，青蓝相接，成为社会的中坚、事业的巨擘、国家的栋梁，为社会主义现代化和法治国家建设不断添砖加瓦。

65年栉风沐雨，华政洗尽铅华，砥砺前行。1952年，华政在原圣约翰大学、复旦大学、南京大学、东吴大学、厦门大学、沪江大学、安徽大学、上海学院、震旦大学九所院校的法律系、政治系和社会系的基础上组建而成。历经65年的沧桑变革与辛勤耕耘，华政现已发展成为一所以法学为主，兼有政治学、经济学、管理学、文学、工学等学科的办学特色鲜明的多科性大学，人才培养硕果累累，科研事业蒸蒸日上，课程教学、实践教学步步登高，国际交流与社会合作事业欣欣向荣，国家级项目、高质量论文等科研成果数量长居全国政法院校前列，被誉为法学教育的“东方明珠”。

登高望远，脚踏实地。站在新的起点上，学校进一步贯彻落实“以人为本，依法治校，质量为先，特色兴校”的办学理念，秉持“立德树人，德法兼修”的人才培养目标，努力形成“三全育人”的培养管理格局，培养更多应用型、复合型、高素质的创新人才，为全力推进法治中国建设和高等教育改革做出新的贡献！

革故鼎新，继往开来。65周年校庆是华东政法大学发展史上的重要里程碑，更是迈向新征程开创新辉煌的重要机遇。当前华政正抢抓国家“双一流”建设的战略机遇，深度聚焦学校“十三五”规划目标，紧紧围绕学校综合改革“四梁八柱”整体布局，坚持“开门办学、开放办学、创新办学”发展理念，深化

“教学立校、学术兴校、人才强校”发展模式,构建“法科一流、多科融合”发展格局,深入实施“两基地(高端法律及法学相关学科人才培养基地、法学及相关学科研究基地)、两中心(中外法律文献中心、中国法治战略研究中心)、一平台(“互联网+法律”大数据平台)”发展战略,进一步夯实基础、深化特色、提升实力。同时,华政正着力推进“两院两部一市”共建项目,力争到21世纪中叶,能把学校建设成为一所“国际知名、国内领先,法科一流、多科融合,特色鲜明、创新发展,推动法治文明进步的高水平应用研究型大学和令人向往的高雅学府”。

薪火相传,生生不息。65周年校庆既是对辉煌历史的回望、检阅,也是对崭新篇章的伏笔、铺陈。在饱览华政园风姿绰约、恢弘大气景观的同时,我们始终不会忘却风雨兼程、踏实肯干的“帐篷精神”。近些年来,学校的国家社科基金法学类课题立项数持续名列全国第一,国家社科基金重大项目和教育部重大项目取得历史性突破,主要核心期刊发文量多年位居前茅。据中国法学创新网发布的最新法学各学科的十强排名,学校在法理学和国际法学两个领域排名居全国第一。当然我们深知,办学治校犹如逆水行舟,机遇与挑战并存,雄关漫道,吾辈唯有勠力同心。

为迎接65周年校庆,进一步提升华政的学术影响力、贡献力,学校研究决定启动65周年校庆文丛工作,在全校范围内遴选优秀学术成果,集结成书出版。文丛不仅囊括了近年来华政法学、政治学、经济学、管理学、文学等学科的优秀学术成果,也包含了华政知名学者的个人论文集。这样的安排,既是对华政65华诞的贺礼,也是向广大教职员工长期以来为学校发展做出极大贡献的致敬。

65芳华,荣耀秋菊,华茂春松,似惊鸿一瞥,更如流风回雪。衷心祝愿华政铸就更灿烂的辉煌,衷心希望华政人做出更杰出的贡献。

华东政法大学65周年校庆文丛编委会

2017年7月

目　录

专　论　1

一　域外法的引介及法律人的担当　3

二　《中国丛报》中的清代诉讼及其引起的思考　10

三　19世纪末西方人眼中的中国司法——基于《中国评论》的分析　31

四　民初的司法旨趣——以“王宠惠宪草”之“司法”章为引子　44

五　“无朝不成院”：朝阳法科的品位　72

六　吴经熊在密歇根大学法学院　94

七　法律人的私谊——吴经熊与徐志摩交厚之解读　108

八　“五四宪法”文本中“司法”的缺失及其影响　129

法思·前言后语 141

结缘日耳曼法 143

百年比较法学回眸 150

中国法的西方绎述 169

年会忆记 182

随笔十则 191

那个小城（Ann Arbor） 191

绕不过的小斯当东 195

接承上海出版经典之地气 198

教授的理想风范 200

老校区　新校区 203

大学之“大” 205

硕博人生，始自今日 207

享受宁静 209

学报十年 211

一百年来 212

附录　访谈：我在华政 214

索引 231

后记 237

专　　论

一　域外法的引介及法律人的担当*

当欧洲的法律史经历着从古希腊法、罗马法、日耳曼法、中世纪教会法，到英吉利判例法、欧陆法典化的分分合合、变化多元的历程时，中国的法律文明却几乎是沿着相对单一、独特的道路走了数千年。倘若说借助于引入、吸纳异域法律文化而构建本民族、本地区的法律不仅是常态，甚至可以说是延续欧洲法律史的手段的话，与此形成鲜明对照的是，中国的法律在很长时间内多是随朝代而发生的内部更替及各民族法律之间的交融，却几乎找不到引入、吸纳异域法的踪迹，若硬要说与异域法律文化沾点边的话，那也主要是中国法向附近亚洲诸国的输出。13世纪，随着《马可·波罗游记》在欧洲的传播，游记中有关中国这一东方最富有国度的见闻的描述，激起了欧洲人对东方的热烈向往。而自16世纪末耶稣会传教士利玛窦的来华传教，直至18世纪末，西方天主教传教士多采取有意识地将儒学与基督教加以融合的方式达到了一定的传教目的，他们的日记、信函及回忆录，几乎成了当时欧洲人了解中国的主要资料。其中，对于包括中国法律在内的中国文化虽有抨击，但仍不乏赞誉的介绍和评判，程度不同地成为了如莱布尼茨、伏尔泰等欧洲著名人士笔下用来褒扬中国政治、伦理、法律的依据，这既是以欧洲（尤其是法国）为中心的早期汉学论著对于中国文化的基本评判，也从侧面表明中国法律文化再一次的向外输出，

---

*　本文系在“第三届中国青年法学家论坛”（2011年1月25日，北京）上的演讲稿，经稍作删减后发表于《法学论坛》2011年第2期。收于本书时，仅进行若干文字修订。

延续产生了域外的影响力。

与中国法律文化的向外传播相比，域外法律文化传入中国，晚了很长时间，学界普遍认为，19世纪中叶是其起始时间。而自此之后，直到现在，一个半多世纪以来，除个别特殊时期之外，中国法制的近代化和现代化的进程中，几乎离不开引介、效仿域外法这一媒介和方法。学术界、思想界的诸位先贤和众多的有识之士，作为与自己国族的法律传统相比有着鲜明特点的域外法律文化的他者，他们所经历的复杂曲折的引介历程，其中的得失利弊，及对于当下的启示，作为法律人，我们又该如何担当，就是我接下来想梳理和汇报的。不当之处，敬请各位前辈和老师批评指正。

一、引介域外法之历程

回顾中国引介域外法律文化的历史，因其复杂曲折，我们会发现，其实很难划分为确定的几个阶段，某个阶段始自某日又结束于何时也很难说明。不过，为了说明之便，还得对此进行划分，大致如下：

（一）第一阶段：19世纪30年代至50年代

在中西关系不断交恶、第一次鸦片战争发生、以承认列强在华治外法权为代价的不平等条约的签署等中国历史发生重大转折的时代背景下，以林则徐、魏源、梁廷枏、徐继畬等第一代睁眼看世界的先驱们为代表，他们的《四洲志》《海国图志》《海国四说》《瀛寰志略》等都不同范围、不同篇幅地介绍外国的历史、地理、政治、文化。其主要来源是在华西人（主要是新教传教士马礼逊、郭实腊、裨治文等）的中文论著，比如郭实腊创刊的《东西洋考每月统记传》、裨治文的《美理哥合省国志略》等，其中，对于外国的法律有所涉猎，但不系统，也难说准确。这既是因为受限于资料，更局限于写作视野，此阶段的引介域外法几乎是处于“抓到篮里都是菜”的水平。

（二）第二阶段：19世纪60年代至19世纪末

内外事件接连发生，在清朝官方的用词中，本用“夷”指称的外国尤其是西方国家逐渐被“洋”所代替，相应地，与外国有关的事务也从“夷务”变为了“洋务”。在此背景下，介绍域外技术和文化的必要性日渐成为共识，官方开始参与其中。不仅有曾国藩、李鸿章、张之洞等权贵们的积极主张，还选派资助留学生出洋学习，设立同文馆、江南制造局，组织翻译《万国公法》等法律著作、《法国律例》(共46册)等法典,王韬、马建忠、薛福成、黄遵宪、郭嵩焘等一批率先走出国门,曾亲历欧洲社会文化的知识界、外交界人士,他们引介、宣传西方政制与法律,构成了这一时期传播域外法律文化的中坚力量。

(三)第三阶段:1898年至1911年

这个阶段的时代背景我们都比较熟悉,不必赘述。在下诏明确了"参酌各国法律悉心考订"的基本目标之后,引介域外法的各项活动迅速展开。从翻译法典来看,清政府修订法律馆组织翻译了大批法典,几乎涉及当时列强的各主要部门法;而商务印书馆的《新译日本法规大全》(81册),蔚为大观,一时洛阳纸贵,其盛况不亚于官方主持下的移译成果;法律类的译著不断问世,专门刊载外国法律的杂志,如《法政学交通社杂志》《(欧美)法政介闻》等创刊;开办新式学堂,设立法政门,教授法律知识,还走出去、请进来,陆续派遣代表团出洋考察和选派留学生出国学习,又邀请外国专家来法政学堂担任教习和参与起草法案,同时,私费留学在江浙、湖广等地也渐成热潮。此时期引介的域外法,若从国别看,首重日本;若从部门法看,宪政当高居榜首;若从担当者看,主要是留学生,尤其是留日学生。

(四)第四阶段:1912年至1928年

民国初期首先面临的是构建何种宪政体制,制定什么样的宪法这一话题,曾引起广泛关注,也历经反复。在此过程中,有关国家如英国特别是美国的宪政理论大量传入,成为修宪过程(包括各种私人宪草)中备被参引的依据,责任内阁制、总统制、共和制、君主制、联邦制、单一制、信教自由、财产保障等,不再只是术语和理论,而是被交替地付诸实践,简直令人眼花缭乱。此外,西式的行政诉讼、刑事、司法等原则和理论,也不断地被译介成中文,引起关注。我们通常会用割据、混乱来表述这一时期的社会状况,但从引介域外法律文化的角度看,尤其是宪政方面,倒却可以用丰富多彩、百家争鸣来形容,况且,我们断不会不提起的,当然还有至今仍被津津乐道的北朝阳、南东吴的创立及其耀眼成就。

(五)第五阶段:1928年至1949年

六法体系构建完成,这是始自清末效仿大陆法系模式的延续和成果,只是在法典的具体原则和内容上,相对于完成在百多年前或三十多年前的大陆法系的奠基性法典,如法、德、日等国的民法典、刑法典等而言,它同时又追随了

20世纪最初三十年的时代潮流，这恐怕离不开学成回国、直接参与立法活动的许多学者型官员们的努力。当然，在理论、学说、具体制度等方面，并不仅仅限于对于大陆各国，还有对于英美等国的关注。

（六）第六阶段：1949年至1966年

这一时期迎来了引介域外法的重大转向，进入了广范围、深程度地引入苏联法的阶段，体现在法学教育模式、法的观念、法学教材、法学论著，婚姻法、选举法、宪法及民法典草案、刑法典草案等各个方面。该阶段后期，引入苏联法的态度和范围有所改变。而在废除伪法统和强调法的阶级性的大背景下，西方资产阶级法律似乎销声匿迹，但在《中央政法公报》《政法研究》《法学》《政法译丛》等刊物上，仍常能看到批判它们的文章，可以说，这是另一种方式的传播。

（七）第七阶段：20世纪70年代末至今

多方位引介域外法律文化在停滞了十多年后再度形成热潮，20世纪80年代的引介轨迹及特征，从《法学译丛》各期文章中大概就可有所了解。此后，有关外国法的专题论著，各种外国著作或法典的“译丛”相继出版，日本法、欧美法及其他国家和地区的法律均受关注。直至现在，引介域外法所涉之广、参与者和途径之多、影响之深，前所未有，而且还呈现出越来越广、越来越多、越来越深的趋势。

二、引介域外法之得失

回顾一个半多世纪以来的中国法律史，引介域外法律文化在其中扮演了重要的角色，完全可以断定，倘若没有各个时期的这些引介，上述每个时期的中国法律史将会是另外一种景况，最近一百多年来的中国法律史的演变也不会是我们现在所了解到的这种轨迹，当下的中国法律也不会是我们所看到的这种水平。引介域外法，对于我们不仅必要，而且确确实实有重大的意义。不同的国家和地区，虽有不同的风俗和习惯，但作为社会主体的人，都有相同的生存和追求目标。因此，作为规范人们行为的规范准则，法律必然具有普遍性，各国的法律文化中必然具有相同或相似的价值。正因如此，从世界法律史看，一国在创建、发展本国法律时，引介、吸收异域法律经验很久以前就已是普遍采用的手段，这已成为世界法律史演变的一项规律。一个半多世纪以前中国引介域外法肇始之际，尽管有一定的被动和偶然，但实际上也是确有这种需要，恰恰印证了法律演变的这一规律。百多年来引介域外法，促就了中国在法律观念、法律体系、法律原则、法律制度、法学理论等方面的全方位的变革，从而使中国法律的近代化道路全面铺就，也奠定了当代中国法律能发展到现今这个水平的基础。从这个意义上说，近代以来的中国法，就是引介外国法和运用比较法的典范。

但是，回顾引介域外法律文化的过程，也有值得总结的教训，它存在一定的局限，同样需要我们警醒。不同阶段引介域外法的视野和水平，既受限于语言和资料，又受制于中外关系和意识形态。对于前者，可以用睁眼看世界一代先驱们和洋务运动时期有识之士们的努力成果为证；对于后者，最好的例证是20世纪30年代与50年代引介域外法方向的骤然改变。但是，在这里，我想说的是，除此之外，还有其他方面的教训。

首先，引介域外法，难以克服越界传播文化的一个弊端，这就是他者的想象。想象有可能导致高估，也有可能低估，但回顾中国百多年引介域外法的历史，我们明显看得出，因为引介者对被引介对象普遍怀有仰视的心态，所以他们常常过高地评判所要引介的外国法。清末对于日本法的迷恋，民国构建法律体系时对于大陆法系的依赖，20世纪50年代对于苏联法的推崇，都是因为存在一定程度的想象而导致的结果。

其次，引介域外法，在仰视域外法的同时，可能还会导致对于中国传统法的俯视。有交往就会有比较，就会发现法律文化存在差异，也确有先进和后发之分，但若撇开一个国家的土壤和背景，奢谈某一种法律是好的，另一种法律是坏的，这就可能是有失公允的评判。自19世纪中叶前开始引介域外法，几乎从同时期起，对于传统法的自我评判也每况愈下，很难说这是巧合。引介域外法，切不可以对传统法的妄自菲薄为前提，这方面的教训至今仍当引以为戒。

再次，引介域外法，若能让其渐渐融入本土，水到渠成，为我所用，尤其是在立法中能有参考价值，这就很有意义。但是，如果反过来，因为要立法了，急匆匆出国考察，仓促邀请外国专家作为顾问，这种急就章的办法，至多只能达到知其然，却远无法达到知其所以然，引介的结果可想而知。宪政考察团在日本期间，聆听伊藤博文、大隈重信的类似“我们日本是这样做的，你们中国也该这样做”式的教诲，及从古德诺到庞德的民国历任顾问，是否有过经得起时间验证的积极意义，实在让人不容乐观。

最后，引介与被引介，他者的打量与我者的评判，往往前赴后继，通常难分彼此，呈螺旋状演变。至少，从中国引介域外法律时开始就是这样的。19世纪中叶，当中国一代先驱睁眼看世界时，西方人眼中的中国，已从伏尔泰笔下的“强大而文明的帝国”沦为了“停滞的帝国”，此时，在他们眼中，中国法律几乎是野蛮、落后的代名词。当先驱们睁眼打量西域法律时，西方人对于中国法律的这种评价同时也进入了他们的眼帘，在当时中国颓弱而西方强盛的情况下，这种价值评判渐渐被奉为圭臬，影响深远。直至现在，在西方国家中，曾经占据主流地位的以“西方中心主义”评价中国法律的弊端受到了抨击，代之以所谓“中国中心主义”的观点，但“西方中心主义”视觉下所阐述的关于中国法律的许多观点，仍在我们的学术著作中随处可见。这不能不说是一种有现实意义的教训。

作为他者，在引介、效仿域外法的过程中，存在这样那样的局限，实属难免。比如，日本明治维新以后在“脱亚入欧”的过程中吸收外国法，就曾有过不少曲折；托克维尔考察美国回来后，在其名作《论美国的民主》中对于美国包括宪法在内的法律制度的过誉，也被指有“臆测的色彩”；许多民族独立国家在当代法治建设过程中所遭遇的外来法与本土化的冲突实例，则更是不胜枚举。因此，列数我们历史上在引介域外法历程中曾经有过的教训，意不在于苛责曾经为此付出辛勤努力、作出杰出贡献的开拓者和几代思想家、法学前辈，而主要是为了警示当下。因为，“谁掌握了历史就掌握了未来，谁掌握了现在就掌握了历史”，可谓至理名言。

三、当代法律人在引介域外法中的应有担当

当下，中国引介域外法，无论从广度，还是深度，都是历史上任何时期所无法比拟的。但是，相对于经济全球化、文化多元化、法律国际化、交流网络化的大趋势而言，引介域外法的事业仍有待继续推进，我们法律人应该有更清醒的认识，有更果敢、更卓越的担当。

第一，在引介域外法时，不仅要关注大国，同时也要关注小国；不仅要借鉴成功的经验，也要吸取失败的教训。每一个引介者个体，都会学有所攻，引有

所偏，但作为正在走向大国的法律人共同体及我们的学术团体来说，则应该有如此的胸襟，这样的风度。

第二，在引介域外法时，作为法律人个体，虽然可能克服语言及资料的限制，也有可能超越中外关系和意识形态，但最难以克免的恐怕是仰视抑或俯视的心态。作为个体，学者可以对于外国的某个学派、某个学者、某个法典情有独钟，但从其作为引介域外法事业的一个组成部分而言，则不仅应有对于这一学派、学者或法典的赞誉介绍，也要有对于它们可能存在不足的理性分析，更不能因为自己的情有独钟而排斥、贬低除此之外的其他引介。因此，引介时应保持平视者的心态，这难能可贵。

第三，在引介域外法时，能够给现实中的立法或司法提供参考和借鉴，产生即时的“洋为中用”之效，套用一句话，也就是“引而优则用”。但是，纯粹地引介外国法，找寻各国法律文化发展的轨迹，不是为了评判，也不是为了全盘接纳，而是为了去理解或者体会它们的通性或殊相，以他人为镜将找到自我。将域外法作为我们共同拥有的这个世界的法律知识和人类文明的一部分进行传播，这是我们当代中国学者的义务，也是我们作为世界公民而应该具有的气度。况且，引介域外法的即时功效与长远影响，还时常处于交替变换之中。

第四，在引介域外法时，还应该认识到，法律文化就好比一篮子的菜，里面有烂的也有新鲜的，有甜的也有苦的。所以，在引介之后与接受之前的交接过程中，还应有必要的比较和选择，有所遵循，有所舍弃，尤其是涉及价值判断，更应有起码的审慎。对待外国法律文化是如此，对待我们传统法律文化同样如此。

有学者言，没有过去，现在就没有意义，未来就没有方向。在一定意义上来说，一代法律人的视野和格局，左右着其所处时代法制变革和法治进程的旨趣和趋势。在反思引介域外法的历程及得失，并清楚地认识到法律人的当下担当之后，也就有了努力和追求的目标。

二 《中国丛报》中的清代诉讼及其引起的思考*

《中国丛报》(*The Chinese Repository*)是外国人在中国境内创办的第一份成熟的英文期刊。它于1832年5月由美国第一个来华传教士裨治文(E.C.Bridgman, 1801—1861)在广州创刊,直至1851年12月停刊,前后整整20卷,刊载的文章以中国的各种制度和风土人情为重点,范围非常广泛。根据附在《中国丛报》最后一卷的"文章列表"[1]显示,编者将共1257篇文章,按主题列为30类。尽管这些主题词中并不包括"法律",但遍览各期内容,我们会发现涉及法律的文章并不少,它们按类多被归入"中国政制与政治"(Chinese government and politics)、"中国人"(Chinese history)等主题词之下。同时,几乎每期杂志都设有的"时事报道"(Journal of Occurrences)栏目,也不乏涉及中国法律的零星记载。鉴于有关中国传统法律尤其是清代法律的西语汉学论著对其多有引用,国内历史学界对它也已有关注,而法律史学界对其的引用和关注似乎仍然处于阙如的情状,笔者近一年多来一直在浏览、研读它,并已完成《〈中国丛报〉与中西法律文化交流史研究》[2]《〈中国丛报〉与19世纪西方人的中国刑法观》[3]等论文。本文则是集中关注

---

* 本文原载于《南京大学法律评论》2011年春季卷。收于本书时,仅进行文字修订。

〔1〕 List of the Articles in the Volumes of the Chinese Repository, Arranged According to their Subjects, *The Chinese Repository*, Vol. XX, 1851, pp.ix-liv.

〔2〕 该文刊载于《中国政法大学学报》2010年第4期。

〔3〕 该文刊载于台湾《法制史研究》第17期,2010年6月。

《中国丛报》中的清代诉讼，先对其相关内容做归纳介绍及简单评析，继而谈谈自己研读它时所引起的相关思考。

一

相比于犯罪、刑罚、土地制度，《中国丛报》有关诉讼的内容，较为庞杂，涉及程序、证据、庭审、审判官、监狱管理等许多内容，归纳而言，他们所描述和报道的中国诉讼，尤其是清代诉讼，大致有下列方面的特征。

一是法典中有关诉讼程序的条款并不少，但实践中却屡遭违反，且无民事诉讼与刑事诉讼之分。[1]

从理论上说，如同其他古老的亚洲国家一样，中国的审判之门向所有百姓开放。各级法院的门口都放置一面喊冤鼓，供百姓鸣怨之用。任何时候法官都可以坐堂审判，法庭配设齐全，还配有书记官、翻译官等。

而为规范诉讼，《大清律例·刑律·断狱》的规定也甚为详尽。比如：

“依告状鞫狱”条：凡鞫狱，须依所告状本推问。若于状外别求他事，摭拾人罪者，以故入人罪论。

“有司决囚等第”条：凡狱囚鞫问明白，追勘完备；军流徒罪，各从府、州、县决配；至死罪者，在内法司定义，在外听督抚审录无冤，依律议拟，法司覆堪定议，奏闻回报，委官处决，故延不决者，杖六十。

“狱囚取服辩”条：凡狱囚徒流死罪，各唤囚及其家属，具告所断罪名，仍取囚服辩文状。若不服者，听其自理，更为详审。违者，徒流罪，笞四十；死罪，杖六十。

此外，“断狱”中的“故禁故堪平人”“淹禁”“陵虐罪囚”“官司出入人罪”“决罚不如法”“死囚覆奏待报”“断罪不当”，及“捕亡”中的“贼盗捕限”等，也都是关于诉讼程序的条款。

但是，法律条文是一回事，具体实践又是另一回事。与《中国丛报》分析其他法律相类似，他们不仅关注条款，更关注条款在实践中的运用。因此，在列举上述规范诉讼的条款之余，自然不忘用更详尽的篇幅报道这些条款遭随

---

〔1〕 Notices of Modern China: courts of justice; judges, clerks, interpreters, plaintiffs, defendants; prisons, the number and condition of their inmates, *The Chinese Repository*, Vol.Ⅳ, No.7, November, 1835, pp.335–341.

意违反的事例，指出中国法律与实践相脱节，在诉讼程序上的表现尤其明显。同时，不明确区分民事诉讼与刑事诉讼，这不仅反映了诉讼制度的落后，同时也恰恰显露出中国文明程度差强人意的真实状态。

可以说，上述观点是《中国丛报》给中国诉讼所定的基本调子，以下方面均与此观点一脉相承，或者说它们都是这一观点的注脚。

二是容许匿名控告，并引诱百姓告发。

匿名控告，古已有之。但在中国，早在唐代就确立了严禁匿名告诉的诉讼原则，《唐律疏议》规定："诸投匿名书告人罪者，流二千里。"此后历朝，立法有所变化。至清朝，继续有新的嬗变。[1]其中，《大清律例·刑律·诉讼》"投匿名文书告人罪"条："凡投隐匿姓名文书，告言人罪者，绞。见者，即便烧毁。若将送入官司者，杖八十。官司受而为理者，杖一百。被告言者，不坐。若能连文书捉获解官者，官给银一十两充赏。"此条甚为详尽，禁止匿名控告、匿名控告人将受到严惩的立法意图明明白白。但是，《中国丛报》1833年刊载了一则报道：在北京，有人投递了一封控告某刑部官员的匿名信，按照法律，匿名举报人和企图利用此匿名者都要受到惩罚。但是，皇帝得知此事后，却希望据此调查被控告者，这引起了都察院官员的担忧和惊慌。[2]

实践中不仅容许匿名控告，还发生过官府引诱百姓告发的事例。在广东东莞一村庄，有一凶横残暴的叶姓恶霸，百姓们深恶痛绝，但又都不敢告发他。地方官府乃至广州的督抚早就听闻过此人的残暴行径，但因缺乏证据无法将其捉拿归案。于是，东莞知县签署一份布告，大致意思是：本官听到谣言，说叶侵占百姓田地，掠夺百姓房屋，诱奸妇女，匿藏匪徒，鱼肉百姓，劫掠坟墓，无恶不作。本官猜测此谣言中可能存有实情，因此希望所有知道真相的民众能前来告发。此报道内容到此为止，虽然，是否有民众看到布告后前去诉说告发不得而知，但东莞官府鼓励或者说引诱民众告发，以将此恶霸抓获法办的目的则是显而易见的。[3]

三是滥用刑讯逼供。

---

〔1〕 对此，具体可参见陈玺：《清代惩治匿名告人立法的嬗变与省思——清代律典、附例、成案三者关系的个案考察》，载《求索》2009年第1期。

〔2〕 Anonymous Accusations, *The Chinese Repository*, Vol. Ⅰ, No.11, March, 1833, p.472.

〔3〕 An Invitation to Prosecute, *The Chinese Repository*, Vol. Ⅰ, No.7, November, 1832, p.294.

刑讯，亦古已有之，且不分中外。在中国，它被视为获取真相和证据的一项措施，而不是对于罪犯的惩罚。但从秦朝开始，司法上就不认为刑讯是一项好的制度，法律上并不提倡，相反，滥用刑讯的官员要被追究责任和惩罚。此后历代，律典中不乏规制刑讯的条文。至清代，《大清律例·刑律·断狱》“故禁故勘平人”条及其附例，对此有较细密的规定：首先，凡官吏怀挟私仇，故禁或故堪平人者，“杖八十”。其次，主要的刑讯对象是“强、窃盗、人命，及情罪重大案件正犯，及干连有罪人犯，或证据已明，再三详究，不吐实情，或先已招认明白，后竟改供者”，除对这些人“准夹讯外”，“其别项小事，概不许滥用夹棍”。再次，有滥用夹讯行为的官员，“若将案内不应夹讯之人，滥用夹棍，及虽系应夹之人，因夹致死，并恣意叠夹致死者，将问刑官题参治罪”。又次，一般情况下，仅限“内而法司，外而督抚、按察使、正印官，许酌用夹棍”，其余大小衙门概不许擅用，若“不呈请，而擅用夹棍、拶指、掌嘴等刑，及佐贰并武弁衙门，擅设夹棍、拶指等刑具者，督抚题参，交部议处，正印官亦照失察例处分”。最后，刑讯用的刑具也须合法，主要是必须符合《大清律例·名例律》“五刑”之条例的规定。

但是，在司法实践中，官员尤其是地方官员，滥用刑讯的事件接二连三。《中国丛报》转载了《京报》《印中搜闻》《广州记录报》等关于滥用刑讯乃至酿成惨案的报道：1817年8月9日《京报》报道，各地官员滥用拷问，致使屈打成招之事不时发生，而官员却乘机受贿敛财；1818年1月《京报》又报道了两名嫌疑人被拷打致死的案件；1819年7月《印中搜闻》报道，一都察院官员向皇帝报告说，“在四川省，残酷、非法的拷问事件经常发生，许多人被拷问致死，”他还说，地方官员希望将那些根据法律应该被判死刑的罪犯直接拷问致死，省得再麻烦把他们送交上级法院；1821年10月《印中搜闻》报道，一起杀人悬案在过去了五六年之后才发现真正的杀人凶手，而此时，已经有五六十人因此遭受过审讯拷问；1820年7月《广州记录报》报道，安徽一地方官遭到指控，他被控将两名犯人的巴掌钉在木板上，其中一人因痛苦挣扎，撕裂了手，后又被重新钉上，最终死亡，同时，该官员还用铁床、沸水、烙铁、割跟腱等方式折磨犯人，不过，最终皇帝却免除了其残暴对待犯人的罪行；此外，《广州记录报》1829年7月16日、9月2日、10月3日、12月12日及1830年7月3日等均有关于刑讯虐待致死案件的报道。[1]

列举如此多关于刑讯惨案的报道，主要是为了证明作者的一种观点，即滥用刑讯在许多国家都存在，但在中国，却明显最多。此观点是否正确，暂且不论，但规制刑讯的法律在实践中效果不佳亦属事实，嘉庆朝屡屡发布相关诏令就是个例证。嘉庆四年（1799年），嘉庆皇帝下诏称"嗣后一切刑具，皆用官定尺寸，颁发印烙。如有私自创设刑具，非法滥用者，即行严参治罪，决不宽贷"。此后，嘉庆十五年、十七年又反复下达诏令，严格限制非法刑讯。反复下诏的背后，反映的正是屡禁不绝的事实。

四是地方审判不力。

在《大清律例·刑律·诉讼》中，有两条律文备受《中国丛报》作者关注。一是"越诉"条："凡军民词讼，皆须自下而上陈告，若越本管官司，辄赴上司称诉者，笞五十。"因此，"须本管官司不受理，或受理而亏枉者，方赴上司陈告"。另一是"军民约会词讼"条："凡军人有犯人命，管军衙门约会有司检验归问。若奸盗、诈伪、户婚、田土、斗殴，与民相干事务，必须一体约问；与民不相干者，从本管军职衙门自行追问。其有占有悋不发，首领官吏以违令论。各笞五十。"在其看来，这两个条文恰恰说明中国民事诉讼、刑事诉讼不分，司法管辖没有得到很好的界定。

越诉、申诉案不断，几乎所有重要案件都会告至按察使、府尹，诉至皇帝谋求正义亦为常事。管辖不清导致地方审判不力，但它不是唯一的原因。

司法官人手不足，致使审判拖延，在有些地方可能极为严重。1828年，山东省一名地方官，因为12个月内审决了三百多起案件且没有被提起上诉而得到升迁；1830年，有一则关于湖北省一地方官一年之中审决了一千多起案件的报道。与此相反，另一则消息却提到，同样是山东省，一地方官已经退休，而他所审理的案件中，却有六百多起被当事人提起了上诉。这些对于地方官的赞誉或批评，都从侧面反映了至少在山东和湖北，存在司法人手不足与案件繁多之间的矛盾。

如果说，人手不足是客观原因，那更主要的恐怕就是地方官懈怠枉法这一

---

〔1〕 Notices of Modern China：various means and modes of punishment，torture，imprisonment，flogging，branding，pillory，banishment，and death，*The Chinese Repository*，Vol.Ⅳ，No.8，December，1835，pp.361-386.

人为因素了。[1]对此,《中国丛报》的报道屡见不鲜。在此,仅举数例。

有一篇转自《京报》1819年4月号的报道很详尽。一名御史诉说直隶省审判工作中劣迹斑斑,他说:"知县中许多人无羞耻之心,纵容贼盗和骗术。从前盗马贼躲藏在秘密地点,现在公开到市场上出卖赃物。他们遇到弱者,就去偷其财产,向其勒索钱财,官吏明明知道,却当作小事一桩,反而责怪受害者自己不小心。捉贼的人与贼犯串通一气,他们受派出来捉贼,但却利用机会自己也偷盗。从前,禁止捉贼者藏匿盗贼,现在他们自己却同样从事着这些目无国法的勾当。当一起盗窃事件报告到这些官吏时,他们将此搁置一边,并不去查证,而当它被诉求到上一级官府,并接到了要求处理此事的命令之后,他们才抓捕少数几名盗贼,而在数天后却又擅自放走他们……离王府不远有个村庄躲藏着许多抢劫犯,其中还有一些回教徒,他们二三十人结伙夜间出动,随身带着武器,常常光顾民宅,破门入室,尽情吃饱喝足之后还威胁勒索钱财,如不能遂其所愿,就抢走衣饰或牲畜。他们也常到店铺,直接破门而入,明目张胆索要钱财,如果不能达到目的,就将店铺付之一炬。如果店主认出其中一些人并扭送至衙门,知县也不过是揍他一顿,关进牢房,不及半个月就又将其释放。"[2]

1833年11月,有一起来自广东的申诉案引起了皇帝的关注。申诉人称,发生于11年前有9人同时遭杀害的案件,至今没有得到官府的审决。皇帝龙颜大怒,专此下诏要求迅速审判,并声明要严惩玩忽职守的地方官。[3]

另有一起也是来自广东省的申诉案件。揭阳地区一黄姓男子,长途跋涉来到北京申诉,声称其林姓同乡犯下了抢劫等滔天罪行,在广东却没有受到惩罚。他控诉说,这个姓林的恶霸,手下有跟从者上万,他们抢劫、发塚、绑架,几乎无恶不作。直到他离开广州前来北京时,自己的两个兄弟仍被这恶霸无

〔1〕 关于该时期具体有多少名地方官懈怠枉法,实在找不到准确的数据统计资料,不过,刘创楚、杨庆堃的相关研究仍有很大的参考价值。两位专家根据研究提出,清廷在1796年至1911年共处罚了三万余名官吏,在受处罚的官员中,京官只占二成,地方官占八成,晚清政治的"京官无能,地方官贪枉"现象相当普遍。参见刘创楚、杨庆堃:《中国社会——从大变到巨变》,香港中文大学出版社1989年版,第148～149页。转引自金观涛、刘青峰:《开放中的变迁:再论中国社会超稳定结构》,法律出版社2010年版,第55页。

〔2〕 Notices of Modern China: officers of the inferior magistracy and police; domestics of the principal officers; malversations of the police; extortions and cruelties of inferior officers; & c., *The Chinese Repository*, Vol.Ⅳ, No.5, September, 1835, pp.217–218.

〔3〕 Homicide, *The Chinese Repository*, Vol.Ⅱ, No.9, January, 1834, pp.431–432.

故关押着。在来北京申诉之前，他在广东地方当局已经申诉了5年，向潮州长官申诉了13次，向广州的督抚申诉了3次，但所有这一切均属徒劳。正因在广东申诉无门，他才来到了北京，寻求最后的希望。至于该黄姓男子是否有上一例申诉人那样幸运，能引起皇帝对自己案件的关注，未见后续报道，不得而知。[1]

因地方官的懈怠枉法而申诉到最高司法机关的案件，举不胜举。[2]类似案件当然也不只仅仅针对广东省。《中国丛报》第20卷第1期刊登了一则专门的消息，报道各省上报的审决案件数。据此可知，至1848年年底河南尚有22个案件未决，可1849年又新接到39起案件，在该年的上半年，其中14件旧案和3件新案已被审决，8件案件将被重新审理。江苏督抚报告称，还有10起案件尚未审决。此外，来自湖北、江西、湖南、福建等地，因地方官员拖拉、审判不公而提起的申诉也均有刊载。[3]同时，编者还特别关注妇女因受地方官懈怠枉法之害而不断申诉的案件，有为报杀父之仇而迎御驾喊冤的，有为要求调查自己丈夫的真正死因而直接控告督抚的，有为遭谋杀的儿子报仇雪恨而派亲戚进京申诉的。而督抚下令禁止妇女申诉，更是从侧面反映了女性在申诉活动中的活跃和艰难。如1828年，两广总督就签署了一项命令，严厉禁止妇女向他申诉。在报道的同时，编者不禁发出类似"中国妇女谋求正义和复仇的坚持不懈的性格令人震惊"的感叹。

此外，在民事案件审理时，懈怠拖延的情况也存在。比如，有一继承案件，久拖不决，地方官却乘机从双方当事人处捞取好处。[4]

因此，相对地，勤勉的官员就值得表彰。在北京，皇帝所在的地方，就有官员因勤勤恳恳审决案件，没有造成案件审理的拖延，而受到皇帝的召见和嘉勉。其中，有一名官员因审决了382件案件，且主要是谋杀和强盗案，而享此殊荣。后来，皇帝还按官员的成绩大小，分级奖赏。[5]

---

〔1〕 Delay of Justice, *The Chinese Repository*, Vol.VII, No.1, May, 1838, p.56.

〔2〕 参见刊载于《中国丛报》各卷的同类报道，如 Chinese Justice, Vol. Ⅰ, No.4, August, 1832, p.159; Cruelties and Murders, Vol.I, No.9, January, 1833, p.382-283; Robbery, Vol. Ⅱ, No.9, January, 1834, p.431, 等等。

〔3〕 A Summary of Judicial Cases, *The Chinese Repository*, Vol. XX, No.1, January, 1851, p.54.

〔4〕 A Summary of Judicial Cases, *The Chinese Repository*, Vol. XX, No.1, January, 1851, p.54.

〔5〕 Judicial Diligence, *The Chinese Repository*, Vol. Ⅵ, No.12, April, 1838, p.607.

五是难求最后的“正义”。

申诉者在地方申冤无着，于是怀抱一丝希望来到北京，谋求最后可能的正义，这是申诉制度设计的原本目的，清律当然也不例外，故有专条“告状不受理”，甚至允许“迎车驾及击登闻申诉”。但无疑，有的针对地方官员故意拖延、枉法审案的申诉也存有轻率和恶意，而同样不容置疑的是，最高司法审级也并非都能赋予申诉人应得的“正义”。有的是由于申诉人所说的方言，比如福建方言，根本无法让人听懂，而更多的是，当蒙冤的穷人提起申诉时，很少有机会被认真对待和审理，或者，即使被立案审理，他们除了被发回原籍，也就是原案地方官所辖地区外，鲜有其他的结果。

有这样一起案件特别受到关注。1821年12月，英国军舰“土巴资号”(Topaze)在广州虎门口外的伶仃岛登陆骚扰民众，遭到当地居民还击，舰长甚至下令开炮，致数名村民死伤。为此，清朝当局与英方多次交涉，要求英方交出两名肇事凶手，遭到拒绝。尽管有广州行商从中斡旋，但中英贸易仍因此停止了数月，“土巴资号”案终成悬案。该事件发生两年之后，冲突中一遇害村民的兄长，历尽艰辛徒步走到北京，提出申诉。可能是不敢控告广东督抚，或者是出于能从富有行商处获得更多赔偿的目的，他控告知名的行商浩官，声称后者接受外国人贿赂而息事宁人。皇帝得此申诉后把这可怜之人发回广州，并同时命令督抚调查此事。督抚调查后报告说，控告纯属虚假。而且，督抚还就此提出，已颁行的一项命令规定，提起虚假控告者所受到的惩罚，原则上要比被控者若犯罪成立所应受之惩罚稍轻。现根据法律，捕贼者或警察如果暗中与罪犯勾结，隐匿犯罪者，将被流放3000里，担保行商对于外国人的监督就如同警察或捕贼者，因此倘若担保行商被定为犯罪，也将被流放3000里。现在既然判定浩官无辜，那控告者就应该承担惩罚，即使稍轻一点，他也应被流放2000里。最后，督抚还尽显为官之宽容，说考虑到控告者是出于义愤，且他已经徒步走了那么远的路，所以就免了他应受的2000里流刑。可怜的控告者就这样被遣送回老家了。[1]

这一申诉由皇帝发回原籍，并最后如此结束，在笔者看来，其实反映出来

---

〔1〕 Notices of Modern China: appeals from the inferior to the superior courts; abuses in the manner of appeal; accumulation of cases in provincial courts; the difficulty of obtaining redress, *The Chinese Repository*, Vol.Ⅳ, No.6, October, 1835, p.268.

的主要是日渐衰微的清朝政府的无能和无力，对于来势张狂的大英军舰的滋事挑衅除了停止贸易，没有其他招数可支。寻求最后正义的申诉人最终所获得的，不但不是正义，反而是清朝自上而下的无能和无力而转嫁导致的双重冤屈。

清代的中央司法机关，沿袭旧制，仍为合称“三法司”的刑部、大理寺、都察院，按律各司其职。但是，因为秋审、朝审的存在和发展，而此二者最后又都要奏报至皇帝，所以皇权对于司法权的控制较此前各朝更为明显。秋审、朝审，本身是为了标榜“慎刑”，在每年各地督抚奏报的监候案件中，除少数属于情实被皇帝“勾决”，然后由刑部下达执行死刑令外，还有相当比例的案件被分情形改为“缓决”“可矜”及“留养承祀”等类。但是，在《中国丛报》编者的眼中，此种“慎刑”则有点变异。比如，他们关注到，皇帝曾将13个省提交的斩监候案改判为斩立决，并就此训诫各省督抚，强调审判案件要不偏不倚，既不枉法也不纵容犯罪。同时，还列举一起过失杀尊亲案，以说明所谓皇帝的仁慈其实不过如此。该案中，安徽省一农夫，因为家庭琐事追打并向妻子扔砸陶壶，结果却砸中了前来劝架的自己老母亲的太阳穴，致其不治而亡。他被公认是一个孝子，亲属们都同意以意外事故处理，他们准备好一口棺材拟埋葬死者，但地方官员得知此事后却将他捉拿归案，并判处其凌迟刑，此案奏报到了皇帝，皇帝最终改之为处以斩首。[1]

最后，监狱总体状况堪忧。

《大清律例·刑律·断狱》有若干规范监狱的条文，如“陵虐罪囚”及“狱囚衣粮”等，违犯者依律将受到惩罚。尽管如此，在《中国丛报》编者笔下，条件恶劣和管理无序却是当时中国监狱的常景。

多年未能修理监狱，这一问题在许多省份均存在。监狱人满为患，空间狭小，条件糟糕，被关押者因此患病乃至死亡的，并不少见。比如，1825年，广州监狱中就有约200名在押人犯死亡；1831年，广州监狱有117名罪犯死亡。在押人犯死亡数的准确性，难以确定，但这种现象的存在则不容置疑。

同样，各地监狱里一定时期内到底有多少在押者，也缺少准确的统计。但是，各地监候人犯数，却时有记载。1827年，皇帝在一项秋审裁决令中提到，

---

〔1〕 Autumnal Assize, *The Chinese Repository*, Vol. Ⅱ, No.12, April, 1834, p.576.

关押于帝国各地监狱里的监候人犯，有10,990多名。1830年，据《京报》报道，各地监候人犯有10,500名，其中，广东省有180名。仅监候人犯就有这个数字，监狱人满为患不可能是无中生有。因此，贫穷的囚犯死于狱中时有所闻，但富有的罪犯却通过贿赂狱卒，甚至能享受单间，还有仆人伺候，可以玩牌及其他娱乐，放风时手铐脚镣也可解除，可以四处走动。[1]

关于广州监狱，《中国丛报》还刊有专文描述。在广州，有监狱6所，其中5所，各有5亩多地，各能容纳500余名囚犯，另一所有7亩多地，可关押1000余名。每个监狱都有内墙、外墙，内外墙间隔7尺，夜间有值勤狱警绕此巡逻。在外墙以外，又有警卫昼夜站岗。囚犯均被戴上手铐脚镣，只有在白天用食时才解除其中一只手铐。对于罪大恶极的囚犯，颈脖之间还被带上铁棒，每个脚踝也上了三四个镣铐。根据法律，每个囚犯每天应该有规定数量的饭菜供应，在特定的日子里，比如逢皇帝儿子生日，可以获得额外的恩赐，但狱卒却常擅自克扣。一般囚犯还要遭受牢头狱霸的欺凌，那些入狱前就有权势，或者入狱时间久并善于钻营的，在狱中发号施令、耀武扬威，当新进来一名囚犯，他就命令其他臣服者对其实施极其残暴的行为，以敲诈钱财或纯粹取乐，狱卒却是睁一只眼闭一只眼。因此，囚犯所遭受的来自于狱霸的折磨，甚至在一定程度上甚于官府所判的刑罚。在广东，俗语称为“打烧纸”。因此，进了监狱，某种意义上，就是落入地狱。[2]

《中国丛报》还刊载有外国船只在中国沿海失事、船员被关押于监狱的详细报道。1840年9月，英国船只“风鸢号”(Kite)在宁波镇海一带遇风浪失事，船员和乘客被官府抓获，并囚禁了5个多月，乘客之一安娜·诺贝尔夫人(Mrs. Anne Nobel)在狱中给朋友写了一封长信，不仅详述了轮船失事过程的细节，还绘声绘色地描述了宁波监狱内的恶劣状况及其所遭受的非人境遇。[3]此外，船只失事后，船员被抓获关押的类似报道还见之于连载在《中国丛报》1843年第3

---

〔1〕 Notices of Modern China: courts of justice; judges, clerks, interpreters, plaintiffs, defendants; prisons, the number and condition of their inmates, *The Chinese Repository*, Vol.Ⅳ, No.7, November, 1835, pp.339-341.

〔2〕 Notices of the Prisons in the City of Canton, their Number and Extent, Character and Condition of their Inmate, *The Chinese Repository*, Vol.Ⅻ, No.11, November, 1843, pp.604-608.

〔3〕 Loss of the Ship Kite, and Mrs.Noble' s Narrative of her Captivity and Sufferings in Prison in China in 1840-41; in a Letter to a Friend, *The Chinese Repository*, Vol.Ⅹ, No.4, April, 1841, pp.191-204.

期和第5期的杂志上，英国“安号”（Ann）船，在台湾附近海域失事，其全体船员和乘客被官府抓获，并在监狱中遭到野蛮、残暴的折磨，其中43人被处斩刑。[1]

与广州、宁波及台湾的监狱相比，在《中国丛报》编者眼中，香港监狱条件及其管理似乎要好一些。关于香港监狱1841年8月9日至1843年9月18日的在押人犯情况，有准确记录。共有616名囚犯，分为两部分：第一部分，482名囚犯，其中，430名中国人，28名东印度水手，9名葡萄牙人，5名印度兵，1名美国人，其余9名为欧洲人；第二部分，134人，几乎全是欧洲人，其中有少数，可能约20人为士兵。他们遭监禁的时间从2天到4年不等，其中被判4年和3年的各有2人，2年半4人，2年23人，1年半24人，1年2人，其余的刑期则更短。在香港的监狱中，尽管中国囚犯几乎都公开遭受鞭刑，但监狱内米饭供应充足，囚犯想吃多少就可吃多少，偶尔还有咸鱼和蔬菜。[2]这样的条件，相对来说已经比前文所述的情况稍好。

另有记载，1843年9月20日至1844年11月15日，香港监狱在押犯人共计302名。其中，47名为欧洲士兵，约50名为海员，一名印度籍士兵因犯谋杀罪而被处决，包括6名中国人在内的10名抢劫犯被送上一艘小船，流放至澳洲新南威尔士10年或终身不等。此记录特别提到，香港监狱中的囚犯很少生病，死于狱中的仅有6人，这样的死亡率甚至比香港的军营里还低。[3]

为遵守办刊宗旨，《中国丛报》很少介绍外国的诉讼制度，不过，仍有一篇转载自《新加坡纪事报》（Singapore Chronicle and Commercial Register，1837年4月8日和4月15日）有关陪审制的文章值得关注。其大致意思是，不管新加坡、马六甲一带发生什么事，毫无疑问，都会对中国产生影响。有关陪审制及其他自由政府的各种制度，也是如此。主要来自沿海地区的中国人，现有数千名居住在欧洲。他们会首先了解到陪审制，然后肯定会在用中文写成的实用

---

〔1〕 Narrative of the Loss of the English Brig Ann: and of the Capture of the Whole, and the Decapitation of Forty-three of her Crew, by the Chinese Authorities in Formosa, *The Chinese Repository*, Vol.Ⅻ, No.3, March, 1843, pp.113-121; Vol.Ⅻ, No.5, May, 1843, pp.235-248.

〔2〕 Record of Criminals, European and Chinese, Lodged in the Jails at HongKong, from the 9th of August, 1841, to the 18th of September, 1843, *The Chinese Repository*, Vol.Ⅻ, No.10, October, 1843, pp.534-536.

〔3〕 Record of Criminals, European and Chinese, Lodged in the Jails of HongKong, from the 20th September, 1843, to November 15th, 1844, *The Chinese Repository*, Vol.XⅢ, No.12, December, 1844, p.654.

知识的著作中介绍它，这自然会引起公众的注意，并最终被采用作为国家的习惯做法。几乎所有民族性的巨大改变都是源于若干小的诱因的相互作用，很希望与欧洲有很多交流的这些中国人最终能看到他们所钦佩并希望仿照的制度。接着，全文登载了威廉·诺理斯（William Norris）在新加坡大陪审团所发表的关于法律程序、司法正义、陪审制的两次演讲。[1]此文之所以令笔者印象深刻，不仅在于它论及与当时中国的诉讼制度格格不入的陪审制，更在于其字里行间所显露出来的谆谆教导的口吻和高高在上的优越感。[2]

二

《中国丛报》有关清代诉讼的内容大致就是这些，尽管是归纳介绍，但仍不免繁杂。不过，给人的总体印象应很显然，那就是，负面的居多，肯定的鲜见。

若完全否定《中国丛报》的这些内容，认为它们均属杜撰，当是意气用事，因为其中许多，尤其是具体的报道，多直接或间接地转载自《京报》或其他官报。因此，更应该引起我们思考的是，其编作者们为何偏好转载这些内容，而不是其他。

《京报》曾称“邸报”“邸钞”“朝报”，《京报》的名称在清初得以固定，其主要内容包括：皇帝的敕令和公告；简要的宫廷消息，包括人事任免事项；群臣的奏议和报告。未经内阁批准者，不得被刊载于《京报》。《中国丛报》曾刊有一文——“京报”（Peking Gazette），我们从中可以了解其更多的信息：[3]

> 由官府在北京刊行，尊称为《京报》（king-paou）——“京”表明“伟大的”，而这通常被中国人用来指他们帝国的首都；“报”意味着“通告”“通知”。在地方各省，这叫“京通”（king-too）、“内阁钞”

〔1〕 Straits of Singapore: Criminal Courts and Trial by Jury..., *The Chinese Repository*, Vol.Ⅵ, No.3, July, 1837, pp.153-157.

〔2〕 当然，对于英美陪审制度及中国诉讼制度，当时也有生活在中国的西方人持有不同于《中国丛报》的评判的。比如，长期居住于中国的美国人亨特（William C.Hunter, 1812—1891）就曾说过：“中国人的民事制度中有一个显著的特点，就是没有陪审团，因而也没有律师。这是西方国家学习的一个好榜样。在西方，审判是要由这一方或那一方付钱的，因而成了昂贵的奢侈品。陪审员不能取得一致是常有的事，于是需要建立一个新的班子……而到头来，判决未必会比由一个法官或地方官单独主持的小案法庭更加准确无误。”参见[美]亨特:《旧中国杂记》，沈正邦译，章文钦校，台湾古籍出版有限公司2003年版，第122页。

〔3〕 Peking Gazette, *The Chinese Repository*, Vol.Ⅰ, No.12, April, 1833, p.506.

(nuy-ko chaou)，或简称为“京钞”(king-chaou)。该报由北京发向各省，但极少按时到达广州，一般需40天至50天，有时甚至需要60天。它有大小两种型号，均为手抄本。大号每日一期，40页左右，或20张；小号为15张或20张，隔日一期。大号专为总督、巡抚等高级官员发行，删改本的小号则是给省里那些下级官员看的，他们得花高价从文吏那里购买，也有人便宜一点租借来看。有钱的人也可通过朝里的朋友，私下从北京弄到最好的版本。

可以说，《京报》是清朝的半官方喉舌，流传甚广，不仅清朝上下，而且在华的外国人，都极为关注。因此，《中国丛报》转载它的内容自在情理之中，不仅有节译转载，也有全文翻译作为专题刊载。外国人对于《京报》的关注不仅始于19世纪30年代创刊的《中国丛报》，早在18世纪20年代，法国来华耶稣会传教士龚当信(Cyr Contancin，1670—1733)就向西人介绍过《京报》，并翻译过它的部分内容。有学者曾对照过龚当信和《中国丛报》关注《京报》的不同态度，前者对《京报》赞誉有加，认为它很有教益，不仅有助于皇帝“教导官员们更好地治理百姓”，具有特殊的教化功能，而且，有助于在华的传教士“了解中国的风俗，获得有关中国的宗教、学说、法规、待人接物等各方面的知识，还可从中学习遣词造句，提高中文表达能力”等。而后者却认为，《京报》“没有思想、没有文采，君主只不过借此将他的权威周知天下”，根本无法和欧洲的报刊相提并论，对于《中国丛报》主要作者马礼逊(Robert Morrison，1782—1834)、裨治文等而言，《京报》的可取之处是其情报价值，而不是龚当信所心仪的圣君治国之道。态度不同，决定了他们侧重关注《京报》的内容也自然会有差异，因此《中国丛报》涉及包括诉讼在内的清代法律时偏好转载负面的内容也就是自然的了。这种转变的背后原因当然很复杂，可以列举出内外因素若干，但重要的背景不容忽视，那就是，《中国丛报》问世前后，正是鸦片战争前中西关系发生剧变的前夜，也是西方之中国观发生“从对中国的仰慕到排斥”的转折时，此时新教传教士们在华的传教事业亦尚在艰难开拓时期。[1]故而，报道中国存在的问题越多，就越能显示西方的优越，传教的不如己意也就

〔1〕 参见尹文涓：《耶稣会士与新教传教士对〈京报〉的节译》，载《世界宗教研究》2005年第2期。

有了更多的客观理由，编作者这种带有宗教和文化优越感并具有拯救者的心理其实不难理解。

有理由断言，在当时传媒手段比较单一的情形下，在中西文化交流史中举足轻重的《中国丛报》的负面介绍，对于当时西方国家尤其是英、美等国人士，几乎一面倒地消极评判清代诉讼曾产生过关键性的影响。《中国丛报》的主要编作者中，不乏被后人推崇为著名汉学家者，比如：创刊人裨治文，就因其对于《中国丛报》的贡献，而成为美国的“中国问题第一专家”；初任《中国丛报》的印刷工、该刊最后三年的实际主编和主要撰稿人卫三畏（S.W.Williams，1812—1884），因其出版了公认的美国人研究中国的最早权威名著《中国总论》（The Middle Kingdom），而成为“美国汉学第一人”。对于包括《中国总论》在内的西方汉学著作而言，《中国丛报》都是主要的资料来源。比如《中国总论》之第八章“法律的执行”就反复引证《中国丛报》，有的明确注明出处，有的尽管没有注明，但许多段落让浏览过《中国丛报》者均觉似曾相识：

> 一名御史说到衙役时指出：“他们一接到命令去传唤证人，立即向原告、被告双方要钱，从十两到几十两不等。胥吏索取的比走卒多几倍，如果没有满足要求，就会策划出种种令人烦恼的花招。再者，如果邻居是有钱人，他们有办法牵连到他。他们串通挑刺诈骗的讼棍来迫害百姓，威胁恐吓他们拿出钱来。”〔1〕
>
> ……不可能期望法庭有正规的程序，也不可能期望执法能像法律条文所规定的那样。所有案件，不论民事的还是刑事的，只由一个官员来审判，只有一个法庭来解决所有可能出现的问题。从《律例》中可以见到的唯一例外是“军民约会词讼”条……〔2〕
>
> 官员一般对策是平息事端，压制上诉，可能在很大程度上对被告一方及其证人进行逼供，即作为判决的证据……《律例》中有许多条款规定法庭的程序，对犯有非法判决或残暴行为等罪行的官员予以重罚，但实际记录证明了这类法律不过是一纸空文。〔3〕

---

〔1〕［美］卫三畏：《中国总论》（上），陈俱译，陈绛校，上海古籍出版社2005年版，第332页。

〔2〕［美］卫三畏：《中国总论》（上），陈俱译，陈绛校，上海古籍出版社2005年版，第345页。

〔3〕［美］卫三畏：《中国总论》（上），陈俱译，陈绛校，上海古籍出版社2005年版，第349页。

诚然，清代诉讼存在许多问题，这无可否认。[1]不过，借助于《中国丛报》的传播，及包括重要汉学著作在内对它的反复参引及这些著作本身的流布，清代诉讼所存在的问题，在当时西方人的脑海中被过度地扩大，乃至产生持久性的后遗症，这可能也是事实。恐怕没有人能断然否认，这对于在西方社会中曾一度被奉为评判中国传统司法之圭臬、马克斯·韦伯（Max Weber，1864—1920）提出的古代中国的司法属于“卡迪式的”审判的观点没有间接产生过任何影响。[2]

这种状况的出现，可能是《中国丛报》的编作者当时所始料未及的，可能也不是他们每个人都希望看到的。引用卫三畏的提醒，或许能够说明这一点：

> 向读者提供中国执行法律的恰当图像是很困难的事……只熟悉基督教国家和社会的礼仪、正义、纯洁、真诚的人，会觉得官员和百姓之坏出乎信念之外；然而我们认为他们不会和古希腊人、罗马人一样坏，在他们的法庭上不会有更多的不公或痛苦，在他们的生活中也不会更加不洁或虚伪。就像在我们的国家，每天报纸送进我们眼帘的是关于罪恶和暴行的记述，这些不是社会一般状况的标志，我们很容易忘记这一点；在中国也一样，虽然情况大大不如，我们还是要注意到同样的说法也是适用的。[3]

三

每当笔者在翻阅《中国丛报》时，常会自然而然地想起同时期的托克维尔游历美国及其名作《论美国的民主》。托克维尔（Charles Alexis de Tocqueville，1805—1859）与裨治文是同时代的人，当传教士裨治文于1830年受美国海外传教部总会（American Board of Commissioners for Foreign

〔1〕 比如，就清代地方司法所存在的问题，前辈瞿同祖先生早在20世纪60年代就在其由哈佛大学出版社出版的英文著作《清代地方政府》中有具体的阐述。详见该书中译本（范忠信、晏锋译，何鹏校，法律出版社2003年版）若干相关章节。

〔2〕 关于中外学者围绕韦伯观点所引起的关于中国传统司法，尤其是州县审断等方面争论的归纳性叙述，参见里赞：《晚清州县诉讼中的审断问题：侧重四川南部县的实践》，法律出版社2010年版，“第一章　问题：州县审断的研究与争论”。

〔3〕 [美]卫三畏：《中国总论》（上），陈俱译，陈绛校，上海古籍出版社2005年版，第357～358页。

Missions，简称“美部会”）派遣抵达广州，开始努力学习中文，并为传教活动做各种准备时，凡尔赛初审法院法官托克维尔因与其家庭之间就效忠奥尔良王朝的问题产生意见分歧，及为了免受七月革命余波的冲击，与好友博蒙（Gustave de Beaumont，1802—1866）一起申请远赴美国考察，并于1831年5月顺利到达美国。他们在美国考察9个多月后返回法国。1833年，他们二人合写出了后来被译为英、德、葡等国文字的重要报告——《关于美国的监狱制度及其在法国的运用》。1835年，托克维尔的成名作《论美国的民主》上卷问世，1840年，该书下卷也继之出版。而此时，《中国丛报》在裨治文的主持下已经出版了8卷。

托克维尔在《论美国的民主》中对于美国民主的分析，对于美国宪法的赞叹，对于美国社会风情的介绍，及其所阐述的政治哲学的基本原理，还有该书作为世界学术界第一部对美国社会、政治制度和民情进行社会学研究的著作，及第一部论述民主制度的专著所产生的广泛影响，学界多有论述，已无赘述的必要。〔1〕在此，仅就托克维尔眼中的美国法官、诉讼等方面，稍做介绍，再行分析。

托克维尔坦陈，对于美国的司法组织，是“使一个外来者最难理解的”，“在他看来，简直是没有一个政治事件不是求助于法官的权威的。因此，他自然会得出结论说，法官在美国是很强大的政治势力之一”。但是，他接着明确提出，“美国人仍然保留了司法权的一切所共知的特征。他们严格地把司法权局限于有章可循的范围之内”。对于不同于英、法等国的美国法院所享有的司法审查权的原因，认为这只在于：“美国人认为法官之有权对公民进行判决是根据宪法，而不是根据法律。换句话说，美国人允许法官可以不应用在他看来是危险的法律。”并通过分析提出，美国法院享有司法审查权，“不仅十分有利于公共秩序，而且十分有利于自由”。〔2〕

托克维尔还指出，“在美国，每个人的私人利益都与他服从法律有关……不管一项法律如何叫人恼火，美国的居民都容易服从，这不仅因为这项立法

〔1〕 商务印书馆版《论美国的民主》的“译者序言”对此就有简要、但却较为清晰的介绍，参见［法］托克维尔：《论美国的民主》（上卷），董果良译，商务印书馆2006年版，第i～ix页。

〔2〕 参见［法］托克维尔：《论美国的民主》（上卷），董果良译，商务印书馆2006年版，第109～114页。

是大多数人的作品，而且因为这项立法也是本人的作品。他们把这项立法看成一份契约，认为自己也是契约的参加者”。他进而还提出，在美国，“所有的阶级都对国家的现行法律表示巨大的信任，以一种爱父母的情感对待现行法律”。即使“不该说所有的阶级”，“经常抗拒法律的反而是富人”，这是因为，“在美国，穷人居于统治地位，富人总是战战兢兢，害怕穷人滥用自己的权力”。〔1〕

托克维尔还探讨了美国的法学家精神，发现“美国人赋予法学家的权威和任其对政府施加的影响，是美国今天防止民主偏离正轨的最坚强壁垒”。他提出，在美国，“法学家形成了一个高等政治阶级，他们是社会上最有知识的部分”。他还说，“美国的贵族是从事律师职业和坐在法官席位上的那些人”，并且指出，不难发现，在美国，“法学家精神是如何因其优点，甚至还可以说如何因其缺点，而适于中和平民政府所固有的弊端的”。他也注意到，有些州的宪法规定州政府可以撤换法官，另一些州的宪法则规定法庭成员由选举产生，并断言“在美国存在着一种驱使人民削弱司法权的潜在趋势”。所以，他大胆预言，“将来总有一天要发现，这样削弱司法官员的独立性，不仅打击了司法权，而且打击了民主共和国制本身”。〔2〕

对于陪审制，托克维尔自然也会有所关注。在他看来，“所谓陪审制度，就是随时请来几位公民，组成一个陪审团，暂时给予他们以参加审判的权利”。并且认为，“在惩治犯罪方面利用陪审制度，会使政府建立完美的共和制度”。而且，还提出，“不管怎样应用陪审制度，它都不能不对国民性发生重大影响”。同时，他还“把陪审团视为社会能够用以教育人民的最有效手段”。这是理论上对于陪审制优势的分析。而专门就美国及就一般民主国家而言，托克维尔认为，“表面上看来似乎限制了司法权的陪审制度，实际上却在加强司法权的力量；而且，其他任何国家的法官，都没有人民分享法官权力的国家的法官强大有力”。最后，他总结得出：“美国的司法人员之能把我所说的法治精神渗透到社会的最低阶层，借助于实行民事陪审制度之处最多。因此，作为

〔1〕［法］托克维尔：《论美国的民主》(上卷)，董果良译，商务印书馆2006年版，第275～276页。当托克维尔尚在美国游历时，在寄给友人的信件中，就明确流露出自己对美国人极其遵守法律这一优点的好感。参见［法］托克维尔：《政治与友谊：托克维尔书信集》，黄艳红译，崇明编校，上海三联书店2010年版，第26页。

〔2〕［法］托克维尔：《论美国的民主》(上卷)，董果良译，商务印书馆2006年版，第303～310页。

使人民实施统治的最有力手段的陪审制度，也是使人民学习统治的最有效手段。"[1]

用不着再啰唆，我们就已经可以了解托克维尔对于美国司法的大致评价了，那明显是褒多贬少。如同现在我们很容易根据已问世的有关清代司法的论著及不断发现的司法档案等资料来说明《中国丛报》存在多少偏颇、有哪些不实及有怎样的误读一样，在《论美国的民主》对于美国的法律、法院、诉讼等方面的介绍和论述中，要指出其中的不足也易如反掌。拉斯基在为《论美国的民主》所作的导言中已经指出，托克维尔漏掉了许多东西，他有时轻率地接受某个名人的理论，太容易轻信美国报纸对政治问题所作的恶毒评论，他的这一著作的大部分叙述充满了臆测的色彩，而且他还给自己的所见所闻规定了一个不但总是扩大推论范围而且往往很少有事实根据的论述提纲。[2]换句话说，如同《中国丛报》的编作者一样，托克维尔在亲历"阅读"美国的民主时，也并未能克免在越界（即超越语言的界限）理解（或曰译介）异域文化、制度过程中所常见的"想象"。

在阅读《中国丛报》时常会让笔者联想起《论美国的民主》，这主要不在于它们在此方面的相似，更在于裨治文与托克维尔分别远赴中国和美国时的心态和所怀目的，及考察环境、考察方式的迥异。

美部会派裨治文到中国，是为了传教，是"要向数以万计的中国人传播福音，要将无知、顽固和骄傲在他们周围筑起的厚厚的高墙攻破，让他们领受福音的沐浴，要将他们古老的、根深蒂固的自罪恶与迷信弥布世界的那一刻起就愈行愈烈的偶像崇拜体系彻底推翻"。他们坚信，同时也向裨治文许诺："基督的福音总有一天会传遍中华帝国，它的万千子民必将皈依基督。以这个希望鼓励自己吧，在心中点燃神圣的激情，发挥你灵魂的每一份光和热，不辞劳苦、坚持不懈。很快，你这个基督的战士就会在这个成就中建立自己的功劳。"[3]裨治文就是肩负着这样的使命，胸怀拯救数千万野蛮、愚昧者的壮志，可能还兼具视死如归的悲壮，来到广州。

---

〔1〕［法］托克维尔：《论美国的民主》（上卷），董果良译，商务印书馆2006年版，第313～319页。

〔2〕参见《拉斯基为〈托克维尔全集〉中之〈论美国的民主〉所作的导言》，载［法］托克维尔：《论美国的民主》（下卷），董果良译，商务印书馆2006年版，第927～959页。

〔3〕［美］雷孜智（Michael C.Lazich）：《千禧年的感召——美国第一位来华新教传教士裨治文传》，尹文涓译，广西师范大学出版社2008年版，第50～51页。

而托克维尔之远赴美国，如拉斯基分析，却既是为了摆脱自己在法国的尴尬处境，也是为了写出一部有关美国的书，希望自己能借此一举成名的雄心，同时还想通过自己的亲历，“能发现美国生活方式中一些使法国采用后既能保持国家强大又能顺应走向平等的潮流的因素”。因此，托克维尔是怀着调研学习的心理，到美国了解其之所以逐渐“强大”“平等”“民主”的奥秘。因此，与裨治文满怀使命感和拯救心理必然是俯视地打量中国不同的是，托克维尔却是多少带着作为学习者的崇拜，仰视地观察美国。俯视时常会更加挑剔，看到更多的是人不如己，仰视时则多觉花好稻好，感到更多的是己不如人。前后主持《中国丛报》的裨治文及卫三畏，比起同时期其他在华的外国人来说，其实还相对温和，自认还比较理智，但他们俯视式打量的姿势与其他西人却没有根本的不同。托克维尔的观察美国，用他自己的话说，“并不单纯出于满足自己的好奇心”，而是“从美国找到我们可资借鉴的教训”，也就是说，希望取得真经，找出美国的民主得到发展所具有的最有利条件，而从中发现规律，以使法国也能跟上美国的这种潮流。尽管他希望自己能客观地描述美国民主，但他自认，在美访问的地方越多，就越感到法国的社会制度矛盾重重。因此，仰视的结果，恰恰是进一步地仰视，况且他只逗留了9个月，尚未到审美疲劳的时候。

而导致心态和目的的这种差异，又与他们考察时心中的参照物不同有关。裨治文离开时的美国，已走过40多年的联邦合众国的历史，人口增多，经济发展，特别是安德鲁·杰克逊总统（Andrew Jackson，1767—1845）就任后，包括教育、宗教、文学等方面逐渐呈现改革和发展的新气象。而托克维尔离法赴美时，法国并不安宁，尚处于他所不喜欢的七月革命带来的狂热之中。在他看来，“整个欧洲都被革命弄得天翻地覆”，而且“在法国，这个革命通常都是任意进行的，”“在欧洲的任何国家都不曾像在法国这样迅猛激进”，认为“我们虽然有了民主，但是缺乏可以减轻它的弊端和发扬它的固有长处的东西；我们只看到它带来的害处，而未得到它可能提供的好处”。[1]可见，此时的法国，问题不少。

还有另一方面也不容忽视，即两者的考察环境及考察方式有别。裨治文

---

〔1〕［法］托克维尔：《论美国的民主》（上卷），董果良译，商务印书馆2006年版，第9页。

到达广州的时候，尽管此时距美国“中国皇后号”的首航中国已有40多年，中美之间贸易往来频繁，贸易总额有后来居上的势头，但无论裨治文还是其他在华外国人，皆被清朝官府视为“夷人”，被广州居民称呼为“番鬼”。他们受到各种各样的控制。他们在广州的逗留时间和区域受到严格限制，除赁居行商所建夷馆外，不许私赁民房，不得擅自进入广州城区，还须遵守不得雇用华籍仆役、不得乘轿、不得呈递禀帖等规定，此外，还禁止居民与这些夷人交往，包括教他们学习汉字。因此，对于包括裨治文等在内的《中国丛报》的编作者而言，他们要获取中国信息、了解中国情况，除了在自己有限的活动区域里眼看、耳听之外，可以直接了解情况和查阅资料的渠道极为有限。尽管此种状况在《中国丛报》后期有所改善，但相比于托克维尔考察美国时的来去自由和方式多样，仍相距甚远。托克维尔在美国受到了热情的接待，[1]可以在美国各地游览，他主要考察的地区是新英格兰，还有加拿大，俄亥俄、田纳西等州，及新奥尔良、纽约、华盛顿等城市，甚至还到过印第安人居住的区域。他还结识了许多美国名人，向他们请教，其中就有法官、议员、大学校长等，还受到美国总统的接见。他还阅读了许多书刊，并带回去一大堆书籍和文件。[2]很显然，考察环境的不同，决定了裨治文与托克维尔在考察方式、了解情况的手段方面必然有很大的差异，这也是我们在浏览《中国丛报》和《论美国的民主》时应当有所意识的。

正是因为有上述方面的截然不同，才会使笔者在思考时将裨治文与托克维尔、《中国丛报》与《论美国的民主》相联系。裨治文之于中国，托克维尔之于美国，皆为他者，尽管他们均希望自己的描述和评判能够真实、客观，但作为俯视者的裨治文，抑或作为仰视者的托克维尔，实际上均未能做到。故而，联想到自己，当在考量、分析异域法律，也就是用当下流行的话来说，在从事

〔1〕 托克维尔在致友人的信件中，反复提到自己在美国受到亲切接待的情景：“我们在这里受到了极为亲切的接待。我们不只得到了官员们极大的支持，而且所有私人的家庭都向我们开放，如果说我们还有什么要抱怨的话，那就是房东的热情使我们不得不尽无数的礼节客套。”“我们在这里受到了非常好的接待。总的来说，法国人在这里很受欢迎。另外，我们的差使也给了我们赢得善意的特别理由。所以当局和私人公民都一致给予我们最殷勤的接待。所有公共文件都供我们使用。我们请求的一切信息都马上被告知……”[法]托克维尔：《政治与友谊：托克维尔书信集》，黄艳红译，崇明编校，上海三联书店2010年版，第13、15～16页。

〔2〕 已有学者统计过，托克维尔在《论美国的民主》中引用过70多部著作，并且通读过20多部著作。参见[法]托克维尔：《论美国的民主》(下卷)，董果良译，商务印书馆2006年版，第941页。

法律的比较研究时，是否能克服俯视者或仰视者的局限，成为一个真正的平视者？这是行文至此留给自己的一个提醒，或许这多少也会引起其他法律人，及从事类似研究的其他领域朋友的共鸣吧。

三　19世纪末西方人眼中的中国司法*

——基于《中国评论》的分析

自18世纪下半叶中西直接交集不断及所引发的纠纷增多以后，西方人关注中国的主要兴趣点之一即是司法。这记载于林林总总的文献资料中，概而言之，可列出以下数类："休斯女士号案""特拉诺瓦案"等著名案件引发的争论，[1]马戛尔尼使团、阿美士德使团等成员的回忆录，小斯当东（George Thomas Staunton，1781—1859）英译《大清律例》及其引发的评论，图文夹杂、简洁形象的如梅森（George H.Mason）的《中国刑罚》等书，不计其数的来华商人、传教士和使节的游记、著述，及他们所创办的以中国事务为主的外文报刊等。其中，仅19世纪的此类英文期刊，影响较大的就有《印中搜闻》（*The Indo-Chinese Gleaner*，1817—1822）、《中国丛报》（*The Chinese Repository*，1832—1851）及《中国评论》（*The China Review*：*Or*，*Notes and Queries on The Far East*，1872—1901）等，它们都不乏介绍和评价中国司法的信息和文章。

《中国评论》是香港期刊*The China Review*：*Or*，*Notes and Queries on The Far East*的通常译名，于1872年6月由英国人丹

---

*　本文原题为《〈中国评论〉与19世纪末西方人眼中的中国司法》，载《中外法学》2017年第1期。收入本书时，做了一些删减，并改为现名。

〔1〕　关于这两起案件及所引起的法律争论，分别参见陈利：《法律、帝国与近代中西关系的历史学：1784年"休斯女士号"冲突的个案分析》，邓建鹏、宋思妮译，载《北大法律评论》（2011）第12卷第2辑；李秀清：《中美早期法律冲突的历史考察——以1821年"特拉诺瓦案"为中心》，载《中外法学》2010年第3期。

尼斯（N.B.Dennys，1840—1900）[1]创刊，1901年6月停刊，共25卷、150期。[2]每卷各期页码连续，最多的是第12卷、519页，最少的是第24卷、296页，其他各卷三四百页不等。《中国评论》主要刊载篇幅较长的专题文章（articles），其他主要栏目还有“书讯”[3]和“释疑”[4]等，绝大部分都是英文，以法、德、意、西和葡等文撰写的仅有数篇，总体上说，是一份英文期刊。尽管它在报刊史及中西交流史等研究中还有另一译名——《远东释疑》，但无论专文还是释疑乃至书讯，绝大多数都是关于中国。其中，包括司法在内的法律内容就很丰富。本文先概括它所刊载的中国司法的内容和特点，并进行纵向比较，旨在从一个侧面揭示19世纪西方人的中国司法观之变化，并分析其原因。

一、《中国评论》所载中国司法之概览

《中国评论》第11卷第3期的末页，首次刊载有“To Contributors”，[5]明确刊物欢迎33类主题的来稿，其中，法学（Jurisprudence）也是单列主题之一。

笔者在通览各卷之后发现，按现在的理解，属于33类主题之一“法学”的内容十分丰富，既有专文，也有简要的释疑和报道，包括：摘译《大清律例》[6]、

---

〔1〕 丹尼斯曾任香港《德臣报》（*China Mail*）主编，系《中日释疑》（*Notes and Queries on China and Japan*，1867—1870）的创办人，及香港市政厅博物馆和图书馆的创立人。

〔2〕 其中，前18卷，各卷均是从头一年的7月到次年的6月为一卷，双月刊，每卷6期；第19卷，1891年，6期；第20卷，1892年至1893年，6期；第21卷，1894年至1895年，6期；第22卷，1896年至1897年，6期；第23卷，1898年至1899年，6期；第24卷，1899年至1900年，6期；第25卷，1900年至1901年，6期。

〔3〕 即Short Notices of New Publication and Literary Intelligence或者Notices of New Books and Literary ntelligence。

〔4〕 即Notices and Queries。

〔5〕 参见*The China Review*，Vol.Ⅺ，No.3，July，1882 to June，1883，p.202。它相当于现在的“征稿启事”，其后各期也多原封不动地加以刊载。

〔6〕 由哲美森（George Jamieson，1843—1920）和杰弥逊（J.W.Jamieson，1867—1946）分别摘译。前者所译分五部分连载了七期：Translations from The Lü-Li，Or General Code of Laws，*The China Review*，Vol.Ⅷ，No.1，July，1879 to June，1880，pp.1-18；Vol.Ⅷ，No.4，pp.193-205；Vol.Ⅷ，No.5，pp.259-276；Vol.Ⅷ，No.6，pp.357-363；Vol.ⅤⅨ，No.3，July，1880 to June，1881，pp.129-136；Vol.ⅤⅨ，No.6，pp.343-350；Vol.Ⅹ，No.2，July，1881 to June，1882，pp.77-99；后者摘译内容较少，仅刊载于第18卷第2期：Extracts from The Ta-Ching Lü-Li，*The China Review*，Vol.ⅩⅧ，No.2，July，1889 to June，1890，pp.118-124。

《刑案汇览》[1]和《洗冤录》[2]等中国法律典籍；专文介绍中国古代法律传统；[3]详文论述中华帝国的宪法性法律即《大清会典》；[4]涉及中国官制的范围较广，有评论中国文官改革、[5]介绍中国官衔[6]和官名[7]等长文，有关于满汉官员比例、地方官员任职列表、官职买卖的分析，还有对于清朝政要言论和动向的报道；犯罪与刑罚方面，除数则简要报道外，相对详细的是两篇文章——“两起钉头案”[8]和“论国事犯的处决”[9]；家庭法，涉及结婚登记、婚姻生效要件、妾的地位、[10]收养[11]及有效遗嘱的法律和（主要是广东的）习俗[12]等具体问题，有总论中国家庭法的超长篇文章。[13]此外，还有涉及清朝的国际地位及商业法等

---

〔1〕 Cases in Chinese Criminal Law, *The China Review*, Vol.Ⅹ, No.6, July, 1882 to June, 1883, pp.357-365.

〔2〕 洗冤录 The His Yuan Lu, or Instructions to Coroners[Translated from the Chinese], *The China Review*, Vol.Ⅲ, July, 1874 to June, 1875, No.1, pp.30-38; No.2, pp.92-99; No.3, pp.159-172.译者加了题注，将《洗冤录》直译为“Record of the Washing away of Wrongs”。

〔3〕 Legislation and Law in Ancient China.According to Chinese Sources, *The China Review*, Vol.Ⅶ, July, 1878 to June, 1879, No.3, pp.187-193; No.5, pp.285-290.

〔4〕 Constitutional Law of The Chinese Empire, *The China Review*, Vol.Ⅵ, No.1, July, 1877 to June, 1878, pp.13-29.

〔5〕 Chinese Views on Civil Service Reform, *The China Review*, Vol.ⅩⅨ, No.I, 1891, pp.37-42.

〔6〕 Chinese Official Ranks, *The China Review*, Vol.Ⅲ, No.1, July, 1874 to June, 1875, pp.377-379; *The China Review*, Vol.Ⅳ, No.2, July, 1875 to June, 1876, pp.125-130.

〔7〕 “Chinese Official Titles”, *The China Review*, Vol.Ⅵ, No.3, July, 1877 to June, 1878, pp.242-253.

〔8〕 The Double Nail Murders, *The China Review*, Vol.Ⅹ, No.1, July, 1881 to June, 1882, pp.41-43.

〔9〕 On The Execution of State Criminals, *The China Review*, Vol.Ⅱ, No.3, July, 1873 to June, 1874, pp.173-175.

〔10〕 Marriage Registries, *The China Review*, Vol.Ⅲ, No.4, July, 1874 to June, 1875, p.255; Chinese Marriage Law, *The China Review*, Vol.Ⅴ, No.1, July, 1876 to June, 1877, p.72; Validity of Chinese Marriages, *The China Review*, Vol.Ⅴ, No.3, July, 1876 to June, 1877, pp.204-205.

〔11〕 Adoption, *The China Review*, Vol.Ⅶ, No.3, July, 1878 to June, 1879, pp.281-282; Adoption—A Cass in Point, *The China Review*, Vol.Ⅸ, No.2, July, 1880 to June, 1881, pp.122-123; Adoption, *The China Review*, Vol.ⅩⅣ, No.4, July, 1885 to June, 1886, pp.199-205; The History of Adoption and Its Relation to Modern Wills, *The China Review*, Vol.ⅩⅧ, No.3, July, 1889 to June, 1890, pp.137-146.

〔12〕 Chinese Wills, *The China Review*, Vol.Ⅳ, No.4, July, 1875 to June, 1876, p.268; Chinese Wills, *The China Review*, Vol.Ⅳ, No.5, July, 1875 to June, 1876, pp.331-332; Chinese Wills, *The China Review*, Vol.Ⅳ, No.6, July, 1875 to June, 1876, pp.399-400.

〔13〕 Comparative Chinese Family Law, *The China Review*, Vol.Ⅷ, No.1, July, 1879 to June, 1880, pp.67-107.

文章。

自然，《中国评论》所刊的内容也少不了司法。在摘译中国法律典籍时的评论中，及在有关犯罪和刑罚等领域的文章中，均可看到涉及司法的内容。而署名“Lex”的作者题为《中国法律的实施》[1]一文，是专门针对中国司法的评论。此外，还有两篇以广东监狱为主题的文章，及其他零星报道。归纳来看，大致有下列内容和观点：

一是与西方国家相比，中国法的实施有自己的特色。认为，中国并没有类似于英国的陪审团，中国政府建构于家庭模式之上，包括实施法律在内的所有权力都源自皇帝。但科举制的创设，为实施法律选拔了官员，大部分司法权都掌握在他们之手，在此机制下，可以说，皇帝只是宪法意义上的统治者，不可避免地要受制于法律与习俗的约束，不再可能成为纯粹的暴君。除了科举制，对于法律实施影响较大的另一制度即宗法制，士绅们也在其中扮演了不可忽视的角色。

二是掌握实施法律大部分权力的地方官是全能型的官员。在中国，地方官在大多数案件中行使司法管辖权，他们被称作“父母官”，不仅审判案件，管辖区域内的治安，征收赋税，还负责科举考试。对于下级来说，他们是主心骨，而在其上级看来他们又可以提供各种服务。不过，正如科举舞弊案时有发生一样，也存在地方官审案时的不公及其与士绅们相互勾结敲诈勒索等现象。

三是关注中国刑事诉讼程序的各个阶段，包括起诉、逮捕、监押或保释、审判、上诉及科以刑罚等，并对其中一些规定和习俗有特别关注和评论。包括：诉状由讼师起草；呈递的诉状及其他文件首先由最低官阶的地保接收；刑案发生后罪犯逃逸的，当地官员要承担责任，若是重案，地方官通常还要提供悬赏金以抓捕罪犯；审讯时采取的是有罪推定，被告人若坚称自己无罪就会遭到拷问，合法的刑讯逼供不被追责；允许上诉，上级官员推翻下级判决的并不少见，他们主要是为了金钱和权位，而并非是为了追求案件真相和实现正义；中国的刑罚在西方人的脑海中早已留下极端严苛的印象，但与其他国家一样，中国现在较过去也已有所改进。

四是作为司法重要组成部分的监狱，颇受《中国评论》编作者的关注。主

---

〔1〕 The Administration of Chinese Law, *The China Review*, Vol. Ⅱ, No.4, July, 1873 to June, 1874, pp.230–244.

要针对广东监狱，有两篇几乎同名的文章：一篇是传教士嘉约翰（J.G.Kerr）医生的"广东的监狱"，[1]介绍广东番禺和南海的大监、羁所和差馆的状况，涉及监狱管理、监狱大小、内部设施、关押犯人的数量、犯人待遇，既揭露监狱所存在的严重问题，同时作者又提醒人们，当在教化"异教徒中国人"并以此显示我们西方人优越的文明和道德之前，不能忘记在约一百年前的欧洲监狱里也曾同样残酷和腐败，甚至更甚，并举出相关文献以资佐证。作者还指出，正是因为基督教影响的深入，英国及欧陆等国的监狱才逐渐消除欺凌囚犯等恶行，若要推动中国监狱的改革，则需要依靠外交、商业、期刊和科技书籍、教育等来自基督教国家的外部压力和影响。另一篇"广东监狱"[2]没有作者具名，看似是实地调查广东监狱后的考察报告，实则主要揭露大监、普通监狱及各处看守所的狱卒和警察欺诈、虐待囚犯的罪行，详述他们惯用的敲诈手段，包括剥夺囚犯的钱物、接受他们及其亲友贿赂的具体数目、虐待或唆使狱霸虐待不服从的新囚犯、克扣囚犯的食物和津贴、开设赌台诱使囚犯赌博从中牟利、欺凌霸占年轻女囚犯等。他们还采取种种措施，防止和恐吓囚犯将狱中所遭之虐待告知前来视察的地方官或者泄露给亲友，作者最后恳请广东官员必须就监狱里的残暴案件进行调查，公开腐败行径，以行纠正和改革。

二、从《中国评论》看19世纪末西方人的中国司法观之变化

我们皆知，迟至18世纪下半叶，主要因受欧陆耶稣会传教士总体上肯定中国开明君主制和行之有效政治结构的论述的影响，包括法律在内的中国文化曾受到亚洲近邻乃至遥远欧洲国家的欣赏和推崇，不少欧洲人肯定中国拥有较优越的文化，并乐意借鉴。18世纪末以后，中西之间各类纠纷不断增多，西方人对中国法的评判发生转向，他们对于包括司法在内的中国文化的抨击不断增多，否定观点逐渐形成潮流。

在《中国评论》之前，流布较广、影响较大的同类期刊主要是《印中搜闻》和《中国丛报》。《印中搜闻》是来华传教士创办的最早的英文季刊，由马礼逊

---

〔1〕 "The Prisons of Canton", *The China Review*, Vol.Ⅳ, No.2, July, 1875 to June, 1876, pp.115-122.

〔2〕 "The Canton Prisons", *The China Review*, Vol.Ⅺ, No.6, July, 1882 to June, 1883, pp.343-347.

（R.Morrison，1782—1834）和米怜（W.Milne，1785—1822）创办于马六甲，前后存续五年，总三卷、1001页。[1]承继其衣钵的《中国丛报》，创办人是美国第一个来华传教士裨治文（E.C.Bridgman，1801—1861），可称是外国人在中国境内创办的第一份成熟的英文期刊。两者都刊载有关于中国司法的文章和报道。如果说，我们在被认为"有偏爱中国人倾向"的小斯当东英译《大清律例》（1810年）的"译者序"中，尚能看到译者尽管贬抑华夏传统文明，[2]但对中国法律仍有审慎肯定的话，那在其后不久创刊的《印中搜闻》中，视角和评判则是发生了方向性的明显转变。我们代之而看到的几乎全是负面的，具体表现在：死刑多并且执行方式残酷，滥用刑讯，司法腐败，奸杀时发。自此至两次鸦片战争期间，这种否定的趋势日渐加剧。[3]在《中国丛报》编作者笔下，中国诉讼法律的条款不少，但实践中它们却屡遭违反，且无民诉与刑诉之分；容许匿名控告，甚至引诱百姓告发；刑讯逼供屡禁不绝；地方审判不力，且难以通过上诉求得最后的"正义"；刑罚残酷，尤其是死刑多、执行方式野蛮；监狱总体状况堪忧；等等。《中国丛报》有关中国司法的这些观点，即印证了这种趋势，也正是该时期中国已沦为西方人眼中的野蛮、半开化的"他者"的一个注解。

《中国评论》关于中国司法的前述内容和观点，反映出这一话题仍受西方人的关注。但是，与《印中搜闻》，尤其是《中国丛报》相比，这种关注已有了明显变化。

首先，对于中国刑事司法的关注度降低。《印中搜闻》涉及中国法的文章虽然分散，但就其内容看，几乎全是刑事法，特别是刑事司法，主要是描述死刑的执行方法及周围民众的反应，审理和审讯过程中官员的所作所为。《中国丛报》虽然并未将"法律"作为其30类主题之一，但所载关于中国法律的文章及报道也不少，大致可分为中国的立法、法律的实施、刑法、诉讼、监狱、土地等，其中涉及诉讼的最为庞杂，包括刑事诉讼的程序、证据、庭审、审判官、监

---

〔1〕 国家图书馆出版社于2009年已将《印中搜闻》影印出版。

〔2〕 学者滕超认为，小斯当东翻译《大清律例》的策略与技巧之一即贬抑华夏传统文明，详见滕超：《权力博弈中的晚清法律翻译》，中国社会科学出版社2014年版，"第四章 开启序幕：英译《大清律例》"，第114～183页。

〔3〕 参见李秀清：《〈印中搜闻〉与19世纪早期西方人的中国法律观》，载《法学研究》2017年第4期。

狱管理，介绍土地等民事法律的最为简单。[1]而《中国评论》将“法学”作为征稿单列主题之一，有关中国法律的内容丰富、涉及面也广，几乎涵盖了我们现在观念中的各部门法。但在其中，刑事司法所占的篇幅却不多，犯罪与刑罚的很少，相对地，官制、民事法及商法等方面居多，而且，《大清律例》被摘译的主要是《户律》，摘译《刑案汇览》时主要关注的也是收养、继承、婚姻等案例。

其次，广泛、公开斩绞死刑犯乃至凌迟处死等在《印中搜闻》和《中国丛报》中屡见不鲜的报道和描述，在《中国评论》中已是少见。在《印中搜闻》第1卷第1期，即刊有由署名“Amicus”的马礼逊于1817年3月9日撰写的“中国罪犯的处决”一文，[2]死刑多、处决方式残酷，不仅体现了刑罚的野蛮而且也表明了异教国家——中国的落后，这是该文的主旨，它奠定了其后相关报道和文章的基调。而且，还对《中国丛报》产生了直接的影响，其中一些处决罪犯及相关报道和文章就被其转载，只是与《印中搜闻》相比，《中国丛报》在刑法和刑事司法方面的内容更加翔实，评论也更为系统。因此，也更令人有“落后野蛮”“血腥残忍”之感。而在《中国评论》中，则几乎看不到以“decapitation”（斩首）、“public executions”（公开处决）等为主题词的专门报道，前已提及的费伊女士（L.M.Fay）所撰的“论国事犯的处决”可能是唯一一篇题目中含有“executions”的文章，它侧重于审判和处决犯叛逆罪、叛乱罪者过程中的客观叙事和全景式介绍。

再次，对于非法刑讯的报道骤减。非法刑讯屡禁不绝、滥用拷问乃至拷问至死，是浏览《印中搜闻》和《中国丛报》的读者对于中国司法必然会产生的印象。但在《中国评论》中，专门报道官员非法刑讯的已显零星，[3]标题中使用“torture”这一英文单词的似乎只有前期刊载的四则简讯。其中“中英监狱的刑讯”[4]恰恰是针对前述嘉约翰的“广东的监狱”一文的评论，认为悬吊狱囚等恶行并不是中国独有，其实在中世纪的宗教裁判所，甚至在英国开明君主

〔1〕 参见李秀清：《〈中国丛报〉与中西法律文化交流史研究》，载《中国政法大学学报》2010年第4期。

〔2〕 Execution of Criminals in China, *The Indo-Chinese Gleaner*, Vol. Ⅰ, No.I, May, 1817, pp.18-19.

〔3〕 Official Barbarities, *The China Review*, Vol. ⅩⅢ, No.3, July, 1884 to June, 1885, p.224.

〔4〕 Torture in British and Chinese Prisons, *The China Review*, Vol.Ⅳ, No.3, July, 1875 to June, 1876, pp.203-204.

伊丽莎白一世时期也都存在。在该文文末所附简要按语中，显示出编者也赞同作者的这种观点，不过同时他也提醒作者得浏览嘉约翰的全文，因为其中已有类似反思。另外两则，一则是着重介绍刑讯必须合法，“自非照例刑讯不可”，[1]另一则是侧重报道皇帝下令禁止滥用非刑。[2]剩下的一则名为“家虐”（Domestic Torture），[3]则与此无关，它是描写香港、广东一带存在的父母向孩子口中吹灌滚烫烟火以制止孩子哭闹的习俗。

最后，地方官审判不力、失职渎职等方面的报道也很少。

综上，相比于《印中搜闻》《中国丛报》，《中国评论》涉及中国刑事司法的内容和观点有了明显不同，已经不再是此前那种对于中国的司法腐败、滥用刑讯、死刑野蛮残酷等赤裸裸的揭露和抨击，而代之以既有抨击同时又肯定其历史进步的评述。这或许可用作者Lex在“中国法律的实施”中的一句话来概括，即“很显然，研究中国法的实施所得出的结果是，既不能过于赞誉，也不可一味指责。它描绘出来的是两幅图景，一幅明亮，一幅灰暗。一定意义上说，两者皆为真实，因为所有事实均有明暗两面，若仅看到其中一面，将都是错误的”。[4]

三、西方人的中国司法观发生变化之原因

之所以会发生这些变化，原因是多方面的，也较复杂。除了此时期中国已开始考虑引入包括法律在内的西方观念和制度、着手进行内部整顿和改革，并已引起西方人的积极关注之外，下列背景和因素也不可被忽视。

一方面，得将此置于19世纪下半叶中西关系的大背景下去考虑。自18世纪末起，中西直接交集增多，随之也促发各类纠纷，贸易的、外交的、司法的，方方面面都有。至19世纪中期，纠纷升级为战争，结束战争的方式是清廷与西方列强签订一系列条约，割了地，赔了款，五口通商了，西人在华犯罪清廷也管不了了，“天朝上国”面对西方列强，没有了制度和文明的自信，更别说曾经的自诩和自傲了。19世纪60年代起，清廷开始正视中西力量的差异和体制的

〔1〕 Torture in China, *The China Review*, Vol.Ⅺ, No.4, July, 1882 to June, 1883, p.260.

〔2〕 The Use of Torture, *The China Review*, Vol.Ⅻ, No.2, July, 1883 to June, 1884, p.136.

〔3〕 Domestic Torture, *The China Review*, Vol.Ⅴ, No.3, July, 1876 to June, 1877, p.338.

〔4〕 The Administration of Chinese Law, *The China Review*, Vol.Ⅱ, No.4, July, 1873 to June, 1874, p.243.

迥异，从器物到制度的引入势在必行，也已成共识。19世纪下半叶清廷对于西方国家态度发生根本性转变的最重要标志，恐怕非该时期先后主动委派美国退职驻华公使蒲安臣（Anson Burlingame，1820—1870）出洋交涉修约事宜、一代重臣李鸿章开启“联络西洋，牵制东洋”的垂暮之访[1]莫属。若将此与1793年因礼仪纠纷乾隆皇帝拒不接见马戛尔尼使团、1816年同样因礼仪分歧再加朝廷官员沟通不实嘉庆皇帝下令连夜驱逐阿美士德使团出京相对照，百年间清廷对于西方的态度变化及其背后蕴含的实力较量的剧变，着实令人唏嘘。当清朝对于西方的态度发生了这样大的变化，以巨大代价换来了中西关系暂时的表面上的缓和，而且英美等国依据不平等条约都已经实实在在地获得了治外法权之际，如此前《印中搜闻》《中国丛报》对于中国司法的那种赤裸裸的揭露、抨击和否定的必要性就大大降低了。当然，在其即将停刊前夕，庚子事变标志着暂时缓和的中西关系再度发生裂变。

另一方面，《中国评论》的创办地——香港特殊的地缘和文化环境，也是重要因素。

《印中搜闻》创办于马六甲，稿源却是依赖广州，久居于此的马礼逊既是创办人也是主要撰稿人。《中国丛报》创办于广州，在存续的二十年间，其主要的办刊所在地也定于此，而且先后主持刊物的裨治文、卫三畏及其他主要撰稿人多数都生活于广州。19世纪前期，广州是西方人能够较长时间逗留并得以实地了解中国的最重要据点，它既扮演了促进早期中西文化交流重镇的角色，同时也为心怀拯救落后异教国家信念的传教士、肩负使本国在华利益最大化使命的外交官，及为追求贸易利益却常遭受种种交易约束的外国散商们提供了猎奇窥探的实景和撰文抨击的第一手素材。相信无论是马礼逊还是裨治文、卫三畏，或其他生活于广州的《中国丛报》作者，不会不去位于广州城南门附近的刑场——这一常在清朝半官方喉舌《京报》报道执行死刑案必然会提及、西文资料描述中国执行公开斩绞决死囚的主要发生地实地一睹为快。这一定程度会左右编作者选稿、撰稿时的视角和心态，促发他们进行揭露和抨击。

19世纪下半叶，中西文化的交流重心从广州分移到了中国最大的条约口

[1] 参见李洋:《晚清对近代国际法的尝试与偏离——基于蒲安臣、李鸿章使团的考察》，载《南京大学法律评论》2015年秋季卷。

岸上海，还有香港。香港在第一次鸦片战争之后沦为英国的殖民地，并逐渐成为大英帝国在东方的重要商业站点和主要海上贸易中心，加上其独特的地理位置，成为各方人士往来内地和其他国家的不可替代的城市。[1]有意研习西方语言或其他知识的中国人常先至香港逗留，然后再出洋学习。传教士们和冒险家也常将香港作为来华的第一个落脚地，在此学习中国语言，熟悉中国风土人情，而普通的香港华人、港府英籍官员在生活和工作中，都更有机会亲身接触和了解不同于自己本国的文化和习俗。各类学校相继建立，近代教育勃兴，多种报刊创办，各种语言书籍问世，[2]它们都是传播文化、促进中西交流的重要载体。

在《中国评论》之前，香港早就创办过多种英文报刊，包括《香港公报》（*Hong Kong Gazette*，1841年创刊）、《中国之友与香港公报》（*Friend of China and Hong Kong Gazette*，1842年创刊）、《香港记录报》（*Hong Kong Register*，1843年创刊）、《德臣报》（*China Mail*，1845年创刊）、《香港政府宪报》（*Hong Kong Government Gazette*，1853年创刊）、《孖剌报》（*Daily Press*，1857年创刊）等。[3]此外，还有一些中文报刊，其中，香港的第一份中文报刊即由伦敦会传教士麦都思（W.H.Medhurst，1796—1857）于1853年创办的《遐迩贯珍》，[4]它影响最大，在时下的相关研究中仍备受关注。1872年《中国评论》创刊时，起点较高，不仅在于此时香港已经有了将报刊作为传播和交流文化重要载体的氛围和传统，而且它是在创办人丹尼斯此前创刊《中日释疑》，四年内它受

〔1〕 纪实摄影的先驱英国人约翰·汤姆逊（John Thomson，1837—1921）曾在1867年至1872年游历中国，所到的第一站即香港，他称香港“或许可以被看作是东方文明一个新纪元的诞生地”，这当然是基于作为英国人的立场和视角的赞誉，但其关于香港人口增长、道德有所进步、犯罪得到抑制、各类学校设立等方面的记录，仍然可以作为我们了解《中国评论》创刊前夕香港社会状况的参考资料。参见［英］约翰·汤姆逊：《中国与中国人影像：约翰·汤姆逊记录的晚清帝国》（增订版），徐家宁译，广西师范大学出版社2015年版，第11、25、33页。

〔2〕 据档案记载，晚清时期在港府登记的已出版书籍，所用作编印的语言就达13种之多。参见霍启昌：《香港与近代中国》，台湾商务印书馆1993年版，第52页。

〔3〕 参见刘存宽：《香港与中西文化交流（1841—1911）》，载《港澳与近代中国学术研讨会论文集》，国史馆2000年印行。

〔4〕 这是通说，本文暂从，即是认为，《遐迩贯珍》创刊时的主编是麦都思，第二年由其女婿奚礼尔（C.B.Hillier，1820—1856）继任，1855年再由理雅各（James Legge，1815—1897）接手编到停刊。但最近看到一个新观点，即苏精教授在《铸以代刻：传教士与中文印刷变局》（台湾大学出版中心2014版）中，根据数据考订，确认麦都思之子麦华佗（W.H.Medhurst，1823—1885，另一译麦特赫斯特）才是《遐迩贯珍》的真正主编。转引自邹振环：《中国图书出版的“典范转移”——读苏精〈铸以代刻〉》，载《书城》2016年第11期。

到读者广泛欢迎但因故突然停刊的情形上，鉴于渴望了解中国等东方国家知识的西方读者不断增多，而重起炉灶创办的。所以，《中国评论》在形式和内容上都较此前类似期刊更胜一筹，表现在刊期连续稳定、栏目相对固定、文字错漏较少、报道力求中立客观、评论尽量避免偏激浅薄。不可否认，这应该也《中国评论》所见之中国司法，较之《印中搜闻》《中国丛报》发生变化，不再是一味抨击和否定，不再停留于关注中国社会的外在问题，而是努力对于中国思想和文化进行严肃而认真研究的重要因素。

最后，或许最不应被忽视的，是《中国评论》编作者队伍的众多及稿源的多元，及其所体现出来的开放性。进入19世纪，西方汉学早已走过了"游记汉学"的阶段，正见证从传教士汉学到专业汉学的转变。这种转变包括研究范围的扩大、理论和方法的改变和提升，前提当然是从事汉学研究主体的变化，即从传教士为主到众多其他专业人士的参与。作为19世纪影响较大的英文汉学刊物，《印中搜闻》《中国丛报》及《中国评论》，它们的编作者队伍的变化正好印证了这一点。

《印中搜闻》编作者主要是创刊人马礼逊和米怜，他们都是传教士。《中国丛报》的创刊人裨治文是传教士，后来继之主持该刊的卫三畏也是传教士，在该刊后期，作者队伍逐渐扩大，在传教士之外，有外交官、商人、旅行家，不过，这无法与《中国评论》编作者队伍相比。就《中国评论》的编者而言，创刊人丹尼斯是领事官和记者，接替他的欧德理原是传教士，应该正是在任该刊主编期间离开教会转而任职于香港政府，另两位担任过主编的霍近拿和波乃耶，前者是香港中央书院校长，后者长期任职于香港的英国最高法院，他们都是一身多职，但也均是学者，是汉学家。[1]再就其作者队伍看，庞大可观，有署名的就达四百余人，有外交官、海关职员、在港府从业者、商人、记者等，当然，传教士也仍占相当比例，但他们不再是大多数。编作者众多和身份多元，及其多数具有较好教育背景，既体现了刊物的开放性，也一定程度地保证了文章的学术性和观点的多样性，同时，也少了些宗教性、多了些世俗性，专业性也得到增强。刊物的这种风格不仅体现在其所刊的关于中国司法的文章和报道，同时

---

〔1〕 纵向地看，这些汉学家的水平，较19世纪上半叶是有提高，但严格而言，仍是乏善可陈，1884年，辜鸿铭在《字林西报》上发表了专门针对《中国评论》作者汉学水平的评论文章，毫不吝啬地加以讽刺和抨击。参见辜鸿铭：《中国人的精神》，李晨曦译，上海三联书店2010年版，第89～101页。

也体现在其他领域中。

四、结语

18世纪末19世纪初，随着中西纠纷和冲突的不断增多，中国司法是西方人颇感兴趣的议题。在欧洲此前数世纪间进行的文艺复兴、宗教改革、启蒙运动，及发端于英国并向法、德、美等国扩展的工业革命之后，欧美在社会权力关系、组织方式和法律观念等方面均发生了变化。司法领域也进行了诸如刑罚对象从人的肉体转向人的精神、刑罚技术从刑场转向监狱、刑罚目的从对犯罪行为的同害报复转向对罪犯的改造等改革。也正是在此时期，欧美国家不断向外殖民扩张，尽管彼此之间充满了竞争，但当面对被迫卷入其所主导的世界体系之中的中国，想夺取权益并与中国发生直接冲突时，他们则可谓一个整体的“西方”，态度高度一致，视中国为政治专制、民族劣等的“他者”，是可以获取利润的源泉和蔑视的对象。启蒙时代欧洲改革者对中国的乌托邦想象，在此时的传教士、旅行家、外交官甚至思想家的眼中和笔下早化为了泡影。

在1872年创刊、1901年停刊的《中国评论》中，中国法律的实施、审判权的归属、刑事诉讼的各个阶段及监狱状况，仍受到关注和讨论。但与同一世纪早期的《印中搜闻》、中前叶的《中国丛报》相比，其视角和观点发生了变化：对于中国刑事司法的关注度降低，广泛、公开地处决死刑犯及凌迟处死的信息已是鲜见，对于非法刑讯的报道骤减，地方官审判不力、失职渎职等方面的描述很少。也就是说，在《中国评论》中，对于中国司法不再如此前两个刊物那样是一味的揭露和抨击，而是代之以既有抨击同时又肯定历史进步的评述。究其变化的原因，除了19世纪下半叶中国已着手引入西方制度进行改革外，中西关系暂时缓和、刊物所在地香港特殊的地缘和文化环境，还有编作者队伍众多且其中非传教士比例提高、来稿多元及办刊的开放性，都是重要因素。

但是，即使在《中国评论》中，主要来自欧美的编作者虽然力求客观，努力对包括司法在内的中国法律进行严肃、学术的探讨，但细心的读者还是能感受到他们的俯视视角和傲视心态。当庚子事变于1900年夏天在北京达至混乱的高潮后，远在香港的《中国评论》就转载了来自同年9月8日《德臣报》的一则评论，它不仅强调英国人继续传教的坚定不移的决心，而且明确指出，如果传教士“持续受到不公正对待，或者频繁遭谋杀，这个国家（即大英帝国）将不得不干预。而且，富有民族自尊心的国民的国家，如大英帝国或美国，将永远不会容忍自己的属民遭受杀害却没有人进行抗议或者采取措施将谋杀者绳之以法”。[1]可以想见，假如庚子事变持续更长时间，而《中国评论》又不是如此快地停刊的话，其对于中国司法，肯定将是另一番的描述和评价，重新回归《印中搜闻》《中国丛报》那样的一概否定和抨击也不是完全不可能。毕竟，他们的西方中心主义、民族优越论和基督教文明的优越感根深蒂固。

不可否认的是，自中西方有密切交集以来，对于中国而言，“西方人”“西法”都是实实在在地存在，是中国人评判自身的法律和文明时躲也躲不掉的一面镜子。不同时期西方人对于包括司法在内的中国法的看法和观点，反过来又左右着中国人对于本国法律的自我认知。清末确立的“整顿中法、仿行西法各条”的变法路径和宗旨，一定意义上就是始自18世纪末19世纪初西方人负面评判中国法的结果。而19世纪下半叶《中国评论》所体现的西方人评判中国法的部分转向，是否对于民初法律肇建时竭力主张既要承续中国法律传统又要移植西方经验的一代立法者有过影响，同时，20世纪后来各个阶段，乃至中国当下的法律变化和改革，与各个时期外国人看待中国法的态度和观点是否也有剪不断理还乱的联系，等等诸项，都有待总结，也值得深入的思考和探讨。

---

〔1〕 The Missionary Question in China, *The China Review*, Vol.XXV, 1900—1901, pp.48-49.

四　民初的司法旨趣*

——以“王宠惠宪草”之“司法”章为引子

民初，万象更新，很快就颁布了具有重要历史性意义的《中华民国临时约法》，不过，它只是临时宪法。于是，制定正式宪法便成为各方关注的热点。采何种宪政模式，各派各系各党均自有主张。他们就具体问题，如共和制与君主制、总统制与内阁制、单一制与联邦制、信教自由与以孔教为风化大本等方面，进行了广泛、激烈的争论。[1]作为三权之一的司法权，该采何种模式，自然也会引起关注和讨论。时下，在近代法研究热潮中，对于民初司法创制的回顾和思考却相对匮乏。鉴于此，本文拟从“王宠惠宪草”之“司法”章的条文入手，比较其与其他私拟宪草相关规定的异同，兼涉起草“天坛宪草”时的有关争论，旨在厘清民初司法模式选择过程中的共识和分歧及所折射出的司法旨趣，进而探讨和总结个中之得失。

一、引子：“王宠惠宪草”之“司法”章

人称近世中国法坛“第一人”的王宠惠，其最擅长之领域非为宪法，但是，在民初轰轰烈烈的制宪热潮中，他想袖手旁观也难。1913年，也就在他随民元政局变换，先后辞去南京临时

* 本文初版稿收于拙著《所谓宪政：清末民初立宪理路论集》（上海人民出版社2012年版），原题为《民初司法模式选择过程中之共识与分歧——以“王宠惠宪草”之“司法”章为楔子》。收于本书时更改了标题，并对文字进行了若干修订。

〔1〕 详见李秀清：《“梁启超宪草”与民国初期宪政模式的选择》，载《现代法学》2001年第6期。

政府首任外交总长、北京政府唐绍仪内阁司法总长后，回到上海，任中华书局英文编辑部主任之际，发表了3篇文章，即《中华民国宪法刍议》(1913年3月)、《宪法刍议答客难》(1913年6月27日至7月5日)、《宪法平议》(1913年)。[1]其中，《宪法刍议答客难》是就张东荪对于其《中华民国宪法刍议》一文所提商榷的回应文章，《宪法平议》似是《中华民国宪法刍议》上篇的缩略版。因此，可以说，《中华民国宪法刍议》是这一时期王宠惠宪法思想的最主要载体。

《中华民国宪法刍议》分为序、上篇"宪法要义"及下篇"宪法草案"。该文序言，可以帮助我们了解作者撰写此文的背景和用意：

> 著者不与闻国事数月于兹矣，方以此沾沾自喜，乃二三同志，以国会召开在即，宪法急待制定，劝余从事于宪法问题。且曰，民国宪法，全国国民之宪法也，非数百议员所得而私也。是故国会虽有制定之权，而国民皆有研究之责……自知以最短促之时日，研究最重要之问题，其失必多，惟大雅君子，有以匡正之。则兹篇之作，或亦宪法研究之嚆矢欤。

上篇"宪法要义"，则是此时期王宠惠宪法思想的系统表述，分为九节，依次为：绪论、宪法之性质、宪法之内容、宪法之解释、非行政法、国会、议院政府、总统及副总统之选举、省制。从具体内容和阐述，足以领略到作者深厚的法学功底和开阔的学术视野，所谓"以最短促之时日，研究最重要之问题，其失必多"，未免是过谦之词。

下篇"宪法草案"，凡八章、100条，依次为总纲、国民、立法、行政、司法、会计、省制、附则。

其中，第5章"司法"，共8条(第76—83条)，悉数照录如下：

> 第76条　中华民国之司法权，以法院行之。
>
> 第77条　法院之法官，由大总统及司法总长，依法律之规定，分

〔1〕 关于王宠惠的文章汇编，手头有两本：一是《王宠惠先生文集》，"中国国民党中央委员会党史委员会"编辑、出版，1981年；另一是《王宠惠法学文集》，张仁善编，法律出版社2008年版。本文所引氏著之文章，若非特别注明，皆是参引后一本文集。

别任命之。但任命最高法院法官，须按照第61条[1]办理。

第78条　法院有解释本宪法之职权。

第79条　法院依法律之规定，受理诉讼案件，及非诉讼事件。但关于特别诉讼，法律另有规定者，不在此例。

第80条　法官独立审判不得干涉之。

第81条　法院之审判，须公开之。但有认为妨害安宁秩序，或有关风化者，得秘密之。

第82条　法官非依法律之规定，受刑罚宣告，或应罢职之惩戒处分，不得罢其职。但法律规定改组法院，及改定法官资格时，不在此例。

法官之惩戒处分，以法律定之。

法官在任中不得减俸，或转任非法官之职。

当代人看到上述条文，可能会觉得平淡无奇。但是，本文之所以将其作为“引子”，起草人王宠惠在民国时期的特殊地位固然是一个因素，但更主要的，是由于条文本身蕴含了关于民初司法构建的丰富内容，细细研读它们，颇有能窥一斑而知全豹之感。

二、共识和特色：“王宠惠宪草”之“司法”章与其他私拟宪草相关规定之比较

诚如王宠惠所言，“民国宪法，全国国民之宪法也，非数百议员所得而私也”。各政党、团体、省都督和省议会等均就制宪发表过意见，有识之士私拟宪草在民初也成了一种潮流。据现有资料，1912年至1913年，仅刊载于《宪法新闻》的私拟宪草就有15部，而这还不包括其第一期上的“某政治家之宪

〔1〕 该宪草第61条规定：大总统依法律之规定任免文武官员，但任命国务总理及其他国务员，须按照第71条、第72条分别办理，任命最高法院法官、审计院院长及外交特使、大使、公使，须得参议院之同意。

法草案”(凡九章、78条)。[1]除“王宠惠宪草”外,其他14部宪草为:“何震彝宪草”(凡八章、99条),“汪荣宝宪草”(凡九章、75条),“席聘臣宪草”(凡七章、88条),“康有为宪草”(凡十四章、106条),“毕葛德宪草”(凡七章、79条),“古德诺宪草”(凡六章、30条),“李庆芳宪草”(凡九章、75条),“巴鲁宪草”(凡23条),“梁启超宪草”(凡十一章、95条),“王登乂宪草”(凡十章、89条),“吴贯因宪草”(凡八章、84条),“彭世躬宪草”(凡九章、81条),“李超宪草”(凡九章、93条),及“姜廷荣宪草”(凡十一章、109条)。[2]其中,毕葛德(Francis T.Piggott, 1852—1925)、古德诺(Frank J.Goodnow, 1859—1939)和巴鲁(M.Julien Barraud)[3]皆为外籍顾问,分别来自英国、美国和法国,三者的宪草在体例和内容上差异颇多,且译文晦涩,因本文着重探讨的是民初中国本土的司法旨趣,故下文比较中,拟不将它们作为参照系。[4]

如同“王宠惠宪草”一样,其他11部宪草都专章规定了“司法”或者“法院”。倘若进一步具体对照它们的条文,我们会发现,其中既有相同或相似的条文,又有独具特色的规定。

---

〔1〕《宪法新闻》于1913年4月13日创刊于北京,初为周刊,逢周日出刊,除两种增刊外,现存24期,最后一期刊于1913年12月1日。其栏目固定,内分为三部:(甲)宪论;(乙)宪史;(丙)杂纂。其中,私拟宪草多被刊于“宪史”部的“宪法拟案汇录”。张玉法先生在《民国初年的政党》(岳麓书社2004年版,第419～420页)中,曾将这些宪草汇总制成一列表,但是遗漏了“彭世躬拟民国宪法草案”(载《宪法新闻》第二十一期)。《宪法新闻》已被全部汇编于李贵连老师主编的《民国北京政府制宪史料二编》(线装书局2008年版),同时,上述宪草(除“李超宪草”外)也已被收录于夏新华等整理的《近代中国宪政历程:史料荟萃》(中国政法大学出版社2004年版),因此查阅这些私拟宪法的具体条文现已极为便捷。

〔2〕上述宪草的名称其实有所不同,本文为简约和一致起见,统一使用“某某宪草”的格式。关于这些私拟宪草的总括性研究,可参见夏新华、刘鄂:《民初私拟宪草研究》,载《中外法学》2007年第3期。

〔3〕巴鲁,又译为巴和,巴黎大学法学博士,巴黎大学法学教授(1905—1911年)。他除受民国政府邀请拟订宪法草案外,还曾任国立北京大学法科专门教授(1911—1917年),后又来沪在私立震旦大学任教职,讲授比较法、中国民诉等课程,兼办英法律师职务。另外,其弟M.Marcel Barraud亦系巴黎大学法学博士、律师,随后也任教于震旦,讲授法国民法、劳动法、行政法等课程。据“上海市教育局关于私立震旦大学立案问题(三)”(上海市档案馆,档案编号Q235-1-651)可知,巴鲁兄弟俩在震旦任职时,哥哥是兼任教授,弟弟是专任教授,其月薪分别是300元和700元,远高于兼任中国教授的100元和专任中国教授的250元。此兄弟俩生卒年不详,但据私立震旦大学“法学院教员题名”,时年兄弟二位分别是51岁和46岁,可以推测,他们俩的出生年份大约分别是1882年、1887年,参见《私立震旦大学一览(民国廿四年)》,第44、59页。感谢汪强、沈伟、李超三位博士惠赠相关资料。

〔4〕关于这三位外国顾问的宪法草案及其特色主张,详见李超:《民初宪法顾问有贺长雄及其制宪理论研究》,华东政法大学2016年博士学位论文,“第四章第一节 北洋政府外籍法律顾问团的集体发力”;李超:《论民初司法顾问毕葛德的制宪主张》,载《理论月刊》2016年第1期。

（一）共识

共识主要体现在“王宠惠宪草”所规定的审判公开、法官独立和法官保障等原则之中，在其他宪草中多能找到对应的条文，只是行文上有稍许出入而已。

1.审判公开

在下列宪草条文中，明确规定了这一原则：

“何震彝宪草”第57条：法官审判诉讼，除关于妨害安宁秩序、善良风俗者外，皆公开之。

“席聘臣宪草”第57条：法院之审判，除认为妨害安宁秩序及善良风俗者外，须公开之。

“康有为宪草”第67条：法院之审判，须公开之；但有妨害安宁，或有关风化者，得秘密之。

“李庆芳宪草”第61条：法院之审判，须公开之；但有妨害安宁秩序者，依法律或法院之决议，得秘密之。

“彭世躬宪草”第65条：法院之审判，须公开之；但有认为妨害安宁秩序或风俗者，依法律或法院之决议，得秘密之。

“李超宪草”第72条：审判院之对审判，决须公开之。但有认为妨害安宁秩序者，得秘密之。

“姜廷荣宪草”第87条：法院之审判，须公开之。但有认为妨害安宁秩序者，得秘密之。

2.法官独立

规定这一原则的有：

“何震彝宪草”第53条：法官审判独立，不受上级官厅及行政长官之干涉。

“席聘臣宪草”第54条：法官独立审判，不受上级官厅及行政官吏之干涉。

“康有为宪草”第68条：法官独立，不得干涉之。

"李庆芳宪草"第62条：法官独立审判，不受上级官厅之干涉。

"彭世躬宪草"第64条：法官独立审判，不受何人之干涉。

"李超宪草"第70条：司法权独立不羁，以审判院依法律行之。审判院制，别以法律定之。

"姜廷荣宪草"第88条：法官独立审判，不受上级官厅之干涉。

3.法官保障

所有宪草都规定了这一原则：

"何震彝宪草"第56条：法官非受刑法宣告，及惩戒处分，不得免职。

"汪荣宝宪草"第58条：法官以具有法律所定之资格者任之。法官非受刑事处分及其他法律所定惩戒处分之宣告者，不得罢免之。

"席聘臣宪草"第56条：法官非受刑法之宣告，及惩罚处分，不得免职。惩戒条规，以法律定之。

"康有为宪草"第69条：法官宜久任，非依法律之受刑事宣告者，或应惩戒者，不得罢其职，及不得减俸、转任。其法官惩戒法，于法官之罪过定义，以法律定之。审法官时，许其自辩。

"李庆芳宪草"第64条：法官在任中，不得减俸或转秩。非依法律受刑罚宣告或应免职惩戒之处分，不得解职。惩戒条规，以法律定之。

"梁启超宪草"第80条：法官以具有法律所定之资格者任之。法官非受刑事处分，及其他法律所定惩戒处分之宣告者，不得罢免之。

"王登义宪草"第73条：法官以具有法定资格者任命之。法官非受刑事处分，或其他法律所定惩戒处分之宣告者，不得罢免之。

"吴贯因宪草"第67条：法官非受刑事处分，或其他法律所定惩戒处分之宣告者，不得罢免之。

"彭世躬宪草"第62条：法院法官非受刑罚宣告，及惩戒处分，不得免其职。其惩戒条规，以法律定之。第66条：法官在职中，不得减俸或转任非法官之职。

"李超宪草"第71条：司法官以具有法律资格者任之，非依法律受刑罚或惩戒之宣告，不得反于本人意思而免职。惩戒条规，以法律定之。

"姜廷荣宪草"第89条：法官在任中，不得减俸或转职。非依法律受刑罚宣告者，或应免职惩戒处分，不得解职。惩戒条规，别以法律定之。

特别要指出的是，其中若干附"说明"或"按语"的私拟宪草，如"梁启超宪草""吴贯因宪草"等，就多数条文作了或详细或简要的解释，强调说明为何要如此规定的理由。但它们就上述三项原则的相关条文，却几乎都没有任何相应的解释或说明。这似乎也暗含着，确立这些原则是理所当然、毫无疑问，所以也就毋庸解释了。

诚然，审判公开、法官独立和法官保障三项近代西方的司法原则，在西法东渐的大背景下，借助于论著和法规翻译等途径，在晚清已被引入中国，不仅仅是作为学说和观念，而且也被确立于相关的立法中。对此过程的介绍和剖析，学界师友和同道早有详尽论述，〔1〕没有必要再费过多笔墨。

在此，仅就它们在清末主要立法文件中的表述理出一条简要线索。

1906年的《大理院审判编制法》是在清末新政的大背景下颁布的，它本身也是清末新政举措的一部分。正如《大理院奏审判权限厘定办法折》〔2〕所言："中国行政、司法二权向合为一，今者仰承明诏，以臣院专司审判，与法部截然分离，自应将裁判之权限、等级区划分明，次第建设，方合各国宪政之制度。"可以说，《大理院审判编制法》是中国第一个单行的法院组织法，它效仿西方

〔1〕 最近十年内问世的相关佳作就可列出多种，包括：贺卫方：《司法独立在近代中国的展开》，载何勤华主编：《法的移植与法的本土化》，法律出版社2001年版；郭志祥：《清末与民国时期的司法独立研究（上）》，载《环球法律评论》2002年第1期；韩秀桃：《司法独立与近代中国》，清华大学出版社2003年版；李启成：《司法独立在近代中国何以如此曲折？——以沈家本为例》，载台湾《法制史研究》第6期，2014年12月；李启成：《晚清各级审判厅研究》，北京大学出版社2004年版；俞江：《清末奉天各级审判厅考论》，载《华东政法学院学报》2006 年第1期；迟云飞：《晚清预备立宪与司法"独立"》，载《首都师范大学学报》（社会科学版）2007年第3期；侯欣一：《司法独立：晚清时期国人对现代司法制度的认识——以〈日本政法考察记〉为中心的考察》，载曾宪义主编：《法律文化研究》（第3辑），中国人民大学出版社2007年版；等等。

〔2〕 关于该奏折，参见《大清新法令（1901—1911）》（点校本）第1卷，李秀清、孟祥沛、汪世荣点校，商务印书馆2010年版，第377～379页。

国家的司法制度，确立四级三审的审判体制，分别规定了大理院、京师高等审判厅、城内外地方审判厅、城谳局等机构的设置、权限和审判责任，而且其第6条明确规定了司法独立原则："自大理院以下及本院直辖各审判厅局，关于司法裁判，全不受行政衙门干涉，以重国家司法独立大权，而保人民身体财产。"

清末颁布谕旨（光绪三十二年九月二十日上谕）厘定官制之初，虽然规定"刑部著改为法部，责任司法；大理寺著改为大理院，专掌审判"，但司法和审判的权限不明，致使引发"部院之争"。不过，法部和大理院都秉持了大致相同的司法理念。尽管地方官制改革过程中，"司法独立"曾遭到张之洞等人的否认，[1]但法部在其所拟《各级审判厅试办章程》（1907年）中，仍分别于第33条和第97条规定了审判官独立和检察官独立的原则：

> 第33条　凡审判方法，由审判官相机为之，不加限制，但不得非法凌辱。
>
> 第97条　检察官统属于法部大臣，受节制于其长，对于审判厅独立行其职务。其职权如下……

同时，该章程第26条还确立了审判公开原则："凡诉讼案件，经检察官或预审官送由本厅长官分配后，审判官得公判之。"

1906年，《刑事、民事诉讼法草案》在修订法律大臣沈家本等的主持下，"就中国现时之程度，公同商定简明诉讼法，分别刑事、民事。探讨日久，始克告成"。其"总纲"第13条规定了同时适用于刑事诉讼和民事诉讼的审判公开原则："凡开堂审讯，应准案外之人观审，不得秘密进行。但有关风化及有特例者，不在此限。"

在1906年开始完成的厘定官制系列草案中，其中之一即《行政裁判院官制草案》，[2]其第18条规定了对于行政审判人员的身份保障："行政裁判院佥事以上各官，非犯刑法及处分则例者，不得罢黜。其处分则例，另定之。"

---

〔1〕 参见李细珠：《张之洞与清末新政研究》，上海书店出版社2003年版，第六章第三节"'司法独立'问题"。

〔2〕 关于本文所引《大理院审判编制法》《刑事、民事诉讼法草案》及《行政裁判院官制草案》等条文，均可参见《大清新法令（1901—1911）》（点校本）第1卷，李秀清、孟祥沛、汪世荣点校，商务印书馆2010年版。

1910年颁布的《法院编制法》无疑是清末重要的司法改革成果。“宪政编查馆奏核订法院编制法并另拟各项暂行章程折并单”言：“窃维司法与行政分立为实行宪政之权舆，上年钦定逐年筹备事宜清单，令各省分期筹设各级审判厅，即为司法独立之基础，而法院编制法所以明定等级，划分职权，尤为筹设各级审判厅之准则。”基于此，《法院编制法》所规定的下列条款令人关注：[1]

第55条：诉讼之辩论及判断之宣告，均公开法庭行之。

第58条：公开法庭有应行停止公开者，应将其决议及理由宣示，然后使公众退庭。至宣告判断时，仍应公开。

第94条：检察厅对于审判衙门应独立行其职务。

第95条：检察官不问情形如何，不得干涉推事之审判或掌理审判事务。

第125条：法部对于推事及检察官，不得有勒令调任、借补、停职、免职及减俸等事。其有下列情事者，不在此限……

第126条：推事及检察官之廉俸，虽在惩戒调查或刑事被控时仍应照给。

第127条：推事及检察官退职后得受恩俸，其细则于廉俸章程中附定之。

第163条：本章[2]所载各条，不得限制审判上所执事务及审判官之审判权。

这些条文表明，与前列清末相关司法改革、官制改革法案相比，《法院编制法》在确立审判公开、司法独立和法官保障等原则时，确实更为系统、全面。但是，通过上述烦琐的罗列也可看出，与其说这些原则是《法院编制法》的创设，毋宁说是它对此前法案相关规定的综合和推陈出新。就此意义言，有学者提出的“《法院编制法》在制度方面的价值主要表现为确认而非构建，在观念

---

〔1〕 关于“宪政编查馆奏核订法院编制法并另拟各项暂行章程折并单”及《法院编制法》条文，参见《大清新法令（1901—1911）》（点校本）第7卷，曾尔恕、薛梅卿、杨育棠点校，商务印书馆2010年版，第319～345页。

〔2〕 即该法“第十六章 司法行政之职务及监督权”。

方面的价值主要表现为宣示而非启蒙”[1]的观点很令人赞同。

辛亥革命爆发后，一些已宣布独立的省的军政府制定了约法，它们在事实上具有省宪的性质，并都规定了司法制度。其中，《中华民国鄂州约法》于1911年10月至11月由宋教仁起草，共7章、60条。其第六章，即为“法司”，其中，第56条规定法官保障原则：“法官非依法律受刑罚宣告，或应免职之惩戒宣告，不得免职。”第58条规定审判公开原则：“法司之审判须公开之。但有认为妨害安宁秩序者，得秘密审判。”虽然《中华民国鄂州约法》在湖北并没有真正实施，但它是辛亥革命时期宣布独立的其他许多省份的效仿对象，无论是颁布约法的做法，还是其具体的内容。

譬如，《中华民国浙江省约法》完整地规定了法官独立、法官保障和审判公开等三项原则：第42条，法官独立审判，不受上级官厅之干涉；第43条，法官非依法律受刑罚宣告，及应免职之惩戒宣告，不得免职，并不得任意更调之；第45条，法院之审判，须公开之。但有认为应秘密者，得停止公开。

此外，《中华民国江西省约法》《中华民国广西省约法》等也有类似规定。

作为民初根本大法的《中华民国临时约法》，其第六章“法院”对于此三项原则的系统规定，自然是顺理成章：

> 第50条　法院之审判，须公开之。但有认为妨害安宁秩序者，得秘密之。
>
> 第51条　法官独立审判，不受上级官厅之干涉。
>
> 第52条　法官在任中不得减俸或转职，非依法律受刑罚宣告，或应免职之惩戒处分，不得解职。惩戒条规，以法律定之。

由上可知，“王宠惠宪草”所规定的法官独立、法官保障、审判公开三项原则，不仅在同时期的私人宪草中多有表述，而且在此前的正式立法文件中也已有明定，它们并非王氏宪草的特色，更非其首创，而是反映了该时期关于司法制度的共识。

---

〔1〕 参见吴泽勇：《清末修订〈法院编制法〉考略——兼论转型期的法典编纂》，载《法商研究》2006年第4期。

（二）特色

“王宠惠宪草”关于司法制度的设计，在体现共识的同时，还反映出特色。主要有两项：一是法院有权解释宪法（第78条），另一是笼统规定诉讼由法院受理，而并未规定行政诉讼由特殊机关管辖（第79条）。

就前一项言，之所以说是特色，是因为在其他私拟宪草中，很少有涉及宪法解释的内容，只有“彭世躬宪草”有相似的规定，其第63条：“法官的职权如下：一、解释本宪法；二、以法律之规定，受理诉讼案件及非诉讼案件。但行政诉讼，或以法律另行规定之特别诉讼，不在此例。”

关于宪法解释权的归属，当时大致有英美系与欧陆系之分，前者的法院有解释宪法之权，后者的法院则无此权。我们知道，在美国，1787年宪法并没有明文规定法院有解释宪法之权，只是规定宪法为全国最高之法律。一般认为，最初确立宪法解释权属于法院的是著名的1803年“马伯里诉麦迪逊案”。“王宠惠宪草”规定“法院有解释本宪法之职权”，显然是效法美制的结果。对此，王宠惠毫不讳言：“然则吾国宜宗美派，以解释宪法权委之于法院。且以明文规定于宪法，以为宪法之保障，明矣。”美派者认为，欧陆制存在三大弊端：一是立法机关不宜自行解决其所定之法律是否抵触宪法；二是议员数年一易，对于宪法恐难有划一之解释；三是法律议决公布后，若与宪法有抵触，但法院却无权以判决之的话，那就无补救的余地。王宠惠赞同这些理由，还进一步提出了由法院解释宪法，“固无从凌轹立法权也”，并且强调，“委解释宪法权于法院者，乃所以增多拥护宪法之机关也”。〔1〕

王宠惠的这种主张在私拟宪草者中虽然属于小众观点，但在舆论上也有一定的支持者。《宪法新闻》第十五期刊载了转自《大自由报》的一篇题为“宪法解释权宜归法院”的文章，明确提出“吾国宪法之解释权，有不得不归诸法院者，其端有三”。此外，在其后宪法起草委员会的讨论中，王宠惠的观点也是汪荣宝等委员提出类似主张的理论支撑。对此，下文将有具体阐述。

就后一项言，这是民初司法构建过程中极具争议性的内容。

从上引“王宠惠宪草”第79条之行文看，并没有分民事诉讼、刑事诉讼和行政诉讼，行政诉讼是否属于其中的“特别诉讼”，也未明确。在该条“说明”

〔1〕 参见王宠惠：《中华民国宪法刍议》，载《民立报》1913年3月，“第四节　宪法之解释”。

中，起草者指出："而宪法乃永久之规定，不必涉及诉讼法之范围，故本条只浑言诉讼，而不标民事、刑事之目。又非诉讼事件，法律亦有规定由法院受理者，故增之。又，但书亦改从概括主义，参看上篇第五节。"

而所谓"上篇第五节"，其名即为"非行政法"，从其阐述中，可以看出王宠惠对于行政诉讼和行政法均持反对态度。他提出："按临时约法第十条，人民对于官吏违法损害权利之行为，有陈诉于平政院之权。又，第四十九条第二项，关于行政诉讼及其他特别诉讼，别以法律定之，是有取乎行政法派矣。顾自约法施行以来，已一年于今。各种行政司法机关，莫不次第设立，独平政院寂寂无闻焉。政府未有提案也，参议院未有动议也，国民未有要求也。然则全国人民之心理，对于行政法之否认，可概见矣。"接着，他指出，在世界范围内，对此有两种模式，即普通法派与行政法派，两派之主张，各有不同，以吾人之眼光评判之，不得不谓，普通法派，为合乎民权之精神也。他还具体分析了在欧陆国家所实行的行政法院的梗概，指出，实行行政法院制度，存在诉讼手续烦难、偏袒行政、民众不能尊重司法、致国民权利被蹂躏等四大弊端。最后得出结论："总之，实行民权之国，其人民与官吏于法律上为平等，即应受同一法律之支配，乃宪法上之一原则。而凡反乎此原则者，皆应排斥之。此制定宪法时，所必具之眼光也。依上所论，行政法者，即官吏与人民于法律上为不平等也，其反乎上宪法之原则孰甚焉。而况以行政上言之，其所谓利者，仅利于一部分之官吏而已。而其弊之多，则普及于国家人民，利弊多少轻重之比较为奚如耶。故吾国不应采用行政法派，可不待再计而决也。"

纵向来看，在中国，首次明确规定行政诉讼制度的正式法律文件确实是《中华民国临时约法》。其第10条规定："人民对于官吏违法损害权利之行为，有陈诉于平政院之权"；第49条规定："法院，依法律审判民事诉讼及刑事诉讼；但关于行政诉讼及其他特别诉讼，别以法律定之。"但一项法律制度的确立，往往都不会是空穴来风和无缘无故的。

在此之前，清末最后十年宪政思潮的传播和立宪活动的展开，无论如何还是使立宪思想在中国有了一定的影响。立宪思想的内容之一就是：国家机关也应遵循法律，尤其是行政机关的活动也必须受到法律的约束，如果行政机关的活动违法而损害了民众权益，民众就可提起诉讼。在此历史背景下，外国行政诉讼的理论和制度自然也就逐渐地传播到了中国。

可以说，不管是清末的行政法著作，还是民国之初的行政法著作，大多有关于各国行政诉讼的内容。这些介绍，不仅阐释了行政诉讼的若干理论问题，还使人们对各国行政诉讼的历史和体制有了更具体、更广泛的了解。而《东方杂志》早在其第4年（即1907年）第3期就刊登了翻译为中文的日本《行政裁判法》及《诉愿法》的条文。这些都至少说明，行政诉讼制度已受到了立宪派人士的关注。而且，这些论著也为民国成立后于宪法性法律中规定行政诉讼制度提供了基础。

在清末立宪活动中，《钦定宪法大纲》和《十九信条》均未就行政诉讼作出明确的规定。但是，在这两个宪法性文件起草和颁布期间的1910年，在"宪政编查馆大臣奕劻等拟呈修正宪政逐年筹备事宜摺（附清单）"中，提到"当即督饬在事人员，悉心研究，详加酌核，谨拟修正办法，约有数端"，其中之一即为"增入各项，如设立内阁，颁布行政审判法之类是也"。并在该折所附清单中，提议于宣统三年（1911年）颁布《行政审判法》，设立行政审判院。[1]

而在此之前，清廷曾草拟了"行政裁判院官制草案"。该草案共21条，涉及行政裁判的对象、行政裁判院的内部人事设置、行政裁判院的管辖事件、裁判方式、裁判程序、行政裁判人员的保障等方面内容。该草案规定设立相对独立的行政裁判院专门管理行政诉讼，体现了对当时大陆法系行政诉讼模式的选择。这从草案按语就可看出："……今各国有行政裁判院，凡行政各官之办理违法致民人身受损害者，该院得受其呈控而裁判其曲直。英、美、比等国以司法裁判官兼行政裁判之事，其弊在于隔膜，义（即意大利）、法等国则以行政衙门自行裁判，其弊在于专断。惟德、奥、日本等国特设行政裁判衙门，既无以司法权侵害行政权之虞，又免行政官独行独断之弊，最为良法美意。今采德、奥、日本之制，特设此院，明定权限，用以尊国法，防吏蠹，似于国家整饬纪纲勤恤民隐之至意不无裨益。"

虽然该草案没有颁布实行，但是，作为中国第一部行政诉讼相关法案，它对民国时期有关制度的创设产生了渊源性的影响。尤其是其所确立的以大陆法系德、奥、日的近代行政诉讼体制为模式的基调，至民国初期仍得以延续。

1912年1月，时任临时政府法制局局长的宋教仁拟具《中华民国临时政府

---

〔1〕 参见故宫博物院明清档案部编：《清末筹备立宪档案史料》（上册），中华书局1979年版，第88～91页。

组织法草案》，[1]该草案第14条规定："人民得诉讼于法司求其审判，其对于行政官署违法损害权利之行为，则诉讼于平政院。"该草案提交参议院后，惟参议院仍主张自行起草，并于同月31日议决，将草案退回临时政府。[2]但是，该草案第14条还是被参议院吸收，规定于《中华民国临时约法》之中。

而在《中华民国临时约法》颁布前后，围绕应否设立专门的行政审判机关这一问题，学界和政界出现了较为激烈的争论。争论焦点在于：是应采取英美一元制，抑或大陆二元制？在英美法系国家，没有行政诉讼与民事、刑事诉讼之分，一切诉讼均由普通法院受理，这被称为合并主义（一元制）。之所以采用此种体制，主要是基于下列理念：普通法院既然能独立审判民事、刑事诉讼，不受外力支配，其对行政诉讼也必然较其他机关更能保障人民权益；私人违法与官署违法，同受法律制裁，不应另设特殊机关，否则不仅使司法职权产生分歧，而且也违背法律之下一律平等的原则。[3]

在大陆法系的主要国家，从近代法国开始，就特设行政裁判机关，以专司行政诉讼事件，而不由普通法院审理，这被称为分离主义（二元制）。这一体制被德国、奥地利及近代日本等效仿采用。采用分离主义的主要理由是：国家特设审理行政诉讼的机关，足以表示重视人民权利的保障；凡关于行政诉讼事件，均属特设的机关审判，并非就某一特定事件而设立，于法律上平等的原则并不违背；行政诉讼事件由普通法院审判，不免以司法权侵入行政权，与国家权力分立的主旨不合，且易启司法干涉行政之渐；普通法院民刑案件繁多，程序迂缓，不如设立行政裁判机关专司行政诉讼事件，较为简捷便民；普通法院之审判人员，谙习民刑法规，对行政法规及行政事件则多缺乏研究和经验，因此难以胜任审理行政诉讼的工作，不如专设行政审判机关，由专门审判人员来承担这一工作。[4]

至现代，尽管英美法系的合并主义与大陆法系的分离主义再也不是泾渭分明的了，但不能否认的是，在民初构建司法之时，采取行政审判的合并主义还是分离主义却是英美法系与大陆法系在体制上的一个主要区别。

---

〔1〕　该草案刊登于《民立报》第467号，新纪元（1912年）1月27日。

〔2〕　参见谢振民编著、张知本校订：《中华民国立法史》（上册），中国政法大学出版社2000年版，第304页。

〔3〕　参见马君硕：《中国行政法总论》，商务印书馆1948年版，第271页。

〔4〕　参见管欧：《行政法论文选辑》，五南图书出版公司1994年版，第530页。

在《中华民国临时约法》颁布前后，反对设立平政院作为行政审判机关者并非只有王宠惠一个人，另一代表人物是章士钊。他在《民立报》上连续发表了署名为“行严”的文章，如《论行政裁判所之不当设》[1]《临时约法与人民自由权》[2]《论特设平政院与自由原理不相容》[3]《覆汪君叔贤书》[4]等。在这些文章中，章士钊对英美等国的自由权利保障制度大加赞赏，反对设立平政院，认为“设一不见于美洲大陆之平政院，使行政权侵入立法权，则约法所予吾人之自由者，殆所谓猫口之鼠之自由”“漫设一妨害人民自由之平政院，使吾国将来之宪法必不得与英美比肩”“法兰西之有此制乃君主淫威之遗蜕”“设平政院于原理及国情当否既未深究，徒以日本之先例为遵”“以行政官厅干涉裁判，是行政权侵入司法权”“自有行政裁判制度，寻常法庭全然失其效力，不足为人民权利之保障，而私权之受害乃益甚”等。在阐释观点时，章士钊多以英国法学家，如戴雪、勃拉斯的理论作为论据，这应该与他曾游学英伦有关。

王宠惠和章士钊反对设立行政法院，实质上是否认行政法的独立存在。这一时期主张实行英美法系体制者的理由与上述两位的主张基本一致，只是其他人大多承认行政法的存在，但同时又结合当时中国国情，认为不应效法设立独立的行政法院。

但是，在当时的政界和学界，多数人都主张设立相对独立的行政法院。归纳言之，主要理由有：若将行政诉讼归属于普通法院，那法院会牵制行政官；那些由普通法院行使审理行政诉讼管辖权的国家，皆是由于历史原因造成的，此种体制并非能在其他国家通行；当时中国的司法力量薄弱，倘若再赋予其管辖行政诉讼的权力，不仅收效不大，还可能会致司法独立丧失。

从上面已提及的《中华民国临时政府组织法草案》可以看出，其起草人宋教仁显然是主张效仿大陆二元制的。此外，在私拟宪草中，除“王宠惠宪草”外，其他私拟宪草全都规定了二元的司法体制。其中，有的明确规定由平政院审理行政诉讼案件，包括：“汪荣宝宪草”（第59条：行政诉讼于平政院裁判之。

---

〔1〕 载《民立报》第486号，1912年2月22日。

〔2〕 载《民立报》第505号，1912年3月12日。

〔3〕 载《民立报》第511号，1912年3月18日。

〔4〕 载《民立报》第514号，1912年3月21日。

平政院之组织及其官吏之任免，依法律所定）；“梁启超宪草”（第81条：行政诉讼，于平政院裁判之。平政院之组织及其官吏之任免，依法律所定）；“王登义宪草”（第72条：行政诉讼，平政院裁判之。平政院组织，以法律定之）；“吴贯因宪草”（第68条：行政诉讼，于平政院裁判之。平政院之组织及其官吏之任免，依法律所定）；“李超宪草”（第74条：行政衙署违法处分之审判，以法律所定平政院行之）。

而有的宪草，并没有使用“平政院”一词，如“何震彝宪草”和“康有为宪草”，它们分别规定由“行政裁判院”和“都察院”审理行政诉讼案件。前者第54条规定：“行政诉讼由行政裁判院审理。其组织权，别以法律定之。”后者第74条规定：“设立都察院以司行政之讼治。凡人民受官吏之违法抑害，与吏互讼者，别以法律定之。”

其余宪草，则虽没有在条文中明确规定审理行政诉讼案件的机构名称，但都明确了行政诉讼不能如民事、刑事诉讼那样由普通法院审理的二元体制。它们是：“席聘臣宪草”（第55条）、“李庆芳宪草”（第63条）、“彭世躬宪草”（第63条第2项）和“姜廷荣宪草”（第86条）。在此，特别值得关注的是，前已列出的“彭世躬宪草”第63条的规定，其第一项规定了法院有解释宪法权，这与“王宠惠宪草”相似，是效仿美国的制度；其第二项却又规定了行政诉讼不能由普通法院审理，显然又效仿了大陆的二元制。

三、“天坛宪草”起草过程中的相关争论

私拟宪草热潮的掀起，与中华民国第一次正式制宪活动被提到议事日程有直接的关系。而这一制宪活动的主要成果，即1913年10月31日由国会宪法起草委员会完成三读程序的“天坛宪草”。因此，私拟宪草中有关构建司法制度所持的不同理念，相应地，在宪法起草委员会的讨论中也有不同的争论。况且，私拟宪草者中，如汪荣宝、李庆芳本身就是宪法起草委员会委员。

1913年4月，中华民国第一届国会成立，随后，由参众两院各选30人，候补委员各15人组成宪法起草委员会。宪法起草委员会于该年7月12日举行成立大会，7月21日召开第一次会议，直至10月31日宪法草案完成三读程序，共举行了33次会议。

在此，先罗列“天坛宪草”之第八章“法院”的全部条文：

第84条　中华民国之司法权，由法院行之。

第85条　法院之编制及法官之资格，以法律定之。

第86条：法院依法律受理民事、行政及其他一切诉讼，但宪法及法律有特别规定者，不在此限。

第87条：法院之审判公开之。但认为妨害公安或有关风化者，得秘密之。

第88条：法官独立审判，无论何人，不得干涉之。

第89条：法官在任中，非依法律不得减俸、停职或转职。

法官在任中，非受刑罚宣告或惩戒处分，不得免职，但改定法院编制及法官资格时，不在此限。

法官之惩戒处分，以法律定之。

而"天坛宪草"有关宪法解释的内容，则规定于其第十一章"宪法之修正及解释"中：

第112条：宪法有疑义时，由宪法会议解释之。

第113条：宪法会议由国会议员组织之。

前项会议，非总员三分二以上之列席，不得开议，非列席员四分三以上之同意，不得议决。

通览该宪法起草委员会的全部会议记录，[1]可以了解到：1913年7月22日，第2次会议，指定孙钟、张耀曾、汪荣宝和黄云鹏四人起草大纲。7月29日，第3次会议，汇总出席会议的起草人提交的大纲，明确了重要议题共12条。其中，与本文所论相关的，占了3条，即第8条（平政院有无设置之必要）、第9条（法院有无审查法律权）及第10条（宪法解释权属于何机关）。在9月9日举行的第16次会议上，一并就此3条议题进行了讨论和表决。

就这次会议具体的讨论和表决情况，有必要根据会议记录做进一步的分析。

〔1〕 关于宪法起草委员会共33次会议的记录，参见李贵连主编：《民国北京政府制宪史料》第一、二册，线装书局2007年版。下文有关会议具体讨论情况，均依据此书。

（一）1913年9月9日上午，出席委员51人。讨论第8条议题，即平政院有无设置之必要。

先后有4位委员发言。

伍朝枢委员首先发言，他坚决反对设置平政院。他认为，平政院之设置与否，于国家前途并无关系，英、美两国宪法并无设置平政院之规定，而行之已久，亦无妨碍。虽然法、德两国设有平政院，但不能因为它们有此制度，我们也得效仿设置。因为宪法为万世不易之法律，应斟酌国情而论，而不是必须要取仿哪个国家。接着，他陈述了反对设立平政院的三大理由，即为了保障人民的自由、保障司法和分清权限。换言之，倘若设立平政院，将会产生三大弊端：即损害人民自由权、有损司法独立之精神、平政院与普通法院的管辖权限会发生冲突。不过，他同时声明，自己虽然反对设立平政院，但并不反对行政法，因为，“行政法者，国家不可少之物也”。

黄云鹏委员则主张设立平政院，反对伍朝枢的观点。他提出，伍朝枢主张不必设立平政院的第一依据是英、美两国无此制度，但伍氏却不知，这是英、美两国历史上相沿之故习。接着指出，中国无此习惯，故立法应该采用大陆主义，有必要设立平政院。并且，他还逐一反驳伍朝枢所陈述的三大理由，并继而阐述了设立平政院有三大必要：分权上之必要，技术上之必要，控诉自由之必要。

王绍鏊委员认为，平政院可以不必设立。主要理由是：设立一个机关，必须要细为考察其是否与本国情形相宜，与国家有何种关系，有何种利益，而后再为设置。就平政院而言，这是中国向来未曾有之机关，而就事实上考察，无此机关，行政上司法上也并未有何掣肘之处。他还梳理了西欧国家于行政特设裁判制度的历史，指出其存在权限分歧等诸种弊端。

黄璋委员主张设平政院。基于考察日本明治维新后的经验，他提出，若不设平政院，实际上就会导致司法干涉行政之弊。他还指出，自己赞成设立平政院，不过，并不赞成仿照法国或普鲁士的制度，而是主张设立与司法机关一样独立的平政院，其成员的任命和保障也与司法官相同。若这样，则有平政院之利而无平政院之弊，有熟悉行政之益而无偏袒行政官之事。

对于此议题的表决结果是：赞成设立平政院者12人，反对者35人。

（二）该日下午，出席会议的委员45人，先后讨论第9条议题和第10条议题。

1.第9条议题，即法院有无审查法律权。

在讨论此议题时，先后发言明确主张法院无审查法律权的委员有：卢天游、朱兆莘、黄云鹏。卢天游认为，审查法律，分为两种：一为形式的审查，另一是实质的审查。就前者看，立法手续之完备与否，议会自有议事录和速记录可据，无须法院之审查。民主国主权在民，议会为全国人民之意思机关，以议会制定之法律而尤斤斤致疑其形式之未备，必使其他机关干涉，故而殊不可解。就后者看，通过法律的手续本已严密，自应无抵触之虑。欧洲各国不认法院有审查法律权，而百余年间也未闻议会有制定抵触宪法之法律。而且，以议会数百人之意思经若干时日再三讨论之法律，犹未足为确定，而法院竟得以少数人持其后，这必将侵害立法机构之尊严。朱兆莘也认为，审查法律，其结果足以废止法律，如法院滥用此权，于立法权限将大有侵害。黄云鹏也同样认为，法院倘若有审查法律权，会导致司法机关之作用侵害立法权。

主张法院有审查法律权的委员有：王绍鏊、黄璋、汪荣宝。王绍鏊提出，此前已有大理院解释法律的先例，如果法律与宪法有冲突时，可以由最高法院进行审查。黄璋也主张法院应有审查法律权，但他主张区分情形，不同对待。如果刑法、民法等法典中的某条文与宪法确有抵触，法院却对此无审查权，则会导致违宪之法强人行使。但是，法院审查后如确认违宪的，则必须宣布理由，并以议会之承认与否为断。如果议会不以为然的，则归解释宪法机关处理，而不使法院有最高的解释权。汪荣宝赞成法院应有审查法律权，不过，他明确说明，自己主张法院有审查法律权，并非指法院有审查议会议决之种种法律，而仅指当法律在适用过程发生问题时，才由法院进行审查。也就是说，他赞成的是事后审查，即美国式的司法审查制。

在讨论中，刘崇佑委员的观点较为特殊。他主张，普通法律属于最高法院审查，至于宪法，可另行规定。

对于此议题的表决结果是：赞成法院无审查法律权者占多数，有36人。

2.解释宪法属于何机关。

在讨论中，关于解释宪法权的归属，分歧较大。

有主张解释宪法权应属于最高法院者，如朱兆莘。他认为，宪法条文虽简，但含义甚为丰富。不过，往往在事件发生后，它们与宪法有无抵触，或是否有宪法的根据，却很难认定。接着，他以美国所实行的由最高法院解释宪法的实例，说明这种机制之益处。

有主张解释宪法权属于法院者，如汪荣宝、伍朝枢。汪荣宝首先驳斥了解释宪法权属于议会两院的观点。他认为，宪法由两院议定，若有不适用时，亦断无自认其先后违背之理，则恐怕解释不能得其平。况且议会的议员经数年一变，而党派之盛衰亦随时而易，则宪法之解释亦随两院的议员而变更。他认为，宪法为国家之根本法，关系重大，显然，决不可随党派而变更，否则将会动摇国家之根本。他还明确提出，自己赞同王宠惠君在《宪法刍议》中所阐述的理由。总之，为保障宪法起见，解释宪法之权必须属于法院，而不应属于立法机关。伍朝枢也主张解释宪法权属于法院，补充的主要理由也在于：议会的组成分子，也即议员，时有变更，倘若将解释宪法权归属于议会，甚为危险。他认为，无论议会有无修改宪法权，它当然不应该享有解释宪法权。

龚政则明确主张解释宪法权应属于立法机关。他针对汪荣宝所赞同的王宠惠在《宪法刍议》中本于英国宪法学家戴雪关于反对宪法解释权属于立法机关的三方面理由，逐一进行反驳。针对所谓议员数年一易，其解释难收划一之效，他认为，法官虽然终身制，但因故去职或调任也时有发生，其变更之程度与议员相比也不相上下，况且经议会一次解释后也可如同法院解释形成判决例一样，将其认定为定例。针对所谓法院无权加以判决，恐无救济之余地，他提出，认定一机关行使解释宪法权，用意甚是，但倘若所做的解释是牵拘附会、断章取义，往往违背立法者之意思，故主张救济之说者是明其利而昧其弊。针对所谓立法机关不宜自行解释宪法，他认为，就宪法效力论，法律抵触宪法，法律当然无效，必不能执法律之疑义以变更宪法之疑义，否则必先变更宪法效力之规定而后可明乎。总之，立法机关尚且可以修正宪法，那它当然可以解释宪法。

孙润宇则主张，宪法由何机关制定，仍由何机关解释。他认为，宪法既经多数之议定，经若干之手续，其慎重可知，故不能以少数人之意而轻易变更之。解释宪法虽然并非变更宪法，其实际上却具有变更宪法之作用，不应归之其他机关。只有制定宪法者对其所制定之法的用意必能明了，才不至于生出意外疑窦。而且，制定宪法时，乃是以宪法会议机关之名义制定，而非以两院议员之资格而制定，即使议员时有变更，而所表示其机关之意思则决无变更之理，故而主张由制定宪法机关解释宪法。

张耀曾也主张，解释宪法权属于制定宪法机关方为适当。他还提出，王宠惠所谓解释宪法归之最高法院之说，乃是对于宪法之解释而言，并非对于宪法解释之机关而言。因此，王宠惠的观点实际应包含于所讨论的法院有无审查法律权，与解释宪法应属何机关这一问题，应当分别而言。

另有两种意见颇为特别。一种观点是汪彭年主张：凡法院、国会、行政机关，皆有解释宪法权，则符合三权分立之意。另一种观点是何雯主张：宪法之解释归属于国会或法院都不合适，而应由特别机关行使。该特别机关应当由众议院和参议院分别推举五人，法院派选四人，大总统再派选五人，它们共同组成参事会，专以解释宪法，方无偏颇之弊。

该议题的表决结果是：赞成何雯委员主张的，9人；赞成汪彭年主张的，11人；赞成解释宪法属于最高法院的，15人；赞成解释宪法属于制定宪法机关的，30人。

尽管是日下午的会议，因有7人请假而不足法定人数，不得不宣告延会，但通过这次会议的讨论和表决，可以看出，就3项议题已形成了共识，即不设立平政院、法院无审查法律权、解释宪法权属于宪法制定机关。

因此，在接下来议决草案条文的会议和最后的三读会中，相关条文几乎毫无争论地顺利获得通过。对于“司法”章的其他条文，如关于公开审判，没有争论；关于独立审判，也有共识，尽管对规定“法官独立审判”还是“法院独立审判”有不同观点；关于法官的资格，尤其是最高法院法官，是否应该由选举产生，是否应该经参议院同意再由大总统任命，有不同的观点，但所持主要理由均是强调保障司法独立；关于法官保障，就条文中的用词有争论，比如是否该删去“在任中”三个字，反映出对法官是否为终身制有不同看法，但对于宪法应确立法官保障条款，则无异议。

四、余论

从“王宠惠宪草”之“司法”章入手，兼与同时期其他私拟宪草的相关规定进行比较，并就“天坛宪草”起草中的争论做进一步的回顾和梳理后，会引起我们一定的思考。

一方面，在民初各种宪草中，作为三权分立体制中之一环，“司法”均独立成章，为所有宪草中之必不可少。在有关制度构建的争论中，如果说各种宪草都规定审判公开、司法独立和法官保障等原则，是清末司法领域的理论和立法实践移植外来法之后的正常延续的话，那么是否该设立平政院、法院是否有权审查法律或解释宪法等方面的分歧，同样也与外来法律脱不了干系。是效仿大陆系，还是学习英美系，往往成为分歧各方所赖以阐述的主要依据。尽管争论者多没有忘记同时要强调“国情”，但或许是由于多数委员缺乏实际政治经验，且社会阅历比较简单，他们很少能举出利于自己论证的中国历史和现实的具体实例。因此，论证的逻辑不可避免地从应该说明为什么欧陆制或英美制更适合于中国，变异为阐述欧陆制、英美制各自的优点。也就是说，在民初的司法构建中，作为构建主体的中国本身需要何种制度已并不重要，中国只不过是大陆模式与英美模式之比拼场域而已。这在相关私拟宪草的“说明”及起草“天坛宪草”的会议记录中都能找到明确的注脚。对于此种情形，或许我们很容易找到的理由是：在共和、分权的观念已成共识乃至常识，并且在制度上已经初创的民初中国，至少在司法领域，已不具备如清末立宪时既规定“仿行宪政”“参用各国成法”，同时又强调“揆以中国情势”“折衷本国之成宪”的时代背景。

另一方面，司法模式之选择与拟宪者的学习履历、知识背景有一定的关联。私拟宪草者及起草“天坛宪草”的委员中多数人有留学经历。审判公开、法官独立和法官保障，之所有成为共识，也可从此方面进行解释。

上述12部私拟宪草起草人，撇开康有为、梁启超不谈，其他10位起草者中，据现有资料，至少王宠惠、汪荣宝、席聘臣、李庆芳、吴贯因五人有留洋学习法政的经历。

其中，王宠惠习读西方法的经历最为丰富，曾在东西洋多国学习和生活。但若要说他所接受的系统法学教育，则主要是英美法系，包括两个重要阶段：即在天津中西学堂（后改为“北洋大学”）接受法学启蒙，于1900年以第一名成绩毕业，及在美国耶鲁大学学习，分别于1903年获得法学硕士学位和1905年获得民法学博士学位。[1]北洋大学是效仿西方而建立的中国第一所近代意义的大

〔1〕　王伟：《中国近代留洋法学博士考（1905—1950）》，上海人民出版社2011年版，第63页。

学，北洋法科有“近代中国的第一个法律教育机构”之称。自开办初期，在课程编排、讲授内容、授课进度、教科用书等方面，均学美国的哈佛、耶鲁等校。除《大清律例》等少数课程由中国老师以中文讲授外，其他大部分课程都由来自美国的教师以英文讲授，教材则也是美国原版教科书，故自开始时就呈现出浓厚的美国化色彩。这与大学成立时聘请曾为美国来华传教士、时任驻津副领事丁家立（C.D.Tenney，1857—1930）担当首任大学总教习（教务长），并且其力主效仿美国著名大学建立学制等有很大关系。[1]王宠惠的成绩单，也从侧面反映了当时的北洋大学法科较侧重英美法的特色。[2]

因此，在“王宠惠宪草”的司法模式选择中所体现的两方面特色，即法院有权解释宪法，及不特别区分普通诉讼与行政诉讼的二元体制，如同上述，皆是效仿美国制度，这与王宠惠的学习背景非常吻合。同理，汪荣宝、席聘臣、李庆芳、吴贯因等人的宪草，确立了普通诉讼与行政诉讼相区别的二元体制，也可以说与他们曾经留学日本有直接的关系。而“汪荣宝宪草”并没有涉及宪法解释权，但在起草“天坛宪草”的过程中，作为自清末就参与制宪活动的现任宪法起草委员的汪荣宝却清楚地表示自己赞同王宠惠的宪法解释权归属于法院的观点，并因此受到龚政委员的反驳和指责。这也从一个侧面反映出，汪荣宝私拟宪草条文时主要依赖的还是自己留学日本的知识积累。

宪法起草委员会，先后共有71名委员。其中，有出国学习经历的共58人，有留日背景的多达52人。在会议讨论中，有留洋经历者较为活跃。相对地，没有发过言的委员则多为不曾有出国学习经历者，这固然与委员的个人性格有关，但恐怕与他们的近代司法知识储备不足可能也不无关系。

其实，细致分析司法模式之选择与拟宪者知识背景之关联，实属繁难。前文肯定式的论证只是一个方面，更有说服力的阐述还应该包括否定式的论证。比如，在宪法起草委员会第16次会议上，在讨论是否设立平政院的51名委员中，有留日背景的多达38人，但表决时为何有35人反对设立平政院？在此浅尝辄止，暂且留有深入论述无能的遗憾，以后适时将会进行补充。

〔1〕 关于北洋大学法科初建时的学制情况，详见王健：《中国近代的法律教育》，中国政法大学出版社2001年版，第153～159页。

〔2〕 参见张仁善编：《王宠惠法学文集》，法律出版社2008年版，“王宠惠先生年谱”，第565～566页；张生：《王宠惠与中国法律近代化——一个知识社会学的分析》，载《比较法研究》2009年第3期。

此外，民初司法模式选择中，各党团派别的声音微弱。相较于各党团对于宪法上应否规定地方权限、政府采总统制还是内阁制、宪法应否规定国家之领土、大总统选举法、国务院组织法、国会两院之职权是否平等等方面的重视且常有党派意见而言，他们对于司法制度的关注极为有限。在相关资料文献，[1]如“各政党宪法讨论会”历次会议纪事、“各政党对于宪法之主张”及“国民党之宪法主张”等中，几乎找不到涉及司法制度的内容。在“进步党宪法讨论会之通告”中，终于看到其所列共40项的“应讨论之问题”包含了“平政院之权限何如”（第32项）和“宪法之最高解释权属于何机关”（第39项）等两项内容。其他参与立宪的团体，如研究宪法委员会、法学会等，讨论和研究的议题也很少涉及司法。[2]同时，在宪法起草委员会的讨论中，同一党派的委员对于司法制度有不同的观点，不同党派的委员可能又持相同的观点，此种种情形都并不鲜见。可以断言，这与此时政党政治尚属初创有关。

当然，还有一个现象也不容忽视，那就是民初虽然已有审判公开、法官独立和法官保障等方面的共识，但与司法现实之间仍存在相当的脱节。仅就司法独立言便问题不少，司法不能独立就是民初司法常遭人诟病的一项主要缺点。[3]民国元年围绕“民国第一案”——“姚荣泽残杀周实、阮式二烈士案”所发生的争论，及最终被称为“司法独立之殇”的解决结果，都反映出在此时期的中国实行司法独立之艰难。[4]在此案中，时任司法总长伍廷芳力主司法独立的理念而尴尬收场，伍氏之子、宪法起草委员伍朝枢在宪法起草委员会第16次会议上的发言因此让人读来更觉发自肺腑：“我国号称司法独立，实则空谈而已，然欲达法治国之目的，非实行司法独立不可，欲实行司法独立，则以维持法官之信用及尊严为始。”故而，对照当时的司法现实，应当说，私拟宪草和宪法文件中体现的所谓司法共识，更具有纲领性的意义。

在“天坛宪草”中，尽管就宪法解释和行政诉讼在经讨论和表决后形成了条文，但并不意味着始自民初的有关司法模式的这些争议就不复存在了。事

〔1〕 关于这些文献资料，参见夏新华等整理：《近代中国宪政历程：史料荟萃》，中国政法大学出版社2004年版，第四章第三节“各政党宪法讨论会及拟案”。

〔2〕 参见张玉法：《民国初年的政党》，岳麓书社2004年版，第413～418页。

〔3〕 参见张朋园：《梁启超与民国政治》，吉林出版集团有限责任公司2007年版，第105页。

〔4〕 参见刘继兴：《民国司法独立第一案之争》，载《政府法制》2011年第33期；尹钛：《民国司法独立之殇》，载《看历史》2011年第5期。

实却是，在民国北京政府时期各个阶段的立宪活动中，围绕此两方面问题常有不同声音。

关于宪法解释，《中华民国约法》(1914年)并无涉及。1916年第一届国会重开，有关的争论再起。其中，英美派赞成者有汪荣宝、曹玉德、王正廷等，欧陆派赞成者有秦广礼、汤漪等，此外，还有主张由大理院行使最初解释权、宪法会议享有最终裁定权的调和派，如蒋义明、陈家鼎等。[1]1919年《中华民国宪法草案》规定了由参、众两院议长，大理院院长、平政院院长及审计院院长等五人组成的特别会议行使宪法解释权的内容。至《中华民国宪法》(1923年)，其第139条规定："宪法有疑义时，由宪法会议解释之。"这与"天坛宪草"相似，解释宪法权重新回归于宪法会议，且根据其第140条："宪法会议，由国会议员组织之"，也与"天坛宪草"所规定的宪法会议的组成相同，显然，与1919年《中华民国宪法草案》的规定有较大差异。而从宪法解释权的条文位序看，自"天坛宪草"起，因赞成由法院行使宪法解释权的均属于少数派，所以它不再作为法院职权的一项内容规定于"法院"一章之中。因此，若仅从宪法条文结构论，它已不再属于司法制度，而是属于宪法效力的内容了。

而关于行政诉讼，其变迁更为复杂。"天坛宪草"规定了一元制的司法模式，但它毕竟只是没有正式生效过的"宪草"。1914年3月31日，袁世凯以教令第39号颁布了《平政院编制令》，这一文件使平政院的法律地位得以明确。同年颁布的有关法律法规还有：4月10日《纠弹条例》、5月17日《行政诉讼条例》及《诉愿条例》、6月8日《平政院裁决执行条例》、6月17日《平政院拟定诉状缮写方法》、6月24日《平政院各庭评事兼代办法》，同年7月20日又公布《行政诉讼法》《纠弹法》《诉愿法》以代替前述3项条例。其间，由袁世凯颁布的《中华民国约法》(1914年)第8条也规定："人民依法律所定，有请愿于行政官署及陈诉于平政院之权。"第45条规定："法院依法律独立审判民事诉讼，刑事诉讼，但关于行政诉讼及其他特别诉讼，各依其本法之规定行之。"通过这一系列法律法规的颁布，近代中国的行政诉讼制度从立法上看已基本形成。若将其中的《平政院编制法》《行政诉讼法》与日本的《行政裁判法》(1890年)相对照，我们会发现，平政院在内部组织、人员任职资格、人员职位保障等方面，与日

[1] 详见吴宗慈编：《中华民国宪法史》(前编)，大东书局1924年版，"附编 论坛异同集粹"，第190～201页。该书点校版已由法律出版社于2013年出版，点校者是于明、王捷、孔晶。

本行政裁判所有许多相似的内容，这表明，民国北京政府的行政审判制度较多地借鉴了近代日本的体制。

此后，立宪文件中的相关规定又发生过变化，表明对于行政诉讼的态度仍然不一。《中华民国宪法》(1923年)第99条："法院依法律受理民事、刑事、行政及其他一切诉讼，但宪法及法律有特别规定者，不在此限。"《中华民国宪法草案》(1925年)也在第86条中规定："法院依法律受理民事、刑事、行政及其他一切诉讼。"尽管如此，平政院自1914年成立起，仍一直存续至1928年。对于平政院存在十四年间审理行政诉讼的具体情况，随着资料的挖掘和研究的深入，有关其审理案件数、案件种类、案件裁决情形等方面也已逐渐被认知，对其历史意义的价值评判较过去也更为理性和公允。[1]

1928年，南京国民政府成立。1931年6月公布《中华民国训政时期约法》，开始了五权体制的构建，司法制度也因此开始了新的创制。宪法解释和行政诉讼，均由作为五院中的"司法院"[2]掌理，这在其后的根本法中逐渐得到确认。"五五宪草"(1936年)第76条规定："司法院为中央政府行使司法权之最高机关，掌理民事、刑事、行政诉讼之审判及司法行政。"第142条规定："宪法之解释，由司法院为之。"此两条在《中华民国宪法》(1946年)中基本得到延续：第77条规定，"司法院为国家最高司法机关，掌理民事、刑事、行政诉讼之审判及公务员之惩戒"；第78条规定，"司法院解释宪法，并有统一解释法律及命令之权"。

当然，在该宪法起草过程中，有关的争议仍然存在。其中，特别值得提及的是作为宪法起草的主稿委员之一吴经熊的观点。其"中华民国宪法草案初稿试拟稿"(1933年)第五篇"宪法之保障"关于宪法解释机制的设计非常特别。

> 第201条：为直接或间接保障宪法之实行，及解决关于宪法之纠纷，应设国事法院。

---

〔1〕 参见黄源盛：《自序——民初平政院裁决书整编与初探》，载黄源盛纂辑：《平政院裁决録存(1914—1928)》，五南图书出版股份有限公司2007年版。

〔2〕 关于南京国民政府时期司法院的设立、角色定位的前后变化，参见聂鑫：《民国司法院：近代最高司法机关的新范式》，载《中国社会科学》2007年第6期。

第202条：国事法院之职权如下：一、解释宪法上之疑义；二、审查违宪之法令并宣布无效；三、关于违宪行为之处分；四、解决中央政府各机关间、各地方政府间及中央与地方间之权限争议，及其他不能解决之事项；五、受理行政诉讼……

一般认为，吴氏此宪草对于1946年《中华民国宪法》具有渊源性的影响，但可以看出，他的设立国事法院解释宪法的主张并未上升为宪法正式条文。

而在确立训政体制之前，鉴于平政院已成历史，南京国民政府在行政诉讼方面就已采取新的举措。1928年10月颁布的《司法院组织法》第1条规定：司法院由司法行政署、司法审判署、行政审判署及官吏惩戒委员会组成；按其第6条规定：行政审判署依法律掌理行政诉讼审判事宜。〔1〕同年11月，又将《司法院组织法》加以修改，此修正案即将组成司法院之"司法行政署"，改为"司法行政部"，"司法审判署"改为"最高法院"，"行政审判署"改为"行政法院"，其余均照原案。〔2〕由此，行政法院隶属于司法院的体制初步确定。1931年《中华民国训政时期约法》第22条规定："人民依法律有提起诉愿及行政诉讼之权"，但关于行政法院的内容并无涉及。至1932年11月，才公布《行政法院组织法》与《行政诉讼法》，这两项立法构成了南京国民政府时期行政诉讼制度的基本依据。次年，又先后公布《行政诉讼费条例》及《行政法院处务规程》。因此，"五五宪草"及1946年《中华民国宪法》有关行政诉讼的上述规定，是对南京国民政府初期就开始实行的行政诉讼体制的确认和提升。行政法院体制与之前的平政院相比，发生了许多变化，但不可否认，仍然延续保持了大陆法系的行政诉讼模式。

此外，民初即已成为共识的那些司法原则，在南京国民政府时期一直延续保留了下来。不管是在三权体制之下还是五权体制之下，无论是训政时期还是宪政时期，不分参与制宪的政界翘楚还是著书立说的学界名家，都是予以确认和认同，至少理论上如是。

话说回来，自民初私拟宪法草案，至"五权宪法"成立后，这期间，王宠惠有关宪法和司法制度的观点则主要在于论证五权宪法的意义，及针对司法实

〔1〕 参见《国民政府公报》，1928年10月20日，第1号。

〔2〕 谢振民编著：《中华民国立法史》（上册），中国政法大学出版社2000年版，第355页。

践所出现问题的建议，系统性的理论阐述阙如。这些论证和建议主要体现在：1920年“改良司法意见”，1929年“今后司法改良之方针”，1930年“二十五年中国之司法”，1939年“五权宪法”，1944年“实施宪政与行使四权”，1946年“中华民国宪法之要点”，1952年“大法官会议之任务”，1954年“司法院解释汇编序”，1956年“五权宪法之理论与实施”。从中可以看出，相较于他在民初所拟宪草时的观点，已发生很大变化。

宪史沧桑，选择何种司法模式及民初所追求的司法旨趣，实在由不得人来坚守，哪怕学识渊博、视野宽宏、履历丰富、权重位尊如近世法坛“第一人”王宠惠者，也不能超然脱俗。前后对照，令人不禁心生诸多感慨。

五 “无朝不成院”：朝阳法科的品位*

一

1912年，民国初建，共和肇始。政制改，社会改，法律改，教育也改。1912年10月，教育部颁布《大学令》，明令“大学以教授高深学术、养成硕学闳材、应国家需要为宗旨”，并对学科及其门类的设置作了原则性规定。具体而言，取消经学科，大学分为七科，即文科、理科、法科、商科、医科、农科、工科。其中，法科又分为法律学、政治学和经济学三门。大学分为七科的规定，具有重大的变革意义，标志着中国传统的“四部之学”知识系统在形式上完成了向近代学术分科性质的“七科之学”知识系统的转变。〔1〕

1912年11月，《法政专门学校规程》出台，其首条即明文规定：“法政专门学校，以养成法政专门人才为宗旨。”1913年年初，又公布了《大学规程》和《私立大学规程》。〔2〕其中，《大学规程》第9条规定，法律学门的科目包括：宪法，行政法，刑法，民法，商法，破产法，刑事诉讼法，民事诉讼法，国际公法，国际

* 本文原题为《品读朝阳——写于“朝阳法科讲义”点校出版之际》，系《清末民国法律史料丛刊·朝阳法律讲义》（李秀清、陈颐主编，共八卷，上海人民出版社2013年、2014年出版）之总序，其压缩版《品读朝阳》刊发于《比较法研究》2013年第3期。收于本书时，进行若干修订。

〔1〕 参见左玉河：《从四部之学到七科之学——学术分科与近代中国知识系统之创建》，上海书店出版社2004年版，第197～199页。

〔2〕 此三项规程，均收于《中国近代教育史料汇编（民国卷）》（7），全国图书馆文献缩微复制中心，2006年印刷，依次见该书第383～387页，第317～357页及第357～360页。

私法，罗马法，法制史，法理学，经济学，英吉利法、德意志法、法兰西法（选择一种），比较法制史，刑事政策，国法学，财政学。

在此教育改制的浪潮下，法政学校风靡一时，各类大学也纷纷创设法科，法学教育迎来了勃兴期甚或可说是泛滥期。〔1〕中国近代法学教育成就之标杆——“北朝阳，南东吴”，就是在此情形下，先后分别创设于京、沪两地。其中，所谓“北朝阳”的朝阳大学法科，更是以盛产司法官闻名，“无朝（阳）不成（法）院”之说延续至今，仍为学界津津乐道。

就朝阳大学创建时的细节，有若干不同的说法，置于《朝阳大学概览》（民国十八年）之首页的“概况”当最为确凿：

> 本校由前任校长汪子健先生暨现任校长江翊云先生纠合同志，捐资创立，于民国二年七月成立，八月举行入学试验，九月开学。翌年五月，经北平前教育部第六号布告正式认可。〔2〕是年九月，复组织校董会议定组织大纲。依组织大纲第六条规定，先设法学院（法律学系、政治学系、经济学系、政治经济学系）、文学院（中国文学系、哲学系、西洋文学系）、商学院（银行学系、交通管理学系）。嗣后，则拟增设理学院、工学院，及医、农各学院。去夏，统一告成。首都南移，为便利党务工作失学人员补习起见，特在京设立法政讲习所，并著手筹设分校。

---

〔1〕 民国初期法政专门学校大有泛滥之势，致产生“群趋于法政之一途”（语出自黄炎培“教育前途危险之现象”）之忧，教育部不得不连续发布《通咨各省私立法政专门学校酌量停办或改为讲习科》（1913年11月22日）和《咨行各省声明本部对于法政教育方针》（1914年9月18日）。前者列举了私立法政专门学校的种种乱象，明文下令：“所有省外私立法政专门学校，非属繁盛商埠、经费充裕、办理合法、不滋流弊者，应请贵民政长酌量情形，饬令停办或改为法政讲习所可也。”后者进一步明确了教育部对于法政教育的方针：“……本部对于公私法政专门学校向取二义：一监督从严，一待遇平等。就第一义言之，国民之所以需政法常识与时势之所要求者，端在有善良之学风、优美之知识，足以出为世用。与其博宽大之名而近于泛滥，不若留良汰莠，勿失法政教育之精神。”参见《中国近代教育史资料汇编》（高等教育），上海教育出版社2007年版，第486～488页。

〔2〕 朝阳大学于1913年成立时，原名“民国大学”，1915年才改为现名，对此，《中国近代教育史料汇编（民国卷）》（9）之第410页有所记载。所以，1914年5月19日教育部颁布的第6号布告——“准予北京各私立大学正式立案布告”，内称“民国大学”而非“朝阳大学”：“……据查得，私立民国大学校学生入学资格甄拔较严，教授、管理均属合法，各科试验成绩亦大致可观。”该布告载于《中国近代教育史料汇编（民国卷）》（2），全国图书馆文献缩微复制中心，2006年印刷，第7页。

其中，所指“前任校长”汪子健（即汪有龄）与“现任校长”江翊云（即江庸），皆为1910年成立、并邀沈家本任会长的北京法学会的创立者，“设立大学或法政专门学校”是法学会成立时即已有之计划。在一定意义上说，私立朝阳大学的创设并“先设法学院”，培养法律人才，是以沈家本为引领的清末一代法律改革家的夙愿，也是汪有龄、江庸等为代表的民初一辈法治践行者的顺势之举。

朝阳大学自创建之日起，就明确树立“创设专门法科大学，养成法律专门人才”的基本宗旨和培养目标。尽管最初几年，朝阳大学的招生规模、师资力量与其他若干大学相比尚有较大差距，〔1〕但它最初招生的即是法科，毕业人数最多的也是法科学生。据统计，至1929年，朝阳大学共毕业35个班，毕业生共计2078人。其中，法学院法律学系5个班、188人，专门部法律科14个班、1613人，专门部法律别科3个班、55人，分别占毕业总班数与总人数各约63%和89%，这还不包括同属于法科的法学院经济学系5个班、50人。而且，最初五年毕业（1916年至1919年）的仅仅只是专门部法律科4个班、140人，及专门部法律别科3个班、55人。〔2〕1929年夏，因教育部改革大学制度，其颁布的《大学组织法》第5条规定：“凡具备三个学院以上者，始得称为大学。不合上项条件者，成为独立学院。”正因朝阳大学至此几乎是纯粹的法科大学，它便被改称为“朝阳学院”，并保留此称呼直至1949年被华北人民政府接管。不过，仍沿用了“朝阳大学”的校印。〔3〕

〔1〕 据“民国元年至民国五年（1912—1916年）各年大学概况比较表”，民国五年（1916年）时，全国共有10所大学，其中，公立大学3所，私立大学7所。另据“全国大学统计表（1915年8月至1916年7月）”，该统计年度中，国立北京大学学生总数1333人（其中，法科298人），教员总数115人（其中，法科30人）；京师私立朝阳大学学生总数189人（其中，预科21人，专门部法科168人），教员21人；直隶北洋大学学生总数349人（其中，法科71人），教员26人；山西大学学生总数131人（其中，法科50人），教员31人；京师私立中国公学学生总数1273人（其中，专门部法科970人），教员64人（其中，法科15人）；私立北京中华大学学生总数756人（其中，专门部法科455人），教员67人（其中，法科29人）。此两个统计表，载《中国近代教育史资料汇编》（高等教育），上海教育出版社2007年版，第465～467页。

〔2〕 参见“历年各科系毕业班数一览表”和“历年各科系毕业人数一览表”，载《朝阳大学概览》，民国十八年。

〔3〕 关于朝阳大学的校史简要，参见薛君度、熊先觉、徐葵主编：《法学摇篮朝阳大学》（增订版），东方出版社2001年版，第1～20页；徐葵：《朝阳大学1911—2011年百年大事记》，载《朝阳百年——近代中国法学教育与法律文化学术研讨会论文集》，中国人民大学，2012年11月28日。

二

朝阳大学自创建始，逐步得到了稳健的发展，尤其是北京政府时期，在学校管理、人才培养、师材延聘等方面，均得到社会认可，屡获殊荣，享有盛誉。举其要者，有如下各项：

民国五年（1916年），也就是有首届毕业生的这一年，在教育部举行的全国专门以上学校成绩展览会上，获得特别褒奖状；[1]

民国七年3月，教育部第106号训令：“据视学冯承钧等报告，私立朝阳大学各科教授认真，管理合法，足征该校整理有方，深堪嘉许，应予传知褒奖”；

民国七年3月30日，司法部第2928号指令：“谓此届法官考试，该校毕业各员取录较多，且占甲等前列者尤不乏人。足征该校教授、管理均臻优美，故能成绩昭著，可谓私立各法校之模范，并拨给一次补助费一千九百余元”；

民国十年12月10日，司法部第155号批示，许为“课士程功，历久不渝”；

民国十一年6月17日，教育部第302号批示，许为“办学认真，教授有方”；

民国十三年2月10日，司法部第34号批示，谓“增设英德文法律学科，及资遣学生出洋留学，具征课程邃密，造就益宏”；

民国十六年2月4日，教育部第42号批示，谓“查该校毕业生应本届司法官考试，取录多名且获首选，具见该校办理认真，成效卓著”；

民国十六年2月11日，司法部第99号批示，谓“本部历届考试，法官取录在前者，多属该校学生。此次录取39名，就中王材固一名，又以第一人及格。该校成绩优异，弥足征信”。

所获上述官方嘉奖，自当记录于校史之中，以作为学校发展所取得成绩的凭证和谋求其后进一步发展的底气。况且，这些嘉奖还有其他一些实实在在的具体数据作为佐证和支撑。

---

〔1〕 同年的《教育部视察朝阳大学报告》，较为具体地描述了创建3年时朝阳大学的教学和管理状况。教员“讲解尚属清晰”，“释义甚精”，“讲解甚有条理”，“讲解详明”，“惟口语略欠流利”（如民事诉讼法的石志泉）；学生听课时，“多能笔记大要”，“尚能注意”，尽管部分课程存在缺课情况；“调阅预科招考卷，均尚平顺”。所以，综合评价不错，即“综观该校管理尚属认真，教授亦颇合法，学生对于课业，亦多知注意”。这种评价与此年朝阳大学所获得的“特别褒奖状”该是大致相对应的，它也较教育部对于同时视察的中华大学的评价要好许多。参见《教育部视察朝阳大学报告》（1916年12月）和《教育部视察中华大学报告》（1916年12月），载《中国近代教育史资料汇编》（高等教育），上海教育出版社2007年版，第463～465页。

就拿司法考试来说，自民国成立至1929年，国家正式举行的司法官考试，共有5次。其中，“第一次、第三次、第四次、第五次及东北同泽新民储才馆司法班考试”，均系朝阳毕业学生“占列首魁”。尤以1926年年底举行的王材固获得第1名的这次司法考试为例，全部及格者共135名，其中，朝阳毕业生达39名，除获得甲等第1名的王材固外，胡长清获甲等第3名，彭时获甲等第10名，郭浚哲获甲等第13名。

其他如县长考试等，朝阳学生的表现也相当不俗。譬如：“河北省县长考试，举行不过两次，而本校毕业学生，取录最多”；1929年夏，“察哈尔县长考试，全榜仅录取二十六名，本校学生竟占八名”。[1]因此，确实可言“本校作育人才蔚为党国效用之旨渐次实现，殊堪引以自慰也”。要知道，民国时期的司法官考试和其他文官考试，尽管并非尽善尽美，相关的制度和法令前后也有所变化和调适，但其严格性、公正性及对于职业共同体之养成的价值，仍得到时人的肯定，即使在当今学界，也不乏赞誉之声。[2]

经过十四五年的稳健发展，至1927年“首都南移”时，朝阳法科已在中国的法学教育领域中引领风骚，印证了选校址于朝阳门内海运仓而最终定名为“朝阳大学”，以寓意“一代青年如旭日东升的朝气”。“无朝不成院”、与“南东吴”对应的“北朝阳”等已经名声鹊起。此外，于1923年创办的校刊《法律评论》也是朝阳大学的一张名片，因其较高的学术水平及较广泛的影响力，而得誉为东方的“法学明珠”。

同时，朝阳大学师资雄厚，延聘有方：“关于师材之选择，各科均系延聘东西洋留学归国及现在法院或经济界服务，负有相当学识与经验者。”据刊于《朝阳大学概览》（民国十八年）的“各科系教员姓名略历一览表”，专兼职教员共有130余位。其中，仅讲授“民法各编”者就有18位，不乏学界翘楚和法界名流。现制成简表如下：

---

〔1〕 参见“毕业生应历届考试之盛况”“毕业生考取第四届司法官姓名略历一览表”及“毕业生考取察哈尔县长姓名略历一览表”，载《朝阳大学概览》，民国十八年。

〔2〕 参见冷霞：《近代中国的司法考试制度》，载何勤华主编：《20世纪外国司法制度的变革》，法律出版社2003年版，第345～363页。此外，网络上还可浏览到其他相关文章，如董跃的《民国政府完善司法考试制度的经验及其现实意义》和张建伟的《民国怎样进行司法考试》等。

姓　名	别　号	毕业院校及任职
余棨昌	戟　门	日本东京帝国大学毕业，前大理院院长
翁敬棠	剑　洲	日本东京法政大学毕业，前总检察厅检察官
何基鸿	海　秋	日本东京帝国大学毕业，北京大学法律系主任，前大理院庭长
陈瑾昆	克　生	日本东京帝国大学毕业，前大理院庭长
刘志扬	抱　愿	日本东京帝国大学毕业，前大理院推事
孙觐圻	补　笙	日本中央大学法学士，前大理院推事
黄右昌	黼　馨	日本东京法政大学毕业，北京大学教授
梁敬錞	和　钧	英国伦敦大学法律硕士，前修订法律馆总纂
林志钧	宰　平	日本东京法政大学毕业，前司法部司长
叶在均	乃　崇	前大理院推事
刘鸿渐	鼎　三	日本京都帝国大学法学士，前司法部参事，法学院讲师
王　侃	辅　宜	日本帝国大学毕业
刘　震	亨　斋	日本明治大学毕业
李怀亮	特　成	日本东京中央大学毕业，前大理院庭长
刘远驹	默　存	前法政大学教授，司法行政部司长
郁　嶷	宪　章	中国大学专任教授，前湖南代理财政厅长，江宁地方审判厅庭长
包荣第	舒　甲	北平地方法院推事
陶惟能	坚　中	日本明治大学法学士

还有，学校还重视师资的储备和培养：“关于师材之预备，本校自十一年后，每年就毕业各生成绩较优者，选择数名，资派赴美、德、法、日各国留学，指定学科，令其专攻，以备他日讲师之选。”出台《资派留学生简章》，其第1条规定：“凡本校各科系毕业学生，毕业成绩平均在八十五分以上者，得由校长指定地点及专攻学科，资助全费或半费，派赴国外留学，以资深造。”《朝阳大学概览》（民国十八年）含有一“资派留学生一览表”，该表详细列出了所资派出国留学的学生姓名、别号、籍贯、毕业学科及班次、留学国名及校名、专攻学科、出洋留学时期、资助银数、开始补助时期、每次汇款时期等项。为简明起见，摘其要者，制成下表：

姓　名	毕业学科及班次	留学国名及校名	专攻学科	出洋留学时期
陈中孚	专门部法律科第七班	日本明治大学	民法	十一年十月
杨　鹏	专门部法律科第三班	德国柏林大学本科	民法	十三年九月
胡长清	专门部法律科第九班	日本明治大学研究科	刑法	十三年十月
万钟庆	法学院经济学系	美国意利诺大学本科	银行学、货币学	十四年九月
陶惟能	专门部法律科第十班	日本明治大学研究科	民法	十四年十月
刘竞渡	专门部法律科第十班	日本明治大学研究科	民法	十四年十月
林　超	专门部法律科第十班	日本明治大学研究科	宪法	十四年十月
张显之	专门部预科第十三班	日本高等师范学校	—	十四年十二月
吴振源	专门部法律科第九班	日本明治大学研究科	民法	十五年三月
吴学义	同上	日本西京帝国大学选科	民事诉讼法	十五年五月
符致达	专门部经济科第二班	美国意利诺大学本科	经济学	十五年十二月
王材固	专门部法律科第十一班	日本明治大学研究科	商法	同上
谢定亮	专门部法律科第九班	同上	商法	同上
陈振鹭	法学院经济学系第二班	法国巴黎大学本科	经济学、国际公法	十六年四月
曾志时	专门部法律科第九班	日本明治大学研究科	民法、商法	十六年九月
李祖荫	法学院法律学系第三班	日本明治大学研究科	民事诉讼法	十七年九月

有确切资料可查的是，胡长清、万钟庆、陶惟能、吴振源、曾志时和李祖荫在留学回来后，都曾任教于朝阳大学。其中，曾志时从日本学成回国后，于1930年回母校任教。据学生回忆：他上课不带任何讲稿，但对于民法的立法原则、法理以至具体条文均熟悉，而且能够围绕教材举出一些经过精选的案例，借以加深学生的理解。其学者风范和深厚的学术功底无不受到学生的钦佩。[1]1935年，曾志时就被学生们公认为朝大的“台柱”。[2]因其教学成绩突出，闻名校内外，还得到教育部认可，成为部聘教授。

朝阳法科不仅在北京、在国内享有美誉，而且还在国际上获得了肯定。

〔1〕 参见韦庆远：《怀念好师长曾志时教授》，载薛君度、熊先觉、徐葵主编：《法学摇篮朝阳大学》（增订版），东方出版社2001年版，第211页。

〔2〕 《曾志时的速写》，载《朝阳》1935年第2卷第1期。转引自邱志红：《朝阳大学法律教育初探——兼论民国时期北京律师的养成》，载《史林》2008年第2期。

1929年世界法学会在海牙召开会议，特邀朝阳大学作为会员，江庸作为代表出席了会议。据称，各国代表肯定并称赞朝阳大学为“中国最优法校”。

应该说，在朝阳前后37年的历史中，“朝阳大学”时期（即1913年至1929年）依据相对稳定的外部环境，借助地处于皇城根下的地利人和，管理有方，师资雄厚，毕业生优秀，办校成就逐步卓著是有目共睹的。其后的“朝阳学院”时期，就是承继了这坚实的基础，历经动荡不安的政局，几经校址迁移（北京—沙市—成都—巴县—北京），校政跌宕，但是，师有所教，生有所学，校脉不绝，为社会培养了大批人才，[1]直至1949年华北人民政府将其接管。

三

现在，转而再来看看朝阳培养人才的重要环节，那就是教学活动的特色。

为了保证课堂教学的有序和有效，朝阳大学规定了较为严格的“讲堂规则”。其中有些条款，使见惯了当下大学课堂情形但仍有师尊虚荣心的笔者，甚感羡慕，颇为感慨。比如：学生上课下课，须依照预定时间，先教员入，后教员出；教员讲解，务宜静听，不得私相谈话，并不得支头、抱膝及表示其他倦容；讲堂内不得有吸烟、饮茶、挥扇、戴帽及其他失仪行为；等等。诸种“不得”的列举固然琐碎，也显刻板，但严格的课堂规范和良好的教学秩序对于保障教学效果、提高学生听课质量无疑是极有裨益的。此外，请假和考试制度等也都较为严格。

关于课程的设置，原则是：“除遵照大学规程规定各项学科配置外，并随时参照东西洋各国最新学科，酌量添设，以期适应社会之需要。”据《朝阳大学学

〔1〕 截至1949年，民国时期法政专门学校与大学毕业的法律学系学生，总数约40，000人，而1919—1949年，自朝阳一校毕业而于教育部登记有案的法律科系学生，即有6230人。参见刘恒妏：《清末法吏到民国法官——以“无朝不成院”的北京朝阳大学为例》，载《中研院法学期刊》2011年第8期。这个数字要远多于东吴法学院。据载于《东吴法学院年刊》（1946年）之《东吴大学法学院历届毕业同学》可知，自创办至1946年，共培养法学士计1110人（包括入读会计系、但仍是获得“法学士”学位的90人），其中，最多的是第16届（1933年毕业）共有87人，最少的是第2届只有2人；另有法学硕士14人、法学博士3人（实际都是名誉法学博士，即1923年罗炳吉，1924年董康、王宠惠）。

则》(民国十八年)，法学院法律系的课程如下：[1]

> 宪法，行政法，刑法总则，刑法分则，民法总则，民法债编，民法物权编，民法亲属编，民法继承编，商人通例，公司法，票据法，海商法，保险法，法院编制法，刑事诉讼法，民事诉讼法，破产法，强制执行法，平时国际公法，战时国际公法，国际私法，劳工法，政治学，经济学，社会学，刑事政策，监狱学，刑事判例，民事判例，刑事法庭实习，民事法庭实习，英德日文法学原书，英文，德文或日文，罗马法，中国法制史，外国法制史，法理学，法医学。其中，最后五门，为选修课。

此外，法学院的其他系别，包括政治学系、经济学系、政治经济学系都讲授数量不等的法学课程，商学院银行学系也开设有破产法、国际公法及国际私法。

朝阳大学的课程在不同时期会有所增损。进入朝阳学院时期后，从“法科法律学系课程指导书”可以看出，主干课程依旧，但很显眼的是，必修科目的第一门课，即2学时的“党义”，并被安排于第一学年。这是南京国民政府力推党义教育的结果，即使是私立的朝阳大学也概莫能外。课程设置因学制及其他方面原因前后发生变化，这完全可以理解，不仅在朝阳，而且在其他法学院也有类似情形。[2]当然，课程变迁或添设，只要能“适应社会之需要”就好，而且也绝非开设的课程越多越好，法科是如此，其他学科也同样。[3]

---

〔1〕 笔者现在手头上有单行的《朝阳大学学则》(民国十八年)及包含在《朝阳大学概览》(民国十八年)之内的“学则”。它们皆称为“此系暂行学则”。对照两者的规定，可以发现其存在细微的差别。此处引用，依据前一版本。在后一版本中，尽管主要科目相同，但“公司法”称为“公司条例”、“海商法”称为“海船法”，也不含刑事判例、民事判例、刑事法庭实习、民事法庭实习等课程。大致推断，包含在《朝阳大学概览》(民国十八年)的此则“学则”的出台时间可能要早一些。

〔2〕 比如，盛振为曾就东吴法学院成立19年以来的学制与课程沿革进行过总结：前期以英美法及中国法为主科，以大陆法为副科；后期则改以中国法为主体，以英美及大陆法为比较之研究。参见盛振为：《十九年来之东吴法律教育》，载孙晓楼：《法律教育》，王健编校，中国政法大学出版社1998年版，第199～211页。

〔3〕 对此，早在60多年前，美国法学家和教育家庞德针对法律学校开设课程存在的“要想把一个学法律的人所应知道的一切都包罗进去”的“通病”，就曾提出过告诫：学科的深入比广泛更为重要，最好的学校并不是开设课程最多的学校。参见［美］庞德：《从欧美法律教育的经验谈到中国法律教育》，杨兆龙译，载杨兆龙：《杨兆龙法学文集》，艾永明、陆锦璧编，法律出版社2005年版，第533～543页。

依据课程设置、课堂规则及校友的回忆可知，朝阳大学效法的是大陆法系国家（尤其是日本）的法律教育模式，[1]课堂上通常以教师讲授为主，讲解时重视理论分析，同时也注重理论与实践的结合。在此，摘录两则校友的回忆。

一则是校友王承斌的回忆：

> 朝大成立后，很多法学名家自愿云集朝阳，他们既重视教学质量的提高，又重视法学理论建设的深入发展。他们各自在所属的研究领域中，发挥在学术上取得精湛造诣的优势，自编教材，统一由朝大印制，形成朝大各学科完整的高质量的法学讲义，十分珍贵。在法学界，特别在当时故都各大学中，以获得《朝大讲义》为荣。研究法学的人在案头上一般都有这套讲义。参加法官考试或文官考试的人，更把《朝大讲义》作为必读的资料。[2]

另一则是校友韩培基的回忆：

> 朝阳大学的教授，在授课前，学生到教务组领取讲义。讲义是由授课教授编撰，由朝阳大学印刷的铅印散页，收集齐了装订起来，就是一部完整的书。讲义内容的学术价值，自然高出那些刻板而教条的教科书。讲义能及时反映国内外在学术争论的聚焦问题上，引导学生开展自由讨论。[3]

对于母校的回忆免不了会带有不少感情色彩，此乃人之常情，但朝阳大学的讲义给学子们留下的深刻印象从中仍可见一斑，这至少也是讲义较具学术价值及在当时颇受欢迎的一个侧面辅证。

---

〔1〕 查同时期的日本早稻田大学法学系、东京帝国大学法学部的课程设置，可以发现，朝阳大学的法科课程与它们是大同小异。而倘若将其与东吴法学院的课程相比，则后者在课程范围广、选修课门类多、重视比较法学课程等方面的特征显而易见。参见孙晓楼：《法律教育》，王健编校，第99～103页、第128～132页；《东吴大学法律科章程》（1926年9月至1927年8月），上海昆山路11号甲。

〔2〕 王承斌：《朝阳大学的六条办学特点》，载薛君度、熊先觉、徐葵主编：《法学摇篮朝阳大学》（增订版），东方出版社2001年版，第82页。

〔3〕 韩培基：《回忆朝阳大学的办学精神和教学特色》，载薛君度、熊先觉、徐葵主编：《法学摇篮朝阳大学》（增订版），东方出版社2001年版，第70页。

四

那朝阳大学法科讲义的编写、印刷及其种类的具体情况如何？这有必要做进一步的说明。

由于种种原因致使资料散失，现在已难以准确说出朝阳法科讲义的所有版本及各科讲义的数量。但是，据多方查找所得，“朝阳大学”时期讲义的情形倒可勾勒出个大概。

（一）版本数

关于版本数，至民国十六年（1927年），朝阳法科讲义已印制了6版：

第一版，民国六年版：封面为“朝阳大学讲义”（江庸题），内未见有“例言”，封三版权页标有“非卖品”“不准翻印”及“朝阳大学校出版”“公记印刷局印刷”。该版并未特别注明是“法科讲义”，合理的解释应该是，此时朝阳大学仅有法律科，尚没有其他的科别。

第二版，民国九年版：封面为“朝阳大学法律科讲义”，内未见有“例言”，封三版权页标有“非卖品”“不准翻印”及“朝阳大学校出版”“和济印刷局印刷”。

第三版，民国十一年版：封面同第二版，有的含有“例言”和“序”，封三所标识的内容，仅印刷单位有变，为“京师游民习艺所印刷”。

第四版，民国十二年版：封面和封三标识基本同第三版，仅出版单位改为“北京朝阳大学出版”。

第五版，民国十四年版：与第四版相比，封三标识有所变化，即新增“校阅者”一栏（3位校阅者为陶德骏、[1]王选[2]和李良），出版和印刷单位表述也更为规范，分别是“出版者　北京朝阳大学”与“印刷者　北京和记印字馆”。

第六版，民国十六年版：与第五版相比，封三标识中的“不准翻印”改为了“版权所有不许翻印”，“校阅者”改为“校勘者”，共有4位，即李祖荫、王选、

〔1〕 陶德骏，字亚昆，四川奉节人，法学院法律学系第二班毕业生，民国十五年6月毕业。参见《已毕业同学姓名通讯处一览表》，载《朝阳学院大学部毕业同学录》，民国二十年，第3页。

〔2〕 王选，字仲文，江苏泰兴人，专门部法律科第十二班毕业生，民国十六年6月毕业。参见《已毕业同学姓名通讯处一览表》，载《朝阳学院大学部毕业同学录》，民国二十年，第46页。

王懋麟、[1]徐家相。[2]

（二）编写缘由和方法

从置于讲义中的“序”及“例言”，得以了解编写讲义的主要缘由和方法。1917年，时任朝阳大学校长的汪有龄为第一版讲义所撰的“初版序”如下：

朝阳同学蒋铁珍等一百二十九人，既毕业，乃裒集三年来之讲义及闻诸诸先生之日授者，以为讲义录。既成，问序于余。余维综核学说，研求法理，此学法者之事也。依据法条，平亭狱讼，此用法者之事也。用法学法，虽分为二事，而其本则一。诸君既已毕业，是学法之事已终，而用法之事将始。虽然用法之难也，非公则私，非平则偏。吾国自改革以来，虽朝野昌言法治，然民商无适切之规程，判断以意思为法律；或罪本相同，而处刑则异；或身蒙大戾，而问责无从。有法而不能用，与用之不得其法，固有盲从之舆论与武断之政治左右于其间，抑与其学法之初心固大相刺谬矣。诸君学法既成，他日用法，吾愿斤斤于“公平”二字也，此则余今日之不能已于言者。是为序。

1920年，时任朝阳大学教务长的夏勤，为第二版讲义撰写了“再版序”：[3]

庚申季夏，朝阳大学法律科毕业诸君拟裒集历年讲义，分任校雠，由校付诸剞劂。余主讲是校，五稔于兹，近复承乏教务，与诸君相处既久，与是校关系尤切，讵不能无一言以弁简首。……

浏览上述二则序言，有两个方面应该令人印象深刻。

一方面，讲义的编写源自毕业学生的“裒集”并“分任校雠”。其中，有的讲义还由学生疏注。有的讲义在书首设有“例言”，对此也有明确说明：本书系由本校各班历年所授法学讲义，辑集而成，故颜曰“朝阳大学法律科讲义”；

〔1〕 王懋麟，字仲书，贵州都匀人，专门部法律科第十二班毕业生，民国十六年6月毕业。参见《已毕业同学姓名通讯处一览表》，载《朝阳学院大学部毕业同学录》，民国二十年，第46页。

〔2〕 徐家相，字魁卿，江苏铜山人，法学院法律学系第三班毕业生，民国十六年6月毕业。参见《已毕业同学姓名通讯处一览表》，载《朝阳学院大学部毕业同学录》，民国二十年，第3页。

〔3〕 所引的“初版序”和“再版序”，载夏勤、郁嶷合述：《法学通论》，王选疏，民国十六年版。

本书于讲义正文外，并将听讲笔记及由参考而得之材料，编为疏注，俾易了解；本书所有校勘疏注，系本校同学所担任。[1]而且，第五版和第六版分别在封三标明了该版讲义的“校阅者”和“校勘者”。第五版“例言”就是由校阅者之一陶德骏所撰。

由学生自愿发起进行裒集、校勘并疏注，使朝阳的讲义原汁原味，真正具有“讲义”的性质。尤其是疏注，往往是学生在听课的基础上，依据老师所讲，再将所查相关资料进行补充。有的几乎逐条注释，篇幅甚至有超过正文者，既有赞同也有商榷，观点纷呈，内容包含当时学者论述、中国旧制及各国的相关理论和法条规定，兼有历史法学与比较法学的意义。这不仅使讲义更具学术性，而且于疏注者言，则进一步提高了理解和研究的能力。事实上，参与校勘、疏注的学生往往学习优异，而且这种学术训练无疑对他们日后的进一步发展也极有裨益。比如：

汪有龄校长在“初版序”中提到的蒋铁珍，“字贡梁，直隶博野县人。民国六年，在本校专门部法律本科第二班以甲等第一名毕业，第一届司法官考试，取列甲等第一名”，后任司法部刑事司第一科科长及北平特别市市政府参事等职。

前已提及的民国十六年2月11日司法部第99号批示特别提到的第四届司法官考试甲等第一名的王材固，就是夏勤的《刑事诉讼法》（民国十六年版）的疏注者。王材固，“字幹生，福建永定县人。民国十五年六月，在本校专门部法律科第十一班以甲等第一名毕业，由校资派赴日留学。正拟首途，适逢举行第四届司法官考试，遂留平应试，竟获首选”。王材固回国后，历任闽侯地方法院推事、福建法政专门学校教员等职。

为程树德的《比较宪法》（民国十四年版）和夏勤的《刑法分则》（民国十四年版）做疏注的胡长清，“字次威，四川万县人，民国十三年六月，在本校专门部法律科第九班以甲等第一名毕业，由校资派赴日留学，在明治大学法律研究科专攻刑事学。著述极多。返国应第四届司法官考试，考列甲等第三名”。1927年起，先后担任朝阳大学、中央大学、中央政治学校大学部、燕京大学、华西大学等校教授，讲授民法和刑法，并任《法律评论》总编。后历任南京国民政府法制局二科科长、中央研究院社会科学研究所研究员、立法院民法起草委

〔1〕 参见陶德骏所撰的“例言”，载曹寿麟述：《刑法总则》，王选疏，民国十四年版。

员会编纂等职。胡氏的论著，至今仍嘉惠学林。

第五版讲义的校阅者之一、朱深的《罗马法》（民国十四年版）的疏注者李良，“字次升，云南黎山县人。民国十五年六月，在本校法学院法律学系第二班毕业，第四届司法官再试，[1]考列甲等第一名”。他后任北平地方法院推事、上海特区法院推事等职。

还有，何超所述《法院编制法》（民国十六年）和戴修瓒所述《票据法》（民国十四年）的疏注者、第六版校勘者之一李祖荫，于民国十六年6月，在法学院法律学系第三班以优异成绩毕业。后受学校资派，赴日本明治大学研究科专攻民事诉讼法。未及毕业，即应燕京大学之聘，于1930年回国，历任该校讲师、副教授。同时兼任朝阳大学教授、名誉教授及《法律评论》总编。后任北大专任教授等职。至今，其论著仍常被参引。

上述疏注者的名字和简历，多保留在朝阳大学的校史上。

当然，在后来的朝阳学院时期，法科讲义因为有了多年的积累并已自成体系，教师自己编写教材可能已渐普及，前述两则校友回忆所描述的“讲义是由授课教授编撰”也应该是实情。

另一方面，讲义既讲求学术性，重视法律原理的阐述，同时又紧密关注现行立法及其变化，也就是，拟真正达致理论联系实际。如果说汪有龄在“初版序”中就讲义本身的内容和特色并没有多少涉及，而更多的是作为一校之长，借此对于“学法之事已终，而用法之事将始”的毕业生们所作的“愿斤斤于‘公平’二字”的官方寄语的话，那夏勤在“再版序”中，接着对于讲义编写的理念和追求则有了较为详细的阐述：

> 夫学术盛衰，国运系也。而名喆硕儒，潜讨幽缒，鸿编巨制，层出不穷，则学术隆盛之表征也……吾华文名夙居彼上，乃近古以还，风气固陋，学术榛芜……即以法学一科言之，海通以后，承学之士，习此綦众，然走徧书肆，欲求一说理精善之著述，不可得也。有识君子，宁

〔1〕 这里所谓“司法官再试”，即指李良以乙等成绩通过第四届司法官考试之后，入司法储才馆，毕业再考时，考列甲等第一名。参见“毕业生在司法储才馆毕业姓名略历一览表”，载《朝阳大学概览》，民国十八年。关于司法储才馆的设立、性质和解散，详见俞江：《司法储才馆初考》，载俞江：《近代中国的法律与学术》，北京大学出版社2008年版。

不引为深忧乎？本校自创办以来，教科首重法学。凡主讲斯学者，皆当代名流。所授讲义，类网罗欧美鸿喆著述，而撷其菁英，参酌吾国现行法令，以评其得失。学者由此研求，既事半而功倍。政家资为考镜，亦驾轻而就熟。所以嘉惠士林，开拓学圃者，为效尤巨。爰刊以饷世，藉广流布，而国运其盛，其或造端于此乎？尤余所厚望也。

其中，所谓“类网罗欧美鸿喆著述，而撷其菁英，参酌吾国现行法令，以评其得失”，应属编写教材的极高境界，虽然并不一定完全做得到，但取乎其上，仅有此立意，就值得赞赏。而第五版和第六版的“例言”也均特别明确，“本书编纂方法，多根据于现行有效之法令。如无现行有效之法令，则根据草案。至草案已经改订而行将公布者，则以改订之草案，附列于后，藉便参考”。特别强调讲义“多根据于现行有效之法令”的编纂特色，既是对于讲义特色的客观描述，而且也因为，撰写“例言”的校勘者站在学生的角度，可能觉得这种声明因具实用性而更有吸引力。况且还有一个客观的时代背景，即此时恰逢立法、修法最为频繁的法制变革期。

（三）各版讲义的种类

关于各版讲义的种类，有“例言”者，才可以确定。

比如，第五版也即民国十四年版的讲义种类，在其“例言”中就有说明：

本书计分：法学通论，中国法制史，宪法，比较宪法，行政法，民法总则，债权总论，债权各论，民法物权，民法亲属编（两种），民法继承编（两种），刑法总则，刑法分则，商人通例，商法商行为编，公司条例，票据法，海船法，民事诉讼法，强制执行法，破产法，刑事诉讼法，监狱学，平时国际公法，战时国际公法，国际私法，法院编制法，罗马法三十种。

第六版也即民国十六年版，“例言”中也有说明。与第五版相比，唯一变化的是，“民法继承编”由两种减为一种，所以讲义种类由“三十种”降为“二十九种”。

但是，所谓“三十种”或“二十九种”，是否就意味着只有30部或29部的讲义？也就是说，在一版之中，每门课是否均各只有一种讲义？因为在朝阳大学，同一时期的主要课程，比如宪法、民法、刑法、诉讼法等，往往有多名教师。尤其是20世纪20年代之后，学生数增多，法律专业一个年级就有上百乃至二百余人，应该有多位老师同时讲授同样的课程，是否各有讲义由听过该课程的学生们裒集、校勘而成？限于资料，现还不敢确定，姑且存疑。

五

朝阳法科讲义对于朝阳学子在校学习，及毕业后参加司法官考试和其他文官考试来说，肯定是最重要的研习资料，尽管另外还有相关的“部颁”教材和“大学用书”作为课外的参考读物。这从如此多毕业生自发并积极参与讲义的搜集、校勘和注疏，还有众多校友的回忆都可得到验证。至出第三版时，它可能已成为朝阳大学的一张名片，正如夏勤在“三版序”中所云，朝阳大学“足以示人者”寥寥，但其中之一就是讲义。[1]从为其后三版讲义所作的序也可看出，夏勤对于本校讲义的自诩和期许越来越高。在“六版序”中，他甚而言道：“诸家论列，与时革新，学士疏注，不囿师说。际此法学凋敝，弥望荒凉，固不敢诩为馈贫之粮，而要于寥落沉寂之出版界中，少纾耿光，庶使好学敏求之彦，感奋兴起。其于提倡法治，或不无小补欤！”

《朝大校刊》的一则名为“法人Escarra到校参观并索阅讲义多种”[2]的报道表明，朝阳法科讲义甚至还引起了时任国民政府法律顾问、法国巴黎大学教授爱斯嘉拉（Jean Escarra，1885—1955）[3]的兴趣：

> 法国巴黎大学教授、国府法律顾问爱斯嘉拉Escarra，曾于民国十八年出席海牙会议，在各国代表报告各国法律调查之议会上，以本校为中国最优法校报告于各代表。本校校誉，从此遂斐声欧美，国际

〔1〕 夏勤之“三版序”：本讲义锓行，凡三次矣。每次付刊，其种类颇有增损，内容亦多有删修。盖法律为时代之产物，时代递嬗，法律不能不与为变迁。法理为学者之结晶，学说更新，法理尤不能不随之转移也。本校创立，讫今十稔，举其成绩，足以示人者，寥寥若此，不可谓非鲜也。然语其功效，则颇巨大，不独本校毕业诸君有声法界者，皆直接受其影响，即四方学子，闻风慕望者，亦间接沐其余沫。鹖冠云：中流失舟，一壶千斤。际此沧海横流、学术晦盲之秋，本讲义印行，容能为一壶之助乎？庶几毋负校雠诸君寒灯握椠之辛劬也已。载夏勤、郁嶷合述：《法学通论》，王选疏，民国十六年版。

〔2〕 载《朝大校刊》二十二年度第3期，民国二十二年9月30日，第一版。

〔3〕 亦译为“约翰·艾斯卡拉”，关于其生平及对中国法的贡献，详见李鉡澂：“一代汉学家与中国法巨擘：约翰·艾斯卡拉 Jean Escarra（1885—1955）”，载台湾《法制史研究》（创刊号）2000年12月。

上咸称道之。日昨爱氏奉命来平，特又到校参观，详阅各种成绩，更赞许不已。濒行并索阅讲义教科书数十种。闻拟供作某种专著之参考资料，并藉以公布中国法校成绩于世界云。

自身的期许和外部的评价，无论多么花好稻好，都应基于讲义本身的完备。而了解其“庐山真面目”的唯一途径，当然就是直接翻阅。而令人遗憾的是，因为遗忘和散失，加上少数保存有部分讲义的图书馆对此管理又常严格过度，使读者不便也不易借阅。因此，至今，学界对于朝阳法科讲义，多数是只闻其声，却未见其书，不能不说是一大遗憾。

鉴于此，值此朝阳百年之际，借助于华东政法大学法律史研究中心前年出资从民间所购得的一批清末民国珍贵藏书（其中就包括130余种朝阳大学讲义），从中再进行甄别、比较，最终选定了29种法科讲义，并进行点校出版。这29种讲义课目名称，与前述第五版“例言”所确定的几乎完全一致，只是其中的“民法亲属编”和“民法继承编”仅各选了一种，行政法细分为总论与各论。版本选择以民国十六年版为基础，不足的，从与民国十六年最相近的年份中选择补充，并以含有“疏”的讲义为首选，没有“疏”的，则综合讲义水准和作者知名度再行选定。

在点校过程中，我们依据现在法学学科的分类，共将上述讲义分8卷出版。

第一卷，包括法学通论、中国法制史、罗马法。分别为：

（1）法学通论

作者：夏勤、郁嶷　合述，王选　疏

（2）中国法制史

作者：郁嶷　述，张佐辰、李左璜　合疏

（3）罗马法

作者：朱深　述，李良　疏

第二卷，包括宪法、比较宪法。分别为：

（1）宪法讲义大纲

作者：钟赓言　述

（2）比较宪法

作者：程树德　述，胡长清　疏

第三卷，包括行政法（总论和分论）及法院编制法。分别为：

（1）行政法（第一编）总论

作者：钟赓言　述

（2）行政法（第二编）各论

作者：苏驭群　述

（3）法院编制法

作者：何超　述，李祖荫　疏

第四卷，包括民法总则、债权总论、债权各论、民法物权编、民法亲属编、民法继承编。分别为：

（1）民法总则

作者：余棨昌　述

（2）民法债权总则

作者：何基鸿　编述

（3）债权各论

作者：吴炳枞　述

（4）民律物权编

作者：朱学曾　述

（5）民法亲属编

作者：陈滋镐　述，王选　疏

（6）民法继承编

作者：翁敬棠　述，王选　疏

第五卷，包括商人通例、商行为、公司条例、票据法、海船法、破产法。分别为：

（1）商人通例

作者：李浦　述

（2）商行为

作者：不详

（3）公司条例

作者：李浦　述

（4）票据法

作者：戴修瓒　述，李祖荫　疏

（5）海船法

作者：李浦　述

（6）破产法

作者：陈滋镐　述，崔学礼　疏

第六卷，包括刑法总则、刑法分则。分别为：

（1）刑法总则

作者：曹寿麟　述，王选　疏

（2）刑法分则

作者：夏勤　述，胡长清　疏

第七卷，包括民事诉讼法、刑事诉讼法、强制执行法、监狱学。分别为：

（1）民事诉讼法（上）

作者：李怀亮　述，章一之　疏

（2）民事诉讼法（中）

作者：邵勋　述，袁家城、李良　合疏

（3）民事诉讼法（下）

作者：邵勋　述，王懋麟、李良　疏

（4）刑事诉讼法

作者：夏勤　述，王材固　疏

（5）强制执行法

作者：曹祖蕃　述

（6）监狱学

作者：王元增　述

第八卷，包括平时国际公法、战时国际公法和国际私法。分别为：

（1）平时国际公法

作者：金保康　述，沈康　疏

（2）战时国际公法

作者：宁协万　述，夏咸彪　疏

（3）国际私法

作者：程树德　述，郑锡庆　疏

六

参与上述8卷点校工作的是9位学术同道，他（她）们皆为具有良好的法史素养或富有历史研究视野的专业学者，依次是张卓明（华东政法大学法理教研室）、苏亦工（清华大学法学院）、赵晶（中国政法大学法律古籍整理研究所）、吴一鸣（华东政法大学民法教研室）、陈新宇（清华大学法学院）、王帅一（清华大学博士后流动站）、洪冬英（华东政法大学民事诉讼法教研室）、沈伟（华东政法大学博士）以及王婧（华东政法大学科学研究院）。点校费心劳神，但在当下学术成果评价体系中却普遍不被青睐的情形下，各位师友受邀欣然参与此项工作。笔者深信，这是基于大家对于点校出版朝阳法科讲义至少有以下方面的共识：

一是，朝阳法科讲义是记录民国时期法制变迁的一个载体，其编纂方法之一即“多根据于现行有效之法令”。因此，将其与清末的“京师法律学堂笔记”等进行纵向的比较，对于我们理解始自清末延续至民国的近代法制的具体变革轨迹及学界的反应和评价极有裨益；

二是，朝阳法科讲义是品读朝阳大学的一扇窗户，唯有具体翻阅其体系和内容，并将其与《法政速成科讲义录》[1]及日本其他相关论（译）著进行对照，才能真正感受朝阳法科重视大陆法系（尤其是日本模式）的特征。若将其与东吴法学院的课程、教材进行对照，才可进一步比较两者的办学特色，厘清彼此有所冲突的若干描述和评判。[2]

---

〔1〕 李贵连、孙家红编：《法政速成科讲义录》，广西师范大学出版社2015年版。

〔2〕 朝阳校友及相关的研究者惯称“北朝阳，南东吴”，赞《法律评论》是东方的“法学明珠”“是我国当时唯一法律期刊”“可谓民国时代创刊最早也最负盛名的正规法律杂志”，而东吴校友及相关的研究者却多言“南东吴，北朝阳”，称东吴大学是“第一所开设法学专业的大学”，东吴法学院的《法学季刊》是“全国最早出版的法学刊物”“近代中国最早的大学法学学术期刊之一，也是民国时期最著名的法学权威刊物之一”。两厢对照，彼此的矛盾显然，读来令人寻味。相关资料，参见冯玉军、郭萍：《“浚哲文明”的尝试：朝阳大学的理念与实践》，邵明、张鹏、赵璐：《后之来者，刮目而视——朝阳〈法律评论〉有关民事诉讼问题研讨和刊发之述评》（以上两篇，均收于《朝阳百年——近代中国法学教育与法律文化学术研讨会论文集》，中国人民大学，2012年11月28日），孙国华：《百年朝阳：历史的纪念与仰望——“朝阳大学先贤文集”丛书总序》；东吴大学上海校友会、苏州大学上海校友会编：《东吴春秋：东吴大学建校百十周年纪念》，“序一”（江涌）、“序二”（顾念祖），苏州大学出版社2010年版；王国平编著：《博习天赐庄——东吴大学》，河北教育出版社2003年版，第68页；孙伟：《吴经熊与东吴大学》，载《华东政法大学学报》2008年第1期；孙伟：《吴经熊与近代中国法制》，中国法制出版社2010年版；艾永明为“东吴法学先贤文丛”所作的总序——《中国法学的骄傲》；等等。

三是，朝阳法科讲义是民国时期众多讲义中之一系，将其与同时期相关“部颁”教材和“大学用书”进行比较，有助于了解民国时期法律教育的多元性与统一性；

四是，朝阳法科讲义是民国众多法学论著的组成部分，对于我们了解从传统律学到近代法学转变过程中的学术水准及研究方法，它无疑是重要的参照系；

五是，朝阳法科讲义是窥见民国法律从业者群体法律知识体系和知识储备的重要途径，从而也有助于从侧面了解转型期法律知识的传播脉络和社会法律观念的状况；

六是，朝阳法科讲义是朝阳大学教学相长的重要见证，教师讲述，学生校勘、注疏，相得益彰，既提高了讲义的学术水准，又培养了学生的研习能力，实为难得。这种模式令人羡慕，也值得追忆和思考。

阅者应该看得出来，以上共识多是基于积极品读朝阳所致。朝阳百年之际，纪念免不了会仰望，纪念性的文章都会多一些赞誉，这是一种习惯性的思维，无可厚非。但是，品读朝阳，香醇中似乎还有丝丝苦涩。通过翻阅其法科讲义、朝阳校史等资料，不禁也会引起我们另一些方面的思忖。比如，朝阳大学重大陆法教育模式，师资选聘侧重日系，[1]重视法条、强调实用的条文主义，[2]看重教育部或司法部的官方嘉许，以聘得多少政界、司法界等要人任校董为荣，[3]特别看重并鼓励学生专攻司法官考试，极以毕业生在司法官及文官

〔1〕 据“各科系教员姓名略历一览表”(载《朝阳大学概览》，民国十八年)，60余位法科教员中，有留日学习经历者30余位，这比留英美、欧陆等国的总和多了一倍。而前后聘用的少数几位外籍法学教员，也多来自日本，包括冈田朝太郎、巽来次郎、岩谷孙藏等。另外，本文前列的讲授“民法各编”的18位教员中，有留日学习经历者多达13位。

〔2〕 据朝阳大学毕业生回忆，法科学生一入学报到，学校就要求人手一本《六法全书》，犹如《圣经》一样，随身携带，随时阅读，不仅要明了条文释义，还要背诵记住。参见王镕：《朝阳学院连升湾分校》，载薛君度、熊先觉、徐葵主编：《法学摇篮朝阳大学》(增订版)，东方出版社2001年版，第113页。

〔3〕 《朝阳大学概览》(民国十八年)刊有所有校董照片，他们是：王宠惠，司法院院长；江庸，校长，前司法总长、修订法律馆总裁；汪有龄，前校长，前司法次长、法律编纂会副会长；李煜瀛，中央委员、北平研究院院长、北平大学校长；周作民，金城银行总理；夏勤，副校长，最高法院刑庭庭长；商震，山西省政府主席；卢学溥，交通银行董事长；薛笃弼，卫生部长；谢瀛洲，司法行政部常任次长、法官训练所所长；严志怡，河北省政府委员、训政学院院长。另据朝阳学院“1948年7月毕业同学录”所列的校董名单，董事长为国民政府司法院院长居正，其他14位董事，除了江庸此时的身份是“律师”外，其余13位中，4位是“国民党中央委员”，另外9位皆任要职于国民政府。参见薛君度、熊先觉、徐葵主编：《法学摇篮朝阳大学》(增订版)，东方出版社2001年版，第29～30页。

考试中取得优异成绩为傲，所资派的留学生多以赴日本深造为重，且数量、层次有限[1]等。

“无朝（阳）不成（法）院”固然令人艳羡，可听多了、听久了这个美誉，会让人忍不住要冒昧腹黑一下，朝阳法科培养的毕业生是否在司法官职业之外就没什么优势。无论如何，上述种种情形的存在至少说明，朝阳大学在开放性、灵活性、学术性、独立性、国际视野及国际影响力等方面均尚有提升的空间。同时这进一步可能还意味着，朝阳大学在教学、人才培养乃至学风、学校品格的塑造上，都需要进一步的审视和反思。对于负有“中国最优法校”之誉的北朝阳是如此，对于同样显赫的南东吴，还有同时期其他法科大学、法政学校，我们在追忆和纪念时，也同样应该审慎，力求避免想象。[2]怀旧热潮中，无论如何，都不能脱离历史的底色。“朝阳法科讲义”的点校出版，应该能为追忆朝阳、进而回顾和反思近代以来中国法律教育之得失提供一定的历史底色。

---

〔1〕 参见王伟：《中国近代留洋法学博士考（1905—1950）》，上海人民出版社2011年版，第九章第五节“近代留洋法学博士在华高校分布”。据其中的“近代留洋法学博士在华高校分布表”可知，朝阳学院毕业生留洋取得博士学位的仅有1人，这不仅与位居前列的属于教会大学的东吴法学院（81人）、震旦大学（37人）相差甚远，而且与同样处于北京的国立的北京大学（36人）、清华大学（20人）、北洋大学（12人）也不能比，而在私立大学中，它比北平中法大学（8人）、上海法学院（5人）、上海法政学院（5人）、南开大学（2人）都要少。作者还在该书第374～375页，对“北朝阳”“南东吴”的留洋法学博士为何有如此大的差异进行了分析，认为这与两校的不同性质、不同的法学教育特色及语言和课程设置、经济上的关系等方面有关，入情入理，甚为透彻。

〔2〕 比如，东吴法学院以比较法教学见长，有一个响当当的英文名——“The Comparative Law School of China”，但其比较法教学是否货真价实，同样也值得审慎评价。详见沈伟：《制造法律人：近代上海高等法律教育研究（1919—1937）》之第四章第三节“洗尽铅华后的东吴”，华东政法大学2016年博士学位论文。

六　吴经熊在密歇根大学法学院*

近代中国，法学人才辈出。这其中，有一个名字恐怕很难被遗忘，那就是吴经熊（1899—1986）。在这么一段时期里，比如20世纪二三十年代，其在学术研究、法律教育、立法及司法实务等领域所取得的成就和赢得的声誉，几乎无人能及。甚至可以说，他是那时期中国最著名、最杰出的法律人，即使在此不用“之一”两字，可能也不致有何不妥。但由于各种原因，在曾经不短的时期里，大陆学界差不多遗忘了近代数十年中国法学曾繁荣异常的史实，法学领域的学术史动辄以“新中国”为起点，一切皆是“新开端”“新制度”。于是乎，即使对曾叱咤风云如吴经熊者，也很少有人提起。

值得庆幸的是，最近十多年来，法史学界的众多学人，开始倾心于过去不怎么屑于一顾的近代法领域，法理及比较法学界在探讨法学教育变革、法律移植、中西法律交流史等课题时，自然也离不开对近代法数十年变迁的关注。于是，“北朝阳、南东吴”的称谓，及王宠惠、吴经熊、杨兆龙等人的名字，终于走出了多年的历史封沉。其中，对于吴经熊的学术理路和人生历程的研究，在吴氏自传体灵修著作《超越东西方：吴经熊自传》的汉语译本出版（2002年）之后，更是接二连三地问世。近七八年来，笔者的部分兴趣在于梳理中国近代移植外国法的历程，

---

* 本文原载《华东政法大学学报》2008年第2期，其英译文“John C.H.Wu at the University of Michigan School of Law”由密歇根大学法学院郝山教授（Nicholas C.Howson）翻译，刊载于美国*Journal of Legal Education*, Volume 58, Number 4（December 2008）。收于本书时，进行了若干修订。

故而对于有关这样一位确可称得上博古通今、学贯中西，并有着不平凡的、丰富多彩的人生经历的先贤之论著，自然不可能不注意。不过，笔者从来未曾想过，自己会为他写些什么。2006年10月，笔者有幸作为富布莱特研究学者，来到密歇根大学法学院的所在地，位于美国北部的小城安娜堡市。这是吴经熊首次海外学习的地方，也是他数度出国访学经历中，唯一为获得学位而生活过的地方。随着翻阅资料的增多，使笔者渐有写作此文的决意，而生活、学习于那个小城、那个校园一年之后，亦觉有完成此文的义务。本文虽有瞎凑热闹之嫌，但希望不要有滥竽充数之实。

一、东吴法科毕业后赴密大法学院继续深造

吴经熊在东吴大学法科（简称“东吴法科”）毕业之后，能获得机会赴密大法学院留学深造，这首先还得从两校的历史及彼此关系说起。

密歇根大学是美国较早与中国建立联系的大学之一。在其第一届，也即1845年毕业的11名学生中，有一名为柯林斯（Judson D.Collins，1823—1852）的毕业生，毕业两年后，受美国“美以美会”（The Methodist Episcopal Church）指派，与另一位传教士怀德（Moses Clark White，1819—1900）一起来到中国福建，他们应该是最早到达福州的西洋传教士。尽管我们对于早期传教士在华活动自有评判，但在美国，他们被认为是来华传教士的先驱，柯林斯也因此成为密大早期的著名校友之一。而曾任密大校长长达三十八年之久的詹姆斯·安吉尔（James B.Angell，1829—1916，1871—1909年任校长），曾于1880年至1881年担任过美国政府派驻大清国特命全权公使，因这一关系，密大在当时的中国极为知名。在他回国之后，一些中国学生赴密大留学。尤其是在安吉尔及其他有识之士的努力下促使美国政府归还多收的庚子赔款后，赴美求学的中国学生日益增加，去密大学习者亦随之增多。据估计，1911年至1917年，在密大的中国留学生就有50至70人之多。[1]

密大法学院创建于1859年，初期举步维艰，但仍不断得到发展，逐步取得骄人的成就。尤其是1910年起，贝茨教授（Henry M.Bates，1869—1949）就任院长之后，进行了一系列的改革，最重要者如：1910年，开始授予J.D.，即通常

〔1〕 Nancy Bartlett（editor），*The University of Michigan and China：1845—2006*，Bentley Historical Library，The University of Michigan，p.6.

所说的法律博士（Juris Doctor）学位；1915年法律系升格为法学院；同时，为实现建立国际知名一流法学院的目标，邀聘若干国际法和比较法专业的教授，课程设置、法律图书馆藏书也均显示出此特色。[1]至1920年，在经过六十多年的发展之后，密大法学院不仅已享誉美国，而且也有了良好的国际声誉。由于自身的发展，也因为密歇根大学与中国已形成密切联系的氛围和传统，它自然也成为当时中国法学院的毕业生们赴美深造的心仪去处之一。1909年至1918年，就有12名中国学生在法学院就读。[2]

民国初期的中国，法政学校众多，许多私立大学（学院）和教会大学也设有法科，法学教育似乎仍延续着清末最后十数年的盛况，尽管政府时有相关的整顿法令出台。[3]东吴法科无疑是其中办学最有特色、发展最为迅速者之一。

东吴大学是美国监理会[4]来中国，特别是上海及其周围地区从事传教活动的产物，于1901年正式成立于苏州，同年获得美国监理会本部所在地田纳西州政府的注册。因此，从一开始，如同其他教会大学一样，就具有创办者教派所在国的深深烙印，包括师资、课程及管理模式等。1915年，在同样由该教派创办的上海中西书院并入东吴大学的基础上，于上海昆山路成立了东吴法科，它有一个响亮的英文名——"The Comparative Law School of China"，由来自田纳西州的律师兼传教士，时在东吴大学总部任教政治学的兰金（C.W.Rankin）先生主持，并得到上海中外法律界人士的广泛支持。

从其英文名就可知道，东吴法科的主要目的是培养精通"比较法"的人才，具体要求学生学习和掌握世界主要法系的基本原则。但由于主持人兰金及大多数兼职任教的教授自身都具有英美法的学习背景，因此讲授内容主要侧重于英美法，而且除与中国法有关的用汉语外，其他课程均用英语教学。同时，从设立伊始，就效仿当时美国著名法学院已普遍确立的做法，至少须已有

〔1〕 关于密歇根大学法学院的历史及办学特色，详见李秀清：《那所法学院（Michigan Law School）——是纪念，也是体认》，载何勤华主编：《混合的法律文化》，法律出版社2008年版。

〔2〕 据统计，1896年至1958年，法学院的留学生中，来自中国的最多，有28名。若仅从数字上看，并不多，但在这一时间跨度内，法学院招收的留学生共161名，他们分别来自40个国家，除中国留学生最多的外，其他较多的依次是21名来自德国，14名来自加拿大。参见 Elizabeth Gaspar Brown, *Legal Education at Michigan*: *1859—1959*, The University of Michigan Law School, 1959, p.693。

〔3〕 参见王健：《中国近代的法律教育》，中国政法大学出版社2001年版，第三章"法律学院"。

〔4〕 即"Methodist Episcopal Church（or Mission），South"，是美国新教来华传教活动的主要教派之一。

两年大学学历者才能入学，采取学分制，学制也为三年。开始时招生不多，能顺利毕业者则更少。

第一届毕业生7名，于1918年获得法学学士（LL.B.）学位，第二届仅2名，第三届为8名。但由于学生勤奋努力，教育管理有方，所以很快便赢得了较好的声誉。又因其与美国有如此深厚的渊源关系，于是得到了包括密歇根大学在内的美国一些著名大学法学院的承认和支持。[1]其中，若干学生在毕业并获得法学学士学位后，经推荐赴美国的这些法学院直接攻读硕士或博士学位。第三届的8名毕业生中，就有6位在美国取得了学位。[2]

吴经熊即是东吴法科的第三届毕业生。他于1917年9月12日注册，1920年6月1日毕业。在进东吴法科读书之前，他曾在上海沪江大学读过科学，在北洋大学学过半年的法律。而且自6岁起，他就在私塾老师的指导下习读四书五经，9岁上小学时就开始学习英语，在位于开放口岸宁波的中学时代所接受的教育又深受西方的影响，故而在入大学之前，吴经熊就已有了中西学两方面的良好基础。尤其是英语，按他自己所言，“从一开始就喜欢英语”，觉得“记英语单词要比记忆汉字省力得多”，“对英语是一见即爱”，经常“用英语思想，却用中文感觉”。[3]有这样的基础，使他在就读于大多数课程以英语教学、以英美法为重的东吴法科后，很快就显示出了潜质和优势。其学籍记录[4]显示，他在三年中学习了四十多门课，有一半以上的课程取得九十分以上的优异成绩。作为班级中年纪最小者，他却从1917—1918学年第二学期起，担任班长（monitor）直至毕业，并以总评成绩90.25分，荣获该届唯一的“优秀毕业生”

---

〔1〕 曾在上海档案馆查阅过《私立东吴大学法学院历史事实考证书（1915至1952）》（档案号：Q245-1-1），其用词和口吻有很深的时代烙印，现在读来让人忍俊不禁。比如，其中写道：“在一九二七年大革命以前，东吴法学院所开的课程，完全是英美帝国主义的法律课程，没有一门中国法律课程。课程讲授完全用英语，研究内容则更是英美的例案。除正课外，校长还经常请一些‘美国学者’到校讲演，藉以深入灌输帝国主义的政治思想。同时，美帝国主义为了在东吴法学院毕业生中深造一些为他们服务的奴才，美国各大学对东吴法学院的毕业生就大开方便之门。凡是东吴法学院毕业的学生，可以免试入美国各个大学，用不到一年的时间便可以得到法律博士学位。”此段描述并不完全属实（尤其是最后一句，后文的阐述将会涉及），不过，却也可帮助我们从另一角度了解东吴法科早期的成功及其与美国的密切联系。

〔2〕 参见王国平编著：《东吴大学——博习天赐庄》，河北教育出版社2003年版，第54～55页。

〔3〕 吴经熊：《超越东西方：吴经熊自传》，周伟弛译、雷立柏注，社会科学文献出版社2002年版，第46～48页。

〔4〕 感谢孙伟博士惠寄这一珍贵的吴氏学籍记录。原文除中文名字和中文家庭地址外，其他各栏目皆为英语。

(First Honor)。[1]

综合来看，吴经熊赴密大法学院深造，受以下因素影响：密大法学院良好的国际声誉及其与中国的密切关系；东吴法科作为美国基督教派在上海及其周围地区传教的产物，由基督徒、美国律师主持，并以美国的法学教育为模式，刚创立不久即已声名雀起；个人学养深厚、成绩优秀、热心班务；等等。诸种主客观因素的综合，使吴经熊成功获得了赴密大法学院深造的机会，游学海外的崭新历程随之开启。

二、一个学年即取得法律博士学位

1920年夏，刚从东吴法科毕业、才21岁的吴经熊，登上了美国“南京号”轮(S.S.Nanking)，开始其首次海外之旅。漫长的海上航程并没令他无聊困顿，茫茫浩瀚的太平洋也并未让他觉得颠簸劳累，离乡别亲也没有引起多少伤感愁绪，他反而觉得“自由快乐，如鸟在天，如鱼在渊”。[2]这不仅是一位狂热基督徒的喜悦，也是一个对生活、对前程充满期盼的世俗青年的纯然感受。

吴经熊以“John Wu”的名字，于1920年 10月5日在密大法学院注册，1921年6月30日毕业，获得了法律博士学位。因获得这一学位，他才有了其后紧随其一生的“吴博士”“Doctor Wu”的称呼。尽管功成名就之后他还另获得其他数所著名大学荣誉博士的称号，但那毕竟仅是“荣誉”而已，只是后续的锦上添花。

当今美国的主流法学院，主要有三种学位，即J.D.、LL.M.(法学硕士)及S.J.D(或J.S.D.，法学博士)。其中，攻读后两者的基本上是留学生。法学硕士学位一般是已完成一个学年的学习并顺利获取足够的学分者才能获得。法学博士学位则通常是在美国的法学院获得法学硕士学位者，经申请并获准，按要求在导师的指导下，再在一年内选修足够学分(有的法学院并无此要求)后，继而花上二三年或更长时间，完成一篇学位论文后，才能获得。法律博士学位则是最主要的学位，也可以说是最具美国法律教育特色的学位，不仅申请攻读的人最多，而且申请资格和程序也比较复杂。随着美国高等教育国际化进程

---

〔1〕 根据《东吴大学法学院第一届至第十一届学生成绩及有关材料》，在东吴法科前四届毕业生中，每届均只有一名最优秀的学生获得此荣誉。参见孙伟的《吴经熊与东吴大学》(最初投稿版)，该文经修改后发表于《华东政法大学学报》2008年第1期。

〔2〕 吴经熊：《超越东西方：吴经熊自传》，周伟弛译、雷立柏注，社会科学文献出版社2002年版，第73页。

的推进，每年赴美攻读法学硕士和法学博士学位的国外留学生不断增多，但是即使现在，攻读美国著名大学法律博士学位的留学生仍然人数有限。申请资格条件较高且程序复杂、三年学制需要高额费用、法学的社会科学属性和美国法律的应用性特征，如此种种都意味着攻读并获取法律博士学位远非易事。即便是美国学生，以一年时间拿到著名法学院的法律博士学位都绝无可能。至于母语为非英语的留学生，这更是天方夜谭了，除非他恰好达到什么特别的要求。

当吴经熊于1920年秋注册入读时，密大法学院只授予两种学位，即法律博士学位和法学硕士学位。[1]如前所述，法律博士学位的授予始于1910年。法学硕士学位的授予则更早，始于1890年。初期规定，申请法学硕士学位者，必须从所列举的课程中至少选择三门，在教授的指导下学习和研究，并需经常向教授报告自己学习研究计划的进展情况，必要时还应参加考试，以确定他们的学习和研究能力，最后还须提交已被确认选题的一篇论文。

当吴经熊就读时，密歇根大学的法律博士学位授予条件是：已在本大学或其他得到承认的大学获得学士学位；并在法学院就读了三个学年，或在其他被承认的法学院学习了一年，再在本法学院学习至少两年；完成了规定的基本学分，而且至少四分之三的课程取得特别优异成绩者。这是一般情况。

同时，法学硕士学位被授予给那些已获得本大学或被承认的其他法学院所授予的法学学士学位，且在取得该学位的法学院学业成绩已达到很高水准，并且根据要求在本法学院完成了第四年学习任务并取得足够学分的学生。而作为例外，对于其中成绩特别优异者，授予法律博士学位。[2]

由此可知，吴经熊仅用一个学年的时间，若是取得法学硕士学位，那是一般情况，而能取得法律博士学位，则是例外。也就是说，他从受密大法学院承认的东吴法科毕业并取得法学学士学位，且学业优秀，达到申请资格，并顺利注册攻读法学硕士学位，[3]终因成绩特别优异，被授予法律博士学位。

---

〔1〕 密歇根大学法学院的另一学位，即法学博士学位（S.J.D.），开始于1925年。

〔2〕 参见Elizabeth Gaspar Brown, *Legal Education at Michigan*: *1859—1959*, The University of Michigan Law School, 1959, pp.746-747。

〔3〕 2007年9月28日，笔者在密歇根大学的本特雷历史图书馆（Bentley Historical Library）查找到吴氏的档案卷，其中一张浅绿色的，即是吴经熊填写的交纳10美元毕业证书费（diploma fee）的卡片，“学位”一栏上是手写的“J.D.or LL.M.”。

根据在密大法学院查找到的其学籍记录[1]可知，吴经熊是作为法学院三年级，也就是毕业班的学生入学就读，既然他已经在上海的东吴法科学习了三年，因此这就是相当于根据要求应该完成的第四年学习。在这一学年中，他攻读五门课程，即政治理论（Political Theory）、宪法（Constitutional Law）、国际法（International Law）、罗马法（Roman Law）及法理学（Science of Jurisprudence），共取得20学分。其中，前三门都为两个学期的课程，学分依次为4分、6分和4分；后两门均只是一个学期的课程，罗马法是该学年上学期，即第五学期上的，法理学是下学期，即第六学期上的，学分各为3分。在1912年至1925年，法学院规定的一个学年的基本要求是，完成4至6门课，并取得20至24学分。因此，若仅描述至此，修了5门课，取得20学分，吴经熊也只是完成了基本的学习要求而已。而令人称奇的是，其五门课程的成绩全部为“A”，因此他在两个学期内共获得了8个“A”。

按照当时（现在通常也是）的成绩评定级别，分为A、B、C、D、E五等，其中A是优秀，即“Excellent”。对于当时教授给分的准确情况，现在很难获知，但根据笔者在那里访学一年期间的侧面了解，及向写作此文期间来访华东政法大学的密大法学院前院长圣安东尼教授（Theodore St.Antoine）征询而知，得优秀者（现在包括A+、A、A-在内）一般不会超过所有选课者的五分之一。有一门课获得优秀，一般学生已觉欣喜，所有五门课全部获得优秀，而且是一名中国的留学生，实在不易，确足以让人称奇。因此，作为成绩特别优异者，吴经熊最后取得法律博士学位。

吴经熊并非东吴法科毕业生中第一位前往密大法学院攻读学位的，早其一年，第二届毕业生王傅璧即赴那里读书，并获法学硕士学位。[2]吴经熊也不是那一年唯一去该法学院攻读学位的东吴法科毕业生，同班同学中还有陈霆锐和陆鼎揆。同学三人，均只用一个学年获得法律博士学位。后两人所选修

〔1〕 2007年10月3日，曾在位于密歇根大学法学院Hutchins Hall 之300室的学籍档案室（Records Office）查找到“John Wu’s Record”，对于至今也不知其名的那位女性工作人员的热情、专业的服务，我一直心存感激。

〔2〕 参见王国平编著：《东吴大学——博习天赐庄》，河北教育出版社2003年版，第55页。需要说明的是，笔者曾在本特雷历史图书馆查阅过一本名录册，名为“Catalogue of Graduates, Non-Graduates, Offices, and Members of the Faculties: 1837—1921”，找到了其中第614页的陈霆锐（Ding Sai Chen）及第615页的陆鼎揆（Ting Kwei Loh）、吴经熊（John Wu）的信息，但也许由于笔者的疏忽，却没有看到王傅璧的名字。

的具体课程及成绩尚不得而知，他们或许没有如吴经熊那样获得全优的成绩，但可以推测的是，他们都是佼佼者，成绩均属上乘。1920—1921学年，密大法学院的外国留学生只有5位，三年级的学生共有98人。因为有深厚的学养基础，接受过或许并不那么完整、但却真正与美国法学院接轨的英美法学习训练，三位黑头发黄皮肤的青年才俊，在法学院里个个出类拔萃，该是何等引人注目。这不仅是当时东吴法科的骄傲，也是当代我们这些以法律为业者的自豪。不禁让人要环顾周围，看今思昔，心生不少感慨。

话说回来，吴经熊学业优异并顺利获得法律博士学位，可能还得益于生活环境适宜、日常心情舒畅及人脉关系良好。初到密大法学院后，尽管其对基督教的兴趣和信仰渐渐淡化，且也反感于年轻人的拜金主义，并曾有过"这就是华盛顿、林肯和爱默生的美国吗"的怀疑，但总体上言，吴经熊的读书生活不仅十分顺利，也非常惬意。在此，摘录其如下回忆为证：[1]

> 我呆在安亚伯市（Ann Arbor）的日子是我一生最快乐的时期之一。我的老师亨利·巴特斯（Henry M.Bates）主任、若瑟·达克（Joseph H.Drake）和爱德华·迪坚逊（Edwin Dickinson）教授，对我个人感兴趣。他们是如此忠心耿耿地善待我，而我是如此废寝忘食地忙于研究，以致我抽不出时间来害乡愁病，尽管这是我首度出国。达克教授称我为"奇才"，巴特斯主任则常问我，"你又在白热地工作？"安亚伯市确有某种如家似归、温暖舒适的东西，其居民也温和有同情感。那儿也有不少中国学生，校园里有家不赖的中国餐馆。我的房东哈钦森太太（Mrs.Hutchinson）对我也很好。有一次，她对我接电话的傻样大笑了半天。有人要跟我通电话，她叫我过去，我放声喊了5分钟的"哈喽"，却什么也听不到。她下来看发生了什么事，发现我在对听端发话，听的却是说话的一端！这是我第一次与电话打交道。

引文中所说的亨利·巴特斯主任，也就是前文已提及的1910年起任法学院院长的贝茨教授，他是吴经熊的宪法老师，爱德华·迪坚逊是其国际法老师，

〔1〕 吴经熊：《超越东西方：吴经熊自传》，周伟弛译、雷立柏注，社会科学文献出版社2002年版，第94～95页。

若瑟·达克是其法理学老师。吴经熊在毕业之后能立即顺利申请到国际和平卡内基基金[1]的资助，并成功选择赴巴黎大学访学，就是得益于迪坚逊的首先推荐，及贝茨院长、达克教授和其政治理论老师克拉内（Robert T.Crane）等共同参与推荐。[2]因此，这也从侧面印证了吴氏在安娜堡学习时受到教授们器重的这些回忆并非虚言。而且，只有对那段经历有着美好回忆的人，才会在多年之后，以如此温馨的口吻，重提在异域生活中出过的这种大洋相。

三、处女作发表于《密歇根法律评论》

吴经熊在密大法学院一个学年的学习生活中，不仅以优异成绩完成了所选课程的学习并顺利获得法律博士学位，而且还在1921年3月号的《密歇根法律评论》上发表了处女作——《中国古代法典与其他中国法律、法律思想资料辑录》（以下简称“资料辑录”）。[3]

在美国，自哈佛大学法学院的一名学生于1887年发起了第一家由学生管理和编辑的刊物——《哈佛法律评论》以后，一些著名法学院也开始效仿，冠有“法律评论”的杂志相继问世并发展至今，成为比“专家法律刊物”更能代表美国法学研究水平的刊物。《密歇根法律评论》创刊于1902年，按时间先后，在美国现在数百种同类名称刊物中位列第六，当属元老级的法律评论。不同的是，从其创刊到1940年，它并非完全由学生、而主要由法学院的教授管理和编辑，但其所刊载的文章质量及其在学界的声誉并不因此处于劣势，那是因为从其创刊起，支撑它的就是一个著名的、有较强实力的法学院团队。

吴氏就读那里时，该杂志在学年期间（头一年10月至翌年6月），除开学初的10月份外，其他每月一期。每期通常除“编务杂记”“最近重要决定”及“书评”外，所刊专业论文不过三四篇。就吴经熊刊登了处女作的第十九卷（1920—1921学年，共8期）而言，担任主编的是法学院著名的埃格勒教授

---

〔1〕 即Carnegie Endowment for International Peace。

〔2〕 参见“John C.H.Wu：An Autobiographical Sketch”，载“东吴年刊：吴经熊像、序言及题辞”（1930年），上海档案馆，档案号：Y8-1-206-4。

〔3〕 即Readings from Ancient Chinese Codes and Other Sources of Chinese Law and Legal Ideas，*Michigan Law Review*，vol.19，1921，pp.502-536。以下所涉该文的具体内容，均依据此原作，并同时参见田默迪的《东西方之间的法律科学——吴经熊早期法律哲学思想之比较研究》（中国政法大学出版社2004年版）之“第二章　第一篇法学论文”。

(Ralph W.Aigler, 1885—1964),[1]副主编共5人，其中就有上文已提及的贝茨院长及法理学达克教授，同时由教授们任命的21位学生也参与协助编务。编辑部阵容不可谓不强。

再从此卷刊登的文章作者来看，第1期的作者之一是西北大学法学教授、美国分析法学代表人物考克雷克(Albert Kocourek, 1875—1952)，第3期的作者有威斯康星大学法学院教授Oliver S.Rundell和密大法学院教授John B.Waite，第4期的作者有前已提及的法理学教授达克。与吴经熊同在第5期发表文章的是匹斯堡大学法学院的George J.Thompson 教授。我们姑且不论吴氏之文在选辑中国古代法典和法律思想资料上是否完全妥当，翻译是否完全妥帖，阐述逻辑是否十分严谨，学术观点是否均新颖有据，即使仅仅从作为一名刚到美国不久的中国留学生，在这种档次的杂志上发表论文，并与美国著名大学法学教授的名字一起出现在同一本刊物上言，也不得不令人感叹，吴经熊真乃“人中之龙”！[2]

况且，吴氏此文本身尚有诸多可圈可点之处。

“资料辑录”选辑、翻译并介绍了中国古代的若干法律文献，其中相当一部分属于作者新译。吴氏所言的“中国古代”，是指公元前2255年至公元630年。该文洋洋洒洒35页，且并非完稿，文末尚有“未完待续”(to be continued)字样，不仅翻译了中国古代各主要文献中的法律典籍、主要人物的法律思想，且作了分析，从而描述了中国古代法律的沿革轨迹及详尽图景，并介绍了血亲复仇、连坐制度及刑罚目的等专题。在翻译和阐述中，还不时说明选择某文献的原因，介绍某些文献的历史背景及作者的思想，就某些特别难懂的词汇进行解释。因此，从行文形式到阐述分析，该文都属一篇名副其实的学术论文。

在文章正文七个部分之前，有一引言性的叙述。在第一自然段，吴经熊开门见山地写道：

> 随着当今法学界对于普遍的法学观念的研究兴趣不断浓厚，法学

---

〔1〕 埃格勒教授于1907年毕业于密歇根大学法学院，1910年任副教授，1912年升任教授，直至1954年退休，他是著名的财产法和商法专家。参见Allan F.Smith, Ralph W.Aigler, *Michigan Law Review*, vol.63, 1964, pp.2-4。

〔2〕 参见吴树德先生的“温良书生 人中之龙”，此为《法律哲学研究》(吴经熊著，清华大学出版社2005年版)之“序”。

> 观念影响的时空越久越广，似乎其就越有权威。正如国际法必然比民法更加合乎人的理性，我们也可以说，包含一切时代的法律比某一时代的法律定更深居于人性。比较法学的范围包含了整个人类历史的法学观念，故而不能忽略任何能让我们领略古代世界法律观念的材料。

这一有如宣言性的表述，已间接表达了他对于中国古代法律文明的自豪。而紧接着的第二段最后一句所说的“本文所含的中国法的翻译，则是一个在真正中国环境中成长的中国人的翻译”。这既隐含表述了即使是著名学者如威格摩尔（John H.Wigmore，1863—1943）关于中国法的翻译也尚有待商榷之处，而且也直接明白地表示出对于中国法的翻译和阐述，由真正生于斯长于斯的中国人，如他吴经熊者担当更为合适之意，从而显示出其作为一个中国学者，愿与西方学者就中国古代法律文明进行学术上对话和交流的信心。

“资料辑录”其他部分的内容也显示出作者具有博览群书的视野和架沟中西、求同存异的努力。比如，他把考克雷克教授关于法律发展的三阶段论运用到中国古代的法律史，提出中国古代法律思想有与西方相似的法学派别，将罗马法的准则与中国古代法则进行比较对照，认为中国法律思想足以接受西方近代法的理论和原则，强调法律精神的重要性等。因此，此文的发表对于介绍中国法律文明，让西方主流学术圈了解中国古代法典和法律思想，无疑有不可否认的学术价值。而且，此处女作的发表，不仅显示出吴经熊的学术潜质，定也同时为他在密大法学院所已树立的成绩特别优异的形象增色，并为其后的学术发展奠定基础，尽管吴氏本人后来对此文并不太满意。

这一处女作的另一重要意义在于，它是吴经熊和霍姆斯法官（Oliver W.Holmes，Jr.，1841—1935），一个刚刚步入法律界的中国青年学子和已是耄耋之年的美国著名大法官之间后来长达十数年的学术交流和忘年之交的媒介。就是在此文发表之后，“因为我（吴经熊）曾多次听教授们以最褒扬的口吻提及大法官霍姆斯，便给他赠送了一份《评论》的复印本。同时给他写了一封信告诉他这件事”。[1]从此，一来二往，一个至今仍让人津津乐道的国际学术佳

〔1〕 吴经熊：《超越东西方：吴经熊自传》，周伟弛译、雷立柏注，社会科学文献出版社2002年版，第92页。

话开始登场，[1]并由此进而引出了吴氏与施塔姆勒（Rudolf Stammler，1856—1938）、庞德（Roscoe Pound，1870—1964）、威格摩尔等学界大师级人物之间更多更精彩的故事。

四、斯人远去，但余影犹在

1920年吴经熊来到安娜堡，次年学成赴欧洲，后又数度到美国多所大学从事研究或任教，但都没有再回到密大法学院学习或任职。不过，在离开之后，吴经熊仍经常与院长贝茨教授及其他教授保持信件联系，他们对他的欣赏和赞誉并没有因为他的离开而终止。[2]

2006年，当笔者来到吴经熊生活学习过的这所法学院时，距吴氏求学于此已有八十余年，而斯人亦逝二十余载了，但笔者依旧能感觉到他的余影。或许是因为他的杰出的学业成就，他的丰富多彩的法律人生涯，或许还因为他的跨越法律与宗教的人生体验，他的超越东西方的学识和影响，使他当之无愧地成为法学院的著名校友。吴经熊在那里所产生的影响及获得的赞誉，至今几乎无人能望其项背。

如前文言，笔者在密大本特雷历史图书馆查阅到的吴氏档案，只是几张卡片及有关其翻译《圣经》等宗教活动的数份报道，并在法学院的学籍档案室查到了他的学籍记录单。而在法律图书馆，吴氏的中英文著作全部能够觅到，或作为作者或作为顾问而印有其名的《法学季刊》（*China Law Review*）也悉数在馆。也许可以说，在图书馆能找到他的档案和在法学院能找到他的学籍记录单，除能说明密大的档案和学籍管理完善之外，并不能说明其他，但是，事实是，八十多年前的其他毕业生在历史图书馆中有档案的只是少数，在法学院也并非都能找到那时所有毕业者的学籍记录单。也许可以说，在法律图书馆能查阅到吴氏著作和印有其名的《法学季刊》，除能说明其馆藏丰富，及民国

〔1〕 关于吴经熊与霍姆斯之间的交往，学界多有论述，在此不必赘言。他们之间的若干通信，在吴氏《超越东西方：吴经熊自传》一书中有多处引用。部分信件的中译本还见之于《湘江法律评论》第2卷（湖南人民出版社1998年版）的“吴经熊与霍姆斯通信选”（郭兰英译、李嘉熙校），孙伟编著的《吴经熊裁判集与霍姆斯通信集》（中国法制出版社2010年版）则更为详尽，选辑了近80封信函。

〔2〕 在贝茨院长于1924年5月26日给当时哈佛大学法学院院长庞德的一封信中，特别提到吴经熊，赞誉他“有特别的才干”。庞德在同年6月2日的回信中，对吴经熊更是欣赏有加，称赞他“在每件事情上都显示出真正的才能。我相信他会有辉煌的未来”。感谢密大法学院法律图书馆馆长伊尔女士（Margaret A.Leary）于2007年12月4日寄来这两封信的复印件。

时期的东吴大学法学院与密大法学院联系密切(况且这种密切的关系或许更应归功于刘伯穆[1])之外,也并不能说明什么,但是,法律图书馆却没有收藏同时期问世、在国内学界比吴氏之论著影响大得多(包括同样曾在那里学习过的作者所完成)的其他论著。

而当吴氏于1986年逝世后不久,密大法学院的内刊*Law Quadrangle Notes*对此就有专门的报道。其1986年春季号校友纪念栏目中,登载了吴经熊于该年2月在台北去世的消息,称他是"杰出的学者、政治家和哲学家,出类拔萃的文化人",[2]并附有其晚年的照片。次年,该刊春季号又刊载了他与霍姆斯法官之间的若干通信,并配有两人的照片(其中,吴经熊的那张是其在密大法学院时的学生照),最后还列出了吴氏发表的主要英文论著名称。

即使现在,"John Wu"这个名字在密大法学院仍常被提及。法学院中只要对中国近代以来的法律有点兴趣者,或者对于密大法学院与早期东吴大学的交往历史有所了解者,无不知道这位杰出校友。比如,笔者所认识的前文已提及的圣安东尼教授,及法学院副院长高丹女士(Virginia B.Gordan)、法律图书馆馆长伊尔女士等都知晓他,而笔者的合作教授、中国法专家郝山教授(Nicholas C.Howson),更是常以吴经熊的成功激励笔者。倘若这些尚嫌不足,那么译自法学院"中国法研究"项目网页上可供随时查阅的一段话,当可作为佐证:[3]

> 在美国所有的法学院中,就与中国的相互交流看,或许密歇根大学法学院拥有最丰富的历史……在1859年至1959年的百年间,法学院来自中国的留学生较任何其他国家的为多,其中最著名者之一即是吴经熊——1946年《中华民国宪法》的主要起草人和与霍姆斯大法官有长期密切友谊的中国学者,作为当时密大法学院与东吴法科交流的一部分,他来此就读深造……

---

〔1〕 即从密大法学院毕业的William W.Blume,在1921年至1927年,任东吴法科第二任教务长,离任后回密大法学院任教授。

〔2〕 参见*Law Quadrangle Notes*, Spring 1986, The University of Michigan Law School, p.24。

〔3〕 参见密歇根大学法学院"中国法研究"网站:http://www.law.umich.edu/centersandprograms/chineselegalstudies/Pages/default.aspx,最后访问日期:2008年2月10日。

能在密大法学院留有如此深刻的痕迹，有这样长久的影响，也只有兼具卓越天分、万丈雄心、才高八斗如吴经熊者才能做到，他确可配称是少年得志，沐浴欧风美雨的真正成功者。不管法律足或者不足以慰藉心灵，[1]能视法律为自己的偶像，且有这么一段后人长期难以超越的成功经历，如此的人生，足够让人敬慕不已了。

至此，行文字数已以万计，但对于吴经熊在密大法学院留学一个学年的各方理路是否已梳理得充足、清晰，实在没有自信。尽管无数次来往于曾留下吴氏足迹的小城安娜堡的街区小巷，找寻过他曾安顿居住过的两个处所，[2]不经意间说不定在法律图书馆里亦曾翻阅过他浏览过的书籍，还曾先后走过他曾短期访学逗留的西北大学、哈佛大学的校园，并在回国途经檀香山时也没有忘记直奔他曾任教多年的夏威夷大学一睹为快。所有这些，都因了对他的无比敬意，及由此而起的试图阅读其学术人生的强烈愿望。不过，因时空相隔，主要的还是由于此为笔者本人学力和视野所不逮，因此，再怎么尽力也无法真正描述此位“John Wu”在密大法学院——其人生重要驿站的生活、读书的全貌，更多的文字也不能深入阐述所蕴含的其他与此相关的更多、更深层次的理论问题。所以，就此打住，乃为上策。

---

〔1〕 参见许章润：《法学家的智慧》，清华大学出版社2004年版，“第三章 当法律不足以慰藉心灵时”。

〔2〕 密大法律图书馆伊尔馆长在笔者2007年10月归国前夕，在一个工作日的中午，在法学院附近饭店设宴为笔者践行，饭后我们俩边走边聊，并据吴氏档案中记录的他的一个住处地址进行查找，结果却发现，与其住处地址完全相同的门牌号，竟然标在路边一个小变电箱上。至今笔者还记得，伊尔馆长当时幽默地说了一句，“哈，John Wu 原来是个小矮人（small person）”。

七　法律人的私谊

——吴经熊与徐志摩交厚之解读*

吴经熊(1899—1986),民国时期法律界的杰出人物,其在法学研究、法律教育、立法及司法实务等领域所取得的成就,一度几乎无人能及。徐志摩(1897—1931),民国时期文学界的代表人物,他在诗歌、散文、小说等方面的斐然声誉,特别是作为新诗的灵魂人物,其曾有过的影响至今恐怕仍难以忽略。这两个名字,对于有少许近代史知识的阅读者而言,均为如雷贯耳。不过,他们之间非同寻常的交谊,及在彼此的早期人生履历中曾扮演过的重要角色,似乎却并不为大家所详知。对此,大陆学者尚无系统阐述,仅有的零星记录,也多出于文学界人士。法律与文学,就研究言,现虽已没有从前那样的鸿沟,但视角的差异仍显而易见。原就知晓吴氏涉足法科乃导引于徐志摩的建议,撰写《吴经熊在密歇根大学法学院》一文过程中使我触及了更多的背景资料,继而在数月浏览徐氏作品、同代人对其人其文的评论及当代文学界有关徐氏研究成果之后,引起了笔者拟解读他们交厚的兴趣。

当然,这并非单纯是出于对这两位民国"大腕"、浙江老乡私人交往的猎奇。笔者自以为,这样的解读还能有助于了解那个时期的教育(包括法律教育)变革的历史气息;而且更重要的是,法律人在成长过程中的交往圈,他们的交友之道,在一定程

---

* 本文部分内容以《从结拜兄弟到法科同窗——吴经熊与徐志摩早期交谊之解读》为题,刊发于《比较法研究》2008年第6期。

度上会预示出此后其作为真正法律人的气度和格局。法律人的私谊，某种意义上说，与其职业道德、伦理旨向不可能完全没有关联。正因如此，有必要将此文收于本书之中，而不致让人有突兀之感。

一、吴德生与徐章垿：沪江校园的一对结拜兄弟

约1915年至1916年的冬春之际，吴经熊和徐志摩相识于上海的沪江大学。按当时的习惯，平辈同学多以“德生”（字）称呼吴氏，至于徐氏，虽也有字（幼申），却很少使用，常用的是“徐章垿”这一原名。至于“志摩”之名，有说那是后来在赴美留学前夕，徐父为图个吉利并寄托望子成龙之愿更名而得，因其周岁时当地的志恢和尚曾抚摩其头预言“将来必成大器”。[1]另一说是，这是他自己未经父母同意而“乱取”的别号。[2]

吴德生和徐章垿，皆来自浙江。

吴氏出生于开埠较早、五大通商口岸之一的宁波鄞县，一个殷实的银行家之家。他天资聪慧，6岁起在私塾先生的带教下开始习读四书五经，9岁上小学时就开始学习英语并喜爱不已。虽在儒学传统浓厚的氛围中长大，但因宁波得天独厚的人文环境，使他又能较早接触西方语言和文化。在以理科为主的宁波效实中学读了两年，成绩优异，并养成了对于自然科学的浓厚兴趣后，入沪江大学想进一步学习科学。

徐志摩的故乡是地处水陆要道、商贾频繁出入之地的海宁硖石，祖辈世代经商，其父是当时有维新思想的成功商人。作为徐门的长孙独子，自幼即受到良好教育，4岁入家塾开蒙，10岁入开智学堂，成绩优异得享“神童”之誉。后入杭州府中学堂，以第一名的成绩毕业，于1915年秋入北京大学预科读英语，数月后自请退学，转而插班也进入沪江大学。

那时的上海，经过开埠以后七八十年的发展，已成为典型的移民城市。其在中国的政治、金融、外贸、交通等方面的地位特殊，是西方文化输入的窗口、中西文化交汇的前沿和融合的基地，并成为周围地区尤其是江浙一带人士谋求生存、发展的首选之地。家道富足、天资聪慧的吴德生与徐章垿，同入沪上

〔1〕　顾永棣：《徐志摩传奇》，学林出版社2004年版，第4页。

〔2〕　吴其昌：《志摩在家乡》，载《晨报·学园》1931年12月12日。此文后被收于多种相关文集中。

著名学府读书深造，实在是再自然不过的了。

沪江大学是教会大学，其前身有二：一是于1906年10月开学的神学院，中文正式名称为上海浸会道学书院，英文名为Shanghai Baptist Theological Seminary；二是于1909年2月10日开学的大学，中文名叫上海浸会大学堂，英文名为Shanghai Baptist College。吴、徐来到沪江时，学校的全称是1914年神学院和大学合并之后正式确定的沪江大学暨道学书院（Shanghai Baptist College and Theological Seminary）。〔1〕

沪江建立时，上海已有两所教会大学，即天主教会办的震旦大学和美国圣公会办的圣约翰大学。前者于1903年开办，但不久便因纠纷导致学生全体退学另组复旦公学而陷入瘫痪，至1905年8月才重新开办。后者此时已颇具声名，位于上海西北隅的梵王渡（即现在的万航渡路），前身是1879年创立的圣约翰书院，1906年正式取得大学地位。此后无论是在校园的扩大还是在内部院系的设置，都得到长足发展，不仅享有江南教会第一学府的声誉，在全国教会大学中也是数一数二的名校。〔2〕

作为一所教会大学，沪江新创办时就竭力显示出其浸会教派的特色。所以把校址选在当时远离市区的东北隅，目的是为“俾来受学者于卫生益智上固能得益，而于荡检逾闲之事亦可无劳杞忧也”，不过，同时不可否认的一个原因是，创办者不希望自己新办的学校在地理位置上处于圣约翰大学成功的阴影之下。但是事实上，对于没有高等教育经验的浸会传教士来说，他们最初仍不得不照搬美国的办学模式，而且在招生、教学、管理等方面，也还具体借鉴其他教会大学，特别是同在沪上的圣约翰大学的经验。

当吴、徐二人来到沪江时，其大学部经过六七年的发展虽已初见成效，但师生人数少，图书资料、实验设备等条件也十分有限。其中，学生数不仅少，而且流动性大。这从下列数据可以看出：1909年招生第一年，学生7人；1910年，学生14人；1911年，学生17人；1912年，学生34人；1913年，学生53人，同年，有了首届毕业生，仅有2人；1914年，学生66人，毕业生4人；1915年，学生

〔1〕 1917年，“道学书院”的中文名改为“神道学校”，1918年，沪江的英文简称才定为Shanghai College。参见王立诚：《美国文化渗透与近代中国教育——沪江大学的历史》，复旦大学出版社2001年版，第30页。

〔2〕 参见徐以骅、韩信昌：《海上梵王渡——圣约翰大学》，河北教育出版社2003年版，第21页。

56人，毕业生5人；1916年，学生45人，毕业生11人。[1]学校招生时，虽首先考虑浸会系统及其他教会学校的毕业生，但也不排斥其他一般学校的毕业生和转学生。学生除来自上海的以外，大多来自紧邻上海的江浙两地。

学生人数原本就不多，且从初期就开始规定所有的中外教师和学生均须住校，并严格限制学生在学期间离校外出，旨在相对幽静、独立的环境中形成大学的共同体。在这样的校园氛围之中，家庭背景、成长经历及个人品性等方面有诸多相似性的吴、徐二人，从相识到建立深厚的友谊，乃至义结金兰，当是情理之中。[2]

前文已提及，吴、徐皆生于富足殷实之家，就不会有教会大学昂贵的一年加起来三四百块大洋学费、宿费、膳食费的后顾之忧，尽管比起徐志摩，此时的吴家因吴经熊父亲的离世已呈衰落之势。而从成长经历看，他们俩从小即均显可造之才的聪慧，从私塾到小学、中学，都积累了扎实的旧学经典和西学新知的基础，只是也许年长两岁的徐志摩因为从省城杭州毕业再至京城读书数月，比起从宁波直接至沪江求学，“一看到街上川流不息的摩托车、公共汽车、自行车和人力车，头就大了”[3]的吴经熊，见识和阅历可能更丰富些。不敢说家境和成长经历相似者必然能成为朋友，但也不能否认，家境和成长经历对人的交往择友还是会有一定的影响。

当然，比起家境和成长经历，品性的相似更是决定性的因素。从表面上看，徐氏活泼好动、个性张扬，对此，中学同学郁达夫有生动的回忆：[4]

> 他们俩（即徐志摩及其表兄沈叔薇），无论在课堂上或在宿舍里，总在交头接耳的密谈着，高笑着，跳来跳去，和这个那个闹闹，结果却终于会出其不意地做出一件很轻快很可笑很奇特的事情来吸引大家

---

〔1〕 参见王立诚：《美国文化渗透与近代中国教育——沪江大学的历史》，复旦大学出版社2001年版，第50页。

〔2〕 吴经熊的哲嗣吴树德在《徐志摩与我的父亲》（李元春译，载《中国时报》之“人间副刊”，1990年6月12日、13日）一文中提到吴、徐两人为结拜兄弟，当属可信。而且，从现有资料分析，这应该就是在沪江就读期间，在此之前他们俩似乎并不认识，若在从沪江转学北洋，不久就又分奔南北，匆忙辗转间再义结金兰可能也不合常理。

〔3〕 参见吴经熊：《超越东西方：吴经熊自传》，周伟驰译、雷立柏注，社会科学文献出版社2002年版，第398页。

〔4〕 郁达夫：《志摩在回忆里》，载《新月》月刊1932年3月第4卷第1期。此文后被收于多种相关文集中。

的注意的。

而尤其使我惊异的，是那个头大尾小、戴着金边近视眼镜的顽皮小孩，平时那样的不用功，那样的爱看小说——他平时拿在手里的总是一卷有光纸印着细字的小本子——而考起来或作起文来却总是分数得的最多的一个。

郁达夫此段对这个“顽皮小孩”的描述，不仅生动，而且贴切。徐氏本人在作于1926年的“自剖”中，亦分析过自己的这种性格，摘录片段如下：

我是个好动的人；每回我身体行动的时候，我的思想也仿佛就跟着跳荡……我爱动，爱看动的事物，爱活泼的人，爱水，爱空中的飞鸟，爱车窗外掣过的田野山水……是动，不论是什么性质，就是我的兴趣，我的灵感。是动，就会催快我的呼吸，加添我的生命。

俗云“江山易改，本性难移”，徐氏的这一好动性格，使其短暂的人生丰富多彩，无论是事业还是生活。

再看吴经熊，与徐志摩相比，则可能显得温敦，甚至有点后知后觉：〔1〕

小时候，同学们就称我‘木鸡’。年轻时，人们常笑话我对玩笑的反应之慢。好多次了，我在与朋友聊天时，若有人讲了好笑的故事，大家都会马上笑起来，我却总是不能马上笑起来，故事最好笑时尤其如此。常常是在五六分钟后，当大家都将这个好笑的故事忘了的时候，我会突然大笑起来，会继续品尝这份幽默的故事。我的朋友金岳霖过去常说，‘我可以想象德生在除夕夜里为了他在正月初一那天听到的一个笑话而突然发笑！’这当然是夸张了；不过不可否认的是我的反应确实太迟缓，不止在玩笑上是这样，在人生最关键的经验上也是这样。

〔1〕 吴经熊：《超越东西方：吴经熊自传》，周伟弛译、雷立柏注，社会科学文献出版社2002年版，第286页。

读吴氏的这段回忆，在哑然失笑的同时，也让我们深切地认识到他性格中的温和或者可说是大智若愚的一面，不过，说“反应确实太迟缓”，似乎过谦了。细读《超越东西方：吴经熊自传》，字里行间，笔者所强烈感受到的其实是传主极其敏感幽默、丰富多彩的心路历程，用现在年轻族的流行语言，他就是一个典型的闷骚。而观吴氏令人应接不暇的人生履历（尤其是青壮年时期），各种角色转换之频之顺，实在不是反应迟缓者所能达致。

因此，若仅从表面看，吴、徐的性格差异着实明显，只是这种外在的差异之下，蕴涵内在的相似性。作为后人和外人，我们再怎么努力也无法做到吴经熊对于自己与徐志摩的性格上外异内似的入木三分的分析：[1]

> 在某种意义下，不能想象性格更不同的两个人。他是——我还把他当做活着——外向的；我是内向的。他享受行动；我喜爱安定。他喜欢和一群朋友旅行，一起欣赏大自然景色的无限变化；我自己最安详的时刻是当我在深夜独坐于书房中默想生命的短暂和虚幻。当他灵感来临时，他唱歌、跳舞，借着创作精美的诗来发泄情感；当我的灵感来时，我会突然哑口无声，而在复原后，我用很长的一段时间会为这个奇妙的经验，蓦然流下幸福的热泪……
>
> 那么，什么构成我们隐藏的相似处呢？在他死后出版的日记中，志摩证实我腹内有火。那么，正好这对火的拥有把我们集合在一个永恒的友谊中。
>
> 但是，他的火更强烈，虽然有点时有时无。我的火，若果真有的话，是小火，像穷人家的炉子，但它很少熄灭……

这里所说的“火”，似乎只可意会，却难以明述，只是这其中该暗含坚韧乐观的人生态度和舍我其谁的鸿鹄之志等方面吧。正是这种相似的内心有“火”所体现出来的一静一动的外在差异，奠定了吴经熊和徐志摩从同学到亲密至结拜兄弟的基础。这也正印证了吴氏所赞赏的法国名家勃纳尔关于友谊的那句论断——“最丰盛而又气味相投的友谊，是那些把最大多数可能的差别以一

---

〔1〕 转引自《吴经熊悼念徐志摩》，载http://www.xzmsw.com/show.aspx? id=1772 & cid=36，最后访问日期：2008年8月18日。

种本质上的相似性联结起来”。

就这样，在沪江校园里，吴德生与徐章垿，在研读求知的同时，开始了也许只有此舞象之年才会有的那种纯真的永恒的友谊。

话说回来，当他们来求学的时候，沪江已经改变了初期的除开设英文课外其他课程不用英语授课的状况，而是适应上海这个国际化都市的形势和满足学生希望打下扎实英语基础的要求，实行除国文外全部改用英语授课。这对于9岁即始习英语且“对英语是一见即爱”的吴经熊，和入沪江前习英语也有多年并曾入北京大学预科读过英语的徐章垿自然是如鱼得水。

据保留下来的徐氏在沪江大学的成绩单[1]可知，他1915年至1916年在沪江读书。并且，于1915年完成了9门科目，具体是：英国文学，每周3学时，89分；英语修辞和作文，每周5学时，92分；中国文学，每周3学时，96分；中国历史，每周3学时，97分；通史，每周3学时，91分；基础物理，每周3学时，85分；平面和球面三角，每周3学时，89分；公民，每周3学时，93分；圣经，每周2学时，92分。1916年，他所完成的课程如下：英国文学，每周3学时，90分；英语写作，每周3学时，87分；中国文学，每周3学时，97分；中国历史，每周3学时，95分；英国历史，每周3学时，91分；抽象代数，每周3学时，89分；化学实验，每周4学时，89分；圣经，每周2学时，94分。

因尚无其他同学的成绩单可供比较，倘若按此就断定徐志摩的学业成绩如何出类拔萃，似乎会有擅断之嫌，不过，说其学业优秀该不为过。因在所修的上述课程中，约三分之二得分超过90分，最低的也有85分。据此成绩单还可看出，也许徐志摩此时就已开始偏好于文学、历史等课，这些科目的成绩普遍较高。而所选自然科学，如物理、化学、几何等课程，不仅较少，而且无一达到90分，所得最低85分的即是基础物理。

至于吴经熊，因寻觅其在沪江读书时的档案记录未得，实不能如了解徐氏那样详细了解吴这一时期的选课及成绩。当时沪江大学正开始推行效仿美国大学而形成的选科制，意在改变以往以人文为中心的教育方针，实现向以发展

---

〔1〕 位于浙江海宁硖石镇的徐志摩故居，主楼底层两侧陈列有徐志摩家世、生平及思想和文学活动，笔者在2007年12月底游览此地时，看到悬挂于墙上的此成绩单的影印件。需要提及的是，韩石山在《寻访林徽因》（人民文学出版社2001年版）的“徐志摩学历的疑点”一文中委婉提出，徐志摩提交给美国克拉克大学的沪江大学成绩单可能系由徐父凭声名和财力伪造而成。此推测似显大胆，没有充分的证据，令人生疑。

学生个性和适应社会需要的专业型教育的方向转变，并逐渐在化学、社会学等专业打出了牌子。故新旧学制交替之际，学生们所修课程可能有所不同，相较于徐氏，吴氏对自然科学的兴趣也许更浓一些。据他回忆，15岁时起，自己的兴趣开始转到自然科学，在以代数、几何、化学、物理等课程为重的宁波效实中学就读时，这些课程的学习成绩出类拔萃，尤其是物理，总在班上稳居榜首。抱着继续学习（自然）科学的念头，他才选择入沪江大学。〔1〕有这样的背景，吴经熊在沪江时对于自然科学的兴趣可能依然浓厚，在这方面的课程会花较多的精力。

由于浸会一向反对教会与政府搅在一起，因而沪江早期的毕业生大多就职于远离政治的行业。据统计，至1916年为止的21名毕业生中，有13人从教。即使此后数年培养目标有所调整，至少至1923年，毕业后当教师的仍然居多，其他的到国外或国内其他大学继续深造、在教会里工作、入工商二界也有少数。〔2〕倘若吴、徐二人按部就班地毕业于沪江，他们两人各自此后的人生轨迹也就完全不同了。若果真这样毕业，那就不是我们现在所论的内心都藏“火”的吴经熊和徐志摩了。

二、若望与汉密尔顿：短暂的北洋法科同窗

沪上东北角幽静的沪江校园，仅是吴经熊和徐志摩一个重要的人生驿站。1917年2月，他们同时转入天津北洋大学法科特别班（预科），预备半年后即可升入本科。

之所以离沪北上，求学津门法科，在吴经熊，直接源于接受徐志摩的建议。对此，相关论著均有记录。而从吴氏的回忆中，我们更可知其中详情：〔3〕

> 有一天，我在化学试验室做氧气试验时，好奇心大发，想看看氧

---

〔1〕 参见吴经熊：《超越东西方：吴经熊自传》，周伟弛译、雷立柏注，社会科学文献出版社2002年版，第51页。

〔2〕 参见王立诚：《美国文化渗透与近代中国教育——沪江大学的历史》，复旦大学出版社2001年版，第62页。需要指出的是，关于至1916年止的毕业生总数，此处所言21人与本文前引该书第50页的22人有一人之差。

〔3〕 吴经熊：《超越东西方：吴经熊自传》，周伟弛译、雷立柏注，社会科学文献出版社2002年版，第51～52页。

在瓶里会怎样燃烧。我试着用火柴点燃它，但瓶子马上就爆成了碎片。当时我凑得很近以便于观察，却万幸未受损伤。紧接着，次日一个同学也发生同样的事故，但不够运气，他的一只眼大受损伤，变瞎了。我突然认识到，我纯是凭运气逃过了这一事故，并且怀疑，一个像我这样的无法控制其怪诞好奇心的淘气包是否适合于应付如此充满了潜在爆炸能量的元素和原子。在我看来，一吨的耐心和自制，加上一盎司的想象力和逻辑推理，便构成一项科学发现或发明。正当我考虑人生前程时，我的一个同学，徐志摩，跑来告诉我他决定了去天津北洋大学学法律。他问我想不想跟他一起去。我一听到"法律"，心就跳了起来。在我看来，法律是社会的科学，正如科学是自然的法律。"好主意！"我说。因此，我们决定参加在上海举行的入学考试，两个人通过。其时为1916年冬天。

由此可知，正当吴经熊开始怀疑自己是否具备从事自然科学工作的素质之际，因徐志摩相邀报名参加考试然后进入北洋法科。因此从一定意义上说，至少对于吴经熊，正是在沪江校园里与徐志摩的相识相交，促就其做出人生前半世的最重大抉择。因为，他的辉煌的青春岁月毕竟是与"法律"这个令他心跳的词汇紧密联系在一起的。在这当中，徐志摩无意中为法律界当了一回令人欣慰的伯乐。吴经熊的这一回忆，当然也使有学者否认徐志摩曾就读于沪江大学的观点不攻自破。

至于徐志摩为何会起意再次北上，报考北洋法科，可能并非用"这十里洋场不是读书之地"[1]这样一句话能够简单解释。斯人已去，并没有留下相关的回忆说明，在此，我们也许只能揣摩若干：

一是恰逢更朝换代后的民国初期，百废待兴之际，法律被人们寄予了厚望，频繁的立法活动及引起的争论也就成了广大有识之士的关注焦点，所以自言"在20岁以前我对于诗的兴味远不如我对于相对论或民约论的兴味"[2]的徐志摩萌生学习法律之意，实在一点也不为怪。

二是当时沪江大学基督教家庭式的约束可能使活泼张扬、无拘无束的徐

〔1〕 顾永棣：《徐志摩传奇》，学林出版社2004年版，第22页。

〔2〕 徐志摩：《徐志摩人生笔记》，时代文艺出版社2006年版，"我的家谱"，第1页。

志摩难以忍受，想另谋学业。作为一所美国教派学府，沪江大学制定了形形色色的校规校纪。比如，学生都住集体宿舍，并规定“诸生平日不得擅自出外，惟礼拜六下午如得校长允准，始可出外，必于当晚六时前回校，此出外权利约以一月一次为限”，诸如此类的“不得”“必须”，在重视营造基督教家庭式校园氛围、塑造学生自制的品格的教会大学中，并不鲜见。但要让这样一个“好动的人”、非基督徒徐志摩一直循规蹈矩，那他肯定会感到压抑。

三是北洋法科本身的地位和优势当是个中重要的因素。北洋大学是效仿西方而建立的中国第一所近代意义的大学，于1895年创建。从生源看，在清末以广东籍居多，民国初期以江浙籍居多，后来又以河北籍居多，这由南至北，与国人接触欧风美雨的先后情形大体相吻。法科与工程、矿务、机械，是大学初创建即设立的四个专业。故就历史言，北洋法科有“近代中国的第一个法律教育机构”之称。至民国初期，经过十数年的发展，北洋法科已经办得有声有色，享有良好的声誉。而从开办初期，在课程编排、讲授内容、授课进度、教科用书等方面，均学美国的哈佛、耶鲁等校，除“大清律例”等少数课程由中国老师以中文讲授外，其他大部分课程都由来自美国的教师以英文讲授，教材也是美国原版教科书，这样，自开始时就呈现出浓厚的美国化色彩。这与大学成立时聘请曾为美国来华传教士，时任驻津副领事丁家立（C.D.Tenney）担当首任大学总教习（教务长），并且他力主效仿美国著名大学建立学制等有很大关系。

而因北洋大学的特殊地位，其毕业生在竞争获官费资助出国留学上具有优势。1901年至1907年，全国官费留美学生约有100余人，其中北洋大学就占一半以上。[1]北洋法科的首届毕业生、中国近代第一张毕业文凭的获得者王宠惠，就是清政府继撤回留美幼童后首次官费派出的8名大学生之一。他在留学日、美、英、德，获得耶鲁大学法学院的博士学位和英国律师资格回国之后，经孙中山提名，被任命为南京临时政府外交总长，后又任司法部总长等职，成了著名的政治家、外交家、法学家。同时，他还是《德国民法典》第一个英文版的翻译者，该法典译本广为引用，从而使其蜚声于西域法界。这于志向远大如徐志摩者，无疑具有楷模的意义。

北洋法科的良好声誉及其英美法特色，且少一些教会大学的约束和禁忌，

〔1〕 参见张宝运、贾晓慧：《北洋大学及其留学人才论》，载《高等教育研究》2005年第2期。

较同时期其他的如注重大陆法的北大法科、初创的东吴法科等，对徐志摩更具吸引力也就不足为怪了。

吴经熊和徐志摩在北洋预科的同窗生涯只持续了半年，就因科系合并双双离开了那里。在一个学期中，徐志摩习五门课程：英国文学（English Literature），88分；中国文学（Chinese Literature），90分；世界历史（World History），98分；法学纲要（Elements of Law），90分；名学（逻辑）与心理学（Logic and Psychology），86分。[1]读这些课程，也许是因为徐氏自己的兴趣，或者也许是当时北洋法科预科的统一安排。至于吴经熊，受资料所限，其修课详情无从了解，所读的法律课程可能也只有一门，但可以推测的是，正是在北洋的这一时期，初定了他将来以法律为业的志向。

与学业相比，我们可能更不应忽略这样一件轶事。当时的北洋校园里，青年学子流行取洋名，如崇拜华盛顿总统者，取名为“George”；崇拜林肯总统者，取名为“Abraham”；崇拜莎士比亚者，取名为“William”。至于吴经熊，因“崇拜的英雄实在太多，取起名来举棋难定”，最终从词典中按照字母顺序选择了读音听起来极似“经熊”的“John”，现今这常被译为“约翰”，但民国时期通译为“若望”，《超越东西方：吴经熊自传》一书也从此译。而徐志摩，因“最高野心是想做一个中国的Hamilton”，[2]很想成为大立法者和经济学家，因此就径选了其姓“Hamilton”为自己的西洋名，大概觉得这比汉密尔顿的名字“Alexander”叫起来更为顺口，也更响亮一些。

“John”和“Hamilton”，这两个西文中很常见的名字，因而渐渐地获得了其非同一般的意义。就是这个“John Wu”，后来与享誉世界的法学大家如霍姆斯、威格摩尔、庞德、施塔姆勒等之间演绎了很多精彩的故事，成了超越东西方，横跨法学、宗教、哲学等界的响当当的名字。这个名字几乎伴随了吴经熊此后的整个人生，应了他的“我希望这辈子若望·吴到底”的心愿。相比之下，知道“汉密尔顿·徐”即为徐志摩者可能不多。不过，出洋留学美国期间，

---

〔1〕 徐志摩的北洋大学成绩单影印件，亦被悬挂于浙江海宁硖石镇的徐志摩故居主楼底层的内墙上，系手写体，并且不甚清晰。笔者撰写此文过程中，对其辨认及翻译得到屈文生博士的帮助，在此致谢。另外，下文提及的徐氏就读于北京大学法科的学习证明的影印件，也悬挂于徐志摩故居主楼底层的内墙上。

〔2〕 Hamilton，即亚历山大·汉密尔顿（Alexander Hamilton，1757—1804），美国开国元勋之一、宪法起草人之一、《联邦党人文集》三位作者之一、美国联邦第一任财政部长。

徐志摩仍使用“Hamilton”作为其“middle name”，他在哥伦比亚大学完成的题为“中国妇女的地位”的硕士论文，就署名为“Chang Hsu Hamilton Hsu”，译成中文即为“章垿·汉密尔顿·徐”。[1]转而到英国求学后，他也仍在使用这个西名，这从其与英国哲学家罗素（Bertrand Russell, 1872—1970）的若干通信中可得到证实。[2]假如不是因为个人爱好和追求的变化，或许徐志摩真能成为中国的“汉密尔顿”。不过，虽然没有了“汉密尔顿·徐”，我们却品读到“轻轻的我走了，正如我轻轻的来，我轻轻的招手，作别西天的云彩”那样的美文诗意，才有了“中国的雪莱”、泰戈尔口中的“素思玛”。

三、南吴北徐，各奔前程

就在吴、徐二人进入北洋法科时的1917年2月，民国政府教育部就分别致函北京大学和北洋大学，要求在当年9月开学时，将北洋预科第一部毕业或已在特别班肄业，并愿入法本科之学生，并入北大法本科肄业；将北大第二部预科毕业或肄业并愿入工本科之学生，并入北洋工本科肄业；北洋法科本科生及北大工科本科生，则各自办到毕业为止。这样一个在当时遭到不少非议的决定，对这两所大学的办学定位和方向的影响日后逐渐得到显现。而对于吴经熊和徐志摩，北洋法科这两名预科生而言，就是一个摆在面前需要立即决定何去何从的问题。

当此消息正式公布后，就读于北洋校园尚不足一个学期的吴经熊和徐志摩，在震惊之余，肯定就要商量接着该如何抉择。“要不要一起去北大法科？”一定是这哥俩茶余饭后回避不了的话题。最终的决定是吴经熊南下重回沪上，入东吴法科，徐志摩北上，升入北大法科，短暂的北洋法科同窗的日子遂告结束，自此各奔前程。

在吴经熊，是因为觉得“天津离家宁波够远的了，北京还要北一点”，因此“宁愿去上海的学校，在那里也可把妻子接来”。或许可以这样说，家庭责任是他返回上海的主要原因。当然，不必讳言，东吴法科渐已具有的声望和特色也

---

〔1〕 此论文首页的照片，参见徐志摩诗文网：http://www.xzmsw.com/show.aspx？id=1694 & cid=33，最后访问日期：2008年8月3日。

〔2〕 关于这些信件，参见韩石山编：《徐志摩全集》（第六卷·书信），天津人民出版社2005年版，第207～218页。

是吸引他入读的重要因素。

1917年9月12日，吴经熊注册于由美国监理会主持下的东吴大学法科。此时的东吴法科，成立尽管只有两年多，却已赢得良好声誉，而且以比较法尤其是英美法为重的特色也渐已显现。吴经熊从北洋到东吴，踏踏实实地度过了三个学年，于1920年6月1日毕业。在三年中，他修读了40多门课，超过一半的课程取得90分以上的优异成绩。作为班级中年纪最小者，他却从1917—1918学年第二学期起，担任班长（monitor）直至毕业，并以总评成绩90.25分，荣获该届毕业生中唯一的"优秀毕业生"（First Honor）。如果说半年的北洋法科是他尝试学习法律的初始阶段的话，那在东吴扎扎实实的三年学习，则使其积累了丰富的、体系性的法律知识，为此后他的成功，无论是从事法学研究还是法律实务，都奠定了坚实的基础。在此期间，他还对宗教课程、《圣经》极感兴趣，并于1917年皈依成为基督徒，这又为他数十年后弃法转而从事宗教哲学提供了最初的预示。

而徐志摩，则于1917年9月升入北京大学法科政治学门一年级。他原本曾就读于北大预科，对于重回北大不会有吴经熊那样的遥远、陌生之感。同时，他也无太多的家庭牵挂，况且，能入北大深造，对于一向望其出人头地的开明干练的徐家父亲来说，唯有鼎力支持的份。虽然徐志摩也有妻室，但他与听命于父母而得的妻子张幼仪的感情，自始就有"小脚与西服"[1]的不适感。而且，他的这一选择可能还得到了自己的朋友加妻兄，时任北大法科法律学门研究所教授张君劢的鼓励。

不过，徐志摩在北大法科的学习并没有如吴经熊在东吴那样安心，他仅读了一个学年，即已离开。据保留下来的学习材料证明，在此期间，他修读了六门课程：政治学（political science）、政治史（political history）、宪法（constitutional law）、经济学（economics）、民法（civil law）、刑法（criminal law）。其中，政治史实际上分为两门课，即西洋（occident）政治史和东洋（orient）政治史，前者为每周4个学时，后者为每周3个学时。其余五门课程皆为每周4个学时。由于此证明并没有显示学习成绩，加上行文中有"as a

〔1〕 据张幼仪的侄女张邦梅（Pang-Mei Natasha Chang）完成的传记著作《小脚与西服——张幼仪与徐志摩的家变》（英文原著于1996年在美国出版，中文版由谭家瑜译，同年台北智库股份有限公司出版）披露，徐志摩曾将自己与张幼仪的不适配的夫妻关系比拟成"小脚与西服"。

listener”，学界有据此称徐志摩为“北大法科的旁听生”之说。但经再三研习相关资料，认为徐志摩乃是北大法科正式学生，只因赴美留学并没有参加考试的观点似更合乎情理：

> 徐志摩二度进北大，也仅肄业一年而已，因一心想赴美留学，忙于准备留学事而疏忽了许多功课。当《北京大学日刊》于1918年10月4日注销法科需补试年考之人名及科目时，徐志摩已在彼岸认真求学了。徐志摩该补考的科目有六，即民法、经济学、刑法、东洋史、政治史、宪法。这也是为什么克拉克大学保存的徐志摩北京大学法科成绩单上没有分数，因为徐志摩根本没有参加年考，哪来分数。[1]

此段阐述中除补考科目有少许出入外，其他的分析都较令人信服。况且，假如真是旁听生，那所用英文不该是“as a listener”，而应为“as an auditor”。

虽没有参加考试，徐志摩毕竟需听（listen）这么些课程，同时忙于准备出洋留学事宜，且还参加了“雄辩会”和“阅书报社”两个学生团体，并在前者的“外国语部”中担当过文牍一职。所以，尽管难以断定他在北大法科一年是否真的用心于政治学和法学的研读，但可以推测的是，为了自己所喜欢的事和所追求的人生目标，好动的他一定没让自己闲着。还值得一提的是，也就是在此期间，准确地说，在其赴美留学前夕，由蒋百里介绍，张君劢引荐，得以正式拜梁启超为师，于是，“奉握金诲，片语提撕，皆旷可发蒙，感抃乍会至于流涕”。[2]自此，徐志摩以圣门弟子自居，其思想受梁启超的影响也更深了。

吴经熊与徐志摩，一个在上海，一个在北京，各自为自己的前程而忙碌。尽管再也不能朝夕相处，海阔天空的畅谈理想、评断时事，但想必他们会鱼雁往返，问候彼此，交流近况。

四、相继出洋求学，迎来柏林重逢

1920年夏，刚以优异的成绩从东吴法科毕业、才21岁的吴经熊，登上了“南京号”轮（S.S.Nanking），开始其首次海外之旅。漫长的海上航程并没使他感到

〔1〕 秦贤次：《徐志摩生平史事考订》，载《新文学史料》2008年第2期。

〔2〕 韩石山编：《徐志摩全集》（第六卷·书信），天津人民出版社2005年版，第410页。

无聊困顿，离乡别亲也没有引起多少伤感愁绪，他对未来充满了自信和期盼。

抵达美国后，于1920年10月5日以“John Wu”之名，吴经熊在著名的密歇根大学法学院注册。因在东吴法科的修课得到密大的承认，因此他作为法学院三年级生，也就是毕业班的学生入学就读。在一学年中，他攻读五门课程，即政治理论（Political Theory）、宪法（Constitutional Law）、国际法（International Law）、罗马法（Roman Law）及法理学（Science of Jurisprudence），共得所需的20学分，且成绩全优，因而于1921年6月30日顺利毕业并获得了法律博士学位（J.D.）。在读期间，他还与教授们建立了良好的关系，并发表处女作于《密歇根法律评论》，初显法律理论研究的学术潜质，并因此开始了与美国著名大法官霍姆斯持续十数年忘年交的学术佳话。继而赴欧洲，先是巴黎大学，后是柏林大学访问学习。正是在柏林，吴经熊与徐志摩迎来了难得的海外重逢。

早在吴经熊赴美留学的两年前，也在夏天，同是21岁的徐志摩，亦是乘的“南京号”轮，启程远行美国。在航行途中，他同样是壮志凌云，明显受到梁启超影响的《徐志摩启行赴美文》中激昂慷慨的“善用其所学，以利导我国家”（1918年8月31日在太平洋舟上记），显现出深怀爱国心的游学之志。抵美之后，入麻省的克拉克大学（Clark University），主修政治和社会学，副修历史。克拉克大学创建于1887年，是享有盛誉的美国大学联合会（Association of American Universities，1900年成立）的14所创建大学之一。[1]

至徐氏入读时，克拉克大学已发展成为著名的文科研究性大学，其本科和研究生教育在学界均有良好声誉。在读期间，他完成了社会学、经济学（劳工问题）、历史（19世纪欧洲的社会和政治）、法语（语法、发音和口语）、历史（1789年后的国家主义、军国主义、外交及国际组织）、西班牙语（西班牙语入门）等课程的学习。并因此前在北洋、北京等大学的成绩得到克拉克大学的承认，因此一年之后就顺利毕业，并因成绩优异，获得“优秀毕业生”（First

〔1〕 另13所创建大学为：美国天主教大学、哥伦比亚大学、康乃尔大学、哈佛大学、约翰·霍普金斯大学、普林斯顿大学、斯坦福大学、加利福尼亚大学伯克利分校、芝加哥大学、密歇根大学、宾夕法尼亚大学、威斯康星大学麦迪逊分校及耶鲁大学。见http://www.aau.edu/aau/aaufact.cfm，最后访问日期：2008年8月3日。

Honor)称号。[1]1919年9月，徐志摩又入纽约哥伦比亚大学研究院经济学系，学习政治、劳工、民主、文明、社会主义等课程，并顺利完成了题为“中国妇女的地位”的论文，获得硕士学位。

1920年9月，因对英国政治制度的向往及对英国哲学家、世界和平运动的倡导者和组织者罗素的推崇，徐志摩“摆脱了哥伦比亚大学博士衔的引诱，买船票过大西洋，想跟这位20世纪的福禄泰尔认真念一点书去”(《我所知道的康桥》)，离美赴英。但到达英国后才知，罗素此前因反对英国参战而被剑桥大学三一学院除去教职，已远赴中国讲学，徐志摩不得不改而入伦敦大学经济学院学习。半年之后，“正感着闷想换路走的时候”，徐志摩认识了英国著名作家狄更逊(G.L.Dickinson，1862—1932)，经他介绍，入其任职的剑桥大学国王学院当特别生。

从美国到英国的辗转二三年间，徐志摩的思想情感、人生价值观发生了极大转变。尤其是到英国之后，受到了19世纪浪漫主义的影响，且与罗素、狄更逊、威尔斯(H.G.Wells，1866—1946)、画家傅来义(Roger Fry，1866—1934)等名人时常过从，个人兴趣有了新的转变。其在家书中所言“儿到伦敦以来，顿觉悟灵益发开展，求学兴味益深，庶几有成，其在此乎？儿尤喜与英国名士交接，得益倍蓰，真所谓学不完的聪明”，即是明证。

就这样，在尽享优美、宁静的英伦风光的同时，在充满灵性的康河之畔，正如他本人所言，“我的诗情真有些像是山洪暴发，不分方向的乱冲。那就是我最早写诗那半年，生命受了一种伟大力量的震撼，什么半成熟的未成熟的意念都在指顾间散作缤纷的花雨”(《猛虎集》序文)。这个“在二十四岁以前，诗，不论新旧，于我是完全没有相干”的徐志摩，开始走上诗歌创作道路，成为中国的“汉密尔顿”不再是他的人生追求，代之的是雪莱、拜伦了。

太平洋的浩瀚未能阻隔吴经熊和徐志摩的持续交流，当他们分别就读于上海和美国时，彼此仍保持着鸿雁传书，这有徐志摩的《留美日记》为证。而当他们在相同的时间都在欧洲访学时，相聚就是意料之中的了。

海外的重逢即在柏林。此时，吴经熊正投师于新康德主义法学创始人施

---

〔1〕关于徐志摩在克拉克大学学习的情况，包括他入何系、学习了几个学期、修读了哪些课程情况等，学界有不同的观点，本文依据的是张宏生《徐志摩就读美国克拉克大学行实钩沉》一文(载《中国现代文学研究丛刊》2008年第1期)。

塔姆勒门下，进一步从事法哲学领域的研究。与吴经熊此时正在法学大师引领下孜孜钻研法律的意气风发相比，徐志摩却陷于生活和个人情感的纠结尴尬境地。他弃有孕在身的发妻张幼仪于英伦，不告而别来到欧洲大陆，寓居于吴经熊在柏林的宿舍。笔者甚至有点怀疑，正因吴经熊在柏林，他才来到此地，一方面是为了访友，另一方面是来找这个小兄弟叹叹苦经并寻求帮助。徐志摩想离婚，在他，可能确是如他所言为了"彼此有改良社会之心，彼此有造福人类之心，其先自作榜样，勇决智断，彼此尊重人格，自由离婚，止绝痛苦，始兆幸福"。但事实上的喜新厌旧，欲弃尚在月子里的妻子和嗷嗷待哺的幼子，这到底是理亏，在包括吴经熊等在内的受中国传统观念熏陶的中国朋友圈里，毕竟不是真能"自作榜样"的事。但是，在柏林期间，吴经熊不仅替徐志摩将要求离婚的信函送达至时来德国投靠七弟张景秋的张幼仪住处，还草拟了离婚协议书，并在自己的宿舍里，与借住在此的金岳霖一起，见证了徐、张二人离婚协议书的签署。〔1〕

吴经熊作为这一被史家称为"中国现代史上第一桩离婚案"的见证人之一，内心不会感到轻松，更不会因此自豪。事实上他心里有矛盾，也有痛苦。吴树德先生在《徐志摩与我的父亲》一文中说到：

> 他眼看著事情发展至无可挽回，最让他难过的是，他和签字离婚的夫妇两人都极为熟稔。他自己虽已娶亲成家，但他那时也不过才23岁，社会经验仍十分不足，面对这么尴尬的场面，他完全无法站在纯粹客观的法学立场来处理。一边是他的结拜兄弟，一边则是他熟识的张家女儿，他还是张家的法律顾问，而且，他个人也同幼仪交谊深厚，这份情谊终其一生未变，起码就我所知，在徐志摩死后40年内他们彼此始终以朋友相待。

这时候的吴经熊是否已经是张家的法律顾问，可能尚待查证，不过，文中所描述的他的为难和痛苦则不容置疑。只是，面对此等事情，再怎么年长和有

〔1〕 根据张幼仪的口述历史，陈新宇教授关于此离婚协议的签署"事先有过精密的安排，不无法律专业人士支招的痕迹"的揣测不无道理，参见陈新宇：《"笑解烦恼结？"——从徐志摩和张幼仪的离婚案谈起》，载《检察日报》2011年3月1日，第3版。

丰富社会阅览，吴经熊可能也会一边惋惜、口中骂着“瘪三”，一边又两肋插刀、张罗帮忙，这更无涉能否“站在纯粹客观的法学立场”，结拜兄弟的感情和交谊可不是一般所能比的。甚至可以说，遇到这等事情，徐志摩除了找自己的哥们吴经熊出面张罗，还会去找谁呢？

五、法学家与诗人：重聚上海滩

吴经熊结束在德国的访学之后，于1923年秋回到美国，以研究学者的身份入哈佛法学院，在庞德的指导下从事研究。次年初夏，回到了中国。不久，应邀到自己的母校——东吴法科，先是任教授，后被聘为院长。在此过程中，无论是作为教授的口碑，还是作为院长的才能，都获得很高赞誉。此后，他又投身于书斋和校园之外的法律实务，相继担任上海临时法院法官、国民政府民法起草委员会委员，再荣升为上海临时法院院长等职，均获成功。这期间，他还著述不断。1929年岁末，吴经熊从法院辞职重返美国，先后在西北大学和哈佛大学从事教学和研究。1930年夏，他又回到上海，开设自己的律师事务所，开始了成功的律师生涯。角色转换频繁，“吴博士”总是法律界响当当的名字。作为法学家的他，声名远扬。

当吴经熊首次回国时，徐志摩已经回国两年多了，其习好、生活和情感都经历了巨大的变化，作为诗人的徐志摩也已才名籍甚。他发表诗、散文及杂文，还发起成立诗社。泰戈尔的来访，也是他联络南北奔波和陪同。1925年，似乎是他特别忙碌的一年。他出版了第一本诗集《志摩的诗》，并且访问苏联，然后是在欧洲的德国、意大利、法国、英国等地故地重游，会旧友，访新知，结识贤达。半年后回国，又接任《晨报副镌》主编。回国后直至1926年年底前，他大部分时间都生活在北京，他喜欢北京的人文氛围，结交的多是文学、美术圈中的朋友，如胡适、闻一多等。不过，他还是与在上海的吴经熊保持着联系，把他介绍给自己在上海的其他朋友（如其于1925年9月致信刘海粟称“德生诸友俱佳”），并且应他之约，吴经熊还是《晨报副镌》的撰稿人。若不是他1926年秋天的第二次婚姻，可能就不会有其短暂生命的最后数年长居于上海的日子，也可能他们就这样分隔两个城市，彼此各忙各的，而只有信件来往和偶尔的小聚了。

1926年10月，徐志摩与北京名媛陆小曼历经曲折，终于走到了一起，“恩人哥哥”胡适做介绍人，梁启超当证婚人，婚礼场面热闹，名流云集。风风光光的婚礼之后，徐志摩也开始了新的生活。

这对新婚夫妇在南归故里途中驻留沪上时，得到了吴经熊一家的盛情款待。徐志摩在九月初十写给张慰慈的信中提到：[1]

> ……初六晚到沪，有谭裕卿约同乡女眷多人在站欢迎，又在新新旅馆布置新房，红烛高烧，又是一番景象。前日我回峡，昨夜回申，家中新屋未竣，须至十月初方可进屋。我与小曼今移居吴德生家，一切舒服……

再看徐志摩九月十九日的日记：[2]

> 今天是观音生日，也是我眉儿的生日……
>
> 这年头大澈大悟是不会有的，能有的是平旦之气发动的时候的一点子“内不得于已”。德生看相后又有所憬惕于中，在戏院中就发议论，一夜也没有睡好。清早起来就写信给他忘年老友霍尔姆士（即霍姆斯），他那诚挚激奋的态度，着实使我感动。“我喜欢德生”，老金（即金岳霖）说，“因为他里面有火”。霍尔姆士一次信上也这么说来。
>
> 德生说我们现在都在堕落中，这样的朋友只能叫做酒肉交，彼此一无灵感，一无新生机，还谈什么“作为”，什么事业。
>
> ……

不知吴经熊对于徐志摩的此次婚姻持何态度，也不知道他为何发出“堕落”“酒肉交”的感慨，但从上述信函和日记，我们都可感受到俩人非同寻常的关系。此日记也是前文提及的吴经熊所言的“在他死后出版的日记中，志摩证实我腹内有火”说法的出处。

此外，陈从周先生在《徐志摩年谱》中也列出：“九月九日（该是农历）与

---

〔1〕 韩石山编：《徐志摩全集》（第六卷·书信），天津人民出版社2005年版，第440页。

〔2〕 在徐志摩去世后不久，包括此日记在内的徐志摩写于1926年8月至1927年4月的数则日记，由陆小曼以《眉轩琐语》集辑刊登。

小曼离开北京，南来寓上海新新旅馆。十九日小曼生日在沪度，复迁至大西路（即今延安西路）吴德生家居住。”这或许正是根据徐志摩九月十日的日记中“昨天离开北京”及上述十九日的这则日记作出的推断。

对于徐氏夫妇来沪及移居吴家的具体日期似乎有所出入，但可以肯定的是，从移居吴家后他们一直等到峡石的新房完工才离开，这次大概住了二十余天。

不过，原本打算自此回归故里承欢父母膝下，过隐居著述、写诗作画日子的美好设想，却因这一婚姻自始就没有得到他父母的真正首肯，甚至被断了经济资助，加上小城旧习成见的压力重重和战乱威胁，徐志摩夫妇俩在一个余月后，只得落荒而逃，移居上海。

世界有时就是让人觉得很小，吴经熊和徐志摩，这对当年沪江校园的结拜兄弟，在远航万里沐浴欧风美雨数年之后，兜了一大圈，又都回到了上海滩这个彼此初识之地。只是此时的他俩，一个是法学家，一个是诗人，都已蜚声内外。

在上海定居，一向无须为稻粱谋的少爷徐志摩不得不开始担负起挣钱养家的责任。初期，因经济拮据，过着蜗居客栈的生活，间或借住于朋友家。吴经熊常热情款待，因正值寒冬，还送衣送帽，关心入微。徐志摩在1927年正月初六日记中的“戴德生有耳大毛帽”就是一个例证。自然，对于一向养尊处优、蕴藉潇洒的徐志摩来说，这段日子当是最难熬的，在致胡适信（1927年1月7日）中他忍不住抱怨：“目下闷处在上海，无聊到不可言状，曼又是早晚常病，连个可与谈的朋友都难得有（吴德生做了推事，忙极了的）……”确实，吴经熊已于该年元旦，被任命为同一天宣告成立的上海临时法院法官，正踌躇满志，自感“我将有大量机会来做法律领域创造性的工作。我可以试着将中国法律霍姆斯化了”，[1]真的是忙碌不堪，让徐志摩觉得受到冷落也是在所难免。

不一样的处境，不一样的兴趣，彼此各有各的担当和追求，时过境迁，此时的吴经熊和徐志摩，再也不可能如在沪江校园里那样形影不离地交往了。不过，令人感慨的是，他们仍时相往还，兄弟般的关心和扶持并未至此中止。

1927年暑期，兼任东吴大学法律学院院长的吴经熊邀聘徐志摩担任学院

〔1〕 吴经熊：《超越东西方》，周伟弛译、雷立柏注，社会科学文献出版社2002年版，第128页。

的兼职英文教授，对东吴而言，这利于扩大影响，且师资得到提升，学生惠益，而对徐志摩来说，有了固定收入，就解了燃眉之急。自此，加上同时还在光华大学等校兼职，徐志摩月进可观，才在上海安身下来，开始切实从事诸如集股开办新月书店、出版第二本诗集《翡冷翠的一夜》等自己最乐于做的事情。

徐志摩把二十余位朋友写给他和陆小曼的诗文图画，再加自己夫妇二人各自题诗一首，合并制成为一本纪念册，并将其定名为“一本没有颜色的书”。其中，就有吴经熊的赠诗一首：“落日五湖游，烟波处处愁。千古浮沉事，谁与问东流。”徐志摩对此纪念册珍视不已。

在1930年至1931年，也就是徐志摩生命的最后一段日子里，吴经熊和徐志摩均因国事、家事而陷于忙碌并且痛苦的状态。吴经熊从美返沪后开设律师行，尽管一开业就获成功，月进数万，可却逐渐过上夜夜应酬、出入花楼的日子，使其在20多年后，“即使想起那些日子，也能闻到一股地狱的气息”。国事、家事同样也不遂徐志摩之意，虽然理想未灭，但现实生活却让曾向往过上“草青人远，一流冷涧”单纯日子的理想主义者的他，感到了“在妖魔的脏腑内挣扎，头顶不见一线的天光”（《生活》，1930年5月29日）的无望。他仍出版诗集，可只是为了“借此告慰我的朋友，让他们知道我还有一口气，还想在实际生活的重重压迫下透出一些声响来”（《猛虎集》序文）。成为了法学家和诗人，精神上却似乎都是一副窘迫状，都没有了以往的干云豪气，可能此时他们之间那种气味相投的交厚也受到了一定程度的考验。

六、结语

吴经熊以为，友谊就是建立于相互独立之上的相互依赖。徐志摩也说过，朋友是一种奢华，真朋友是相知。这种友谊和相知始自他们未及弱冠时沪江校园的结拜，直至成为法学家与诗人之后于上海滩的重聚。本文只是对这两位分别在法学界和文学界留下无法替代印记的、一样出类拔萃、均超越东西方，并都有着丰富人生履历的法学家和诗人的交谊做叙事性的品读，而若将他们俩的这种私谊置于那个动荡时代的大背景下，做更深入、更细致的解读，则尚有待后续的努力，这不仅指资料的累积，更多的是指心智的修炼。

八 “五四宪法”文本中“司法”的缺失及其影响*

在此前围绕《中华人民共和国刑事诉讼法》(以下简称《刑事诉讼法》)修改的过程中,出现了许多争论。其中,《中华人民共和国刑事诉讼法修正案(草案)》(2011年9月)条文中的“司法机关”的指称问题,引起了法学界的关注和讨论。为此,陈光中教授曾专门撰文,[1]并在论坛、接受媒体采访等多种场合,着重从比较分析我国刑事诉讼法的历史和各国相关规定的角度,指出“该草案将公安机关定位为司法机关应当慎重”,并且明确提出了若干具体的修改意见。童之伟教授则在其法律博客[2]上,以宪法学者的视角,提出了“公安机关”是历史上修宪者文字表述不当的产物,作为国家行政机关的下属组织,“公安机关”最适宜称为“公安部门”的观点。两位教授的分析虽然角度和侧重点有所不同,但显然,反对将公安机关定位为司法机关的观点却是一致的。对于颇具代表性的两位教授的这一观点,法学界绝大多数同仁应该都会赞同。从一定意义上说,这至少是学院派的共识。但为何修正案中会出现“司法机关”指称不明这一似乎有违共识(或曰常识)的条文,有劳已是耄耋之年的陈老前辈大驾,要伤神撰写长文忧虑地提出“慎重”,使忙

* 本文原载于《清华法治论衡》第17辑(2013年)。收于本书时,做了若干修订。

〔1〕 参见陈光中:《刑事诉讼中公安机关定位问题之探讨》,载《法学》2011年第11期。

〔2〕 童之伟教授的法律博客:http://libertyzw.fyfz.cn/art/1041364.htm,最后访问日期:2011年11月20日。

于学术研究和论说时政的童教授“忍不住”要“表达些许看法”？这本身就颇令人思量。它因修改《刑事诉讼法》而发生，但若要探求原委，恐怕得从中华人民共和国的第一部宪法，即“五四宪法”起草时的相关争论及其文本的具体规定说起。

一

中华人民共和国成立之初，起临时宪法作用的是《中国人民政治协商会议共同纲领》（1949年9月29日，以下简称《共同纲领》）。1953年，制宪条件渐趋成熟。是年1月13日，中央人民政府委员会决定成立以毛泽东为主席、朱德等32人任委员的宪法起草委员会。

其后，1954年1月9日，毛泽东主持宪法起草小组会议，制定了宪法起草工作计划；

3月9日，宪法起草小组提交了宪法草案初稿“四读稿”，结束宪法起草工作；

3月23日，中共中央委员会向宪法起草委员会正式提出了“宪法草案（初稿）”，同日，宪法起草委员会举行第一次会议；

6月11日，宪法起草委员会通过“中华人民共和国宪法草案”，将此提交给中央人民政府委员会；

6月14日，中央人民政府委员会通过该宪法草案；

6月16日公布该草案，同日，参照借鉴苏联全民讨论宪法的经验，《人民日报》刊发社论，开始了近三个月的全面宪法讨论；

9月15日，宪法起草委员会委员刘少奇在全国人大一次会议作《关于中华人民共和国宪法草案的报告》；

1954年9月20日，第一届全国人民代表大会第一次会议通过《中华人民共和国宪法》。

这部“五四宪法”是中华人民共和国的第一部宪法，从成立宪法起草委员会到正式颁布，历时一年半多的时间。在此过程中，关于宪草的框架、内容的讨论是广范围的，也是比较开放的。依据制宪史料，关于司法方面的讨论，[1]

---

〔1〕 本文所引“五四宪法”制宪过程中的讨论细节，若无特别注明，皆参见韩大元编著：《1954年宪法与中国宪政》（第二版），武汉大学出版社2008年版，第四、五、六各章。

大致可以理出一定的脉络。

1954年3月23日的中共中央委员会《1954年宪法草案(初稿)》的相关规定首先值得关注。其第二章“国家组织系统”中的第六节“法院和检察机关”,明确了司法权的归属:“中华人民共和国的司法权由最高人民法院、地方各级人民法院和依法设立的专门法院行使。”(第66条第1款)在此基础上,分别规定了法院院长的任期、实行人民陪审制、法院独立行使职权、审理案件一般公开,及检察机关行使检察权、各级检察长的任免、检察长的任期、检察机关独立行使职权等条款。

在1954年5月6日至22日举行的宪法起草座谈会各组召集人联席会议上,对上述草案中的重要条文几乎是逐条进行讨论。对于“法院和检察机关”一节,引起争议的主要就是第66条第1款。

对此,与会者的讨论比较琐碎。

小组召集人之一的张志让,赞同把“司法”改为“审判”,同时并不主张保留使用“权”字。其理由是,苏联宪法只“立法权”用了“权”字,别的地方都没有用,如果用“权”字,就好像法院也是权力机关,因而提出用“机关”来代替“权”字较妥。

法律顾问周鲠生,先是提出了法律小组的观点,认为“司法”不必改为“审判”。理由是:一是“司法”两字已用习惯了;二是俄文中“司法”与“审判”是两个词,苏联宪法在这里用的是“司法”;三是法院要做的事情也不只是审判,“司法”两字能涵盖法院的一切业务活动。但后来面对张志让坚持主张用“审判机关”,他转变了态度。

副秘书长屈武,也倾向于张志让的把“司法”改为“审判”的观点,因为俄文该词(即苏联宪法第102条中的“Правосудие”)原意的重点也在于审判,但同时,他不赞成法院是审判机关的写法。

法律顾问钱端升认为,用审判方式执行法律才是司法,但他同时提出,照张志让的观点,用“审判”也可以。

按照秘书长李维汉的归纳,主要分歧在于:有主张避免使用“权”字,因为俄文中的这个字没有“权”的意思,并且用“权”字容易与权力机关混淆;避免“权”字之后,多数倾向改成“什么是审判机关”的写法,但又有人认为,这样改写可能有违苏联宪法第102条[1]的含义；还有人主张“司法”可不必改为“审判”。最后他希望，请张志让、许德珩及法律小组再考虑一下，看看有没有办法解决。

不久，该联席会议关于“中华人民共和国宪法草案（初稿）的正式修改意见”形成，原草案第66条第1款被修改为：“中华人民共和国最高人民法院、地方各级人民法院和依照法律设立的专门法院行使审判权。”5月29日，在宪法起草委员会第四次全体会议上，对于法院和检察机关的讨论中，委员们所看到的，已是与此几乎一致的条文，而只存在一字之差，也即，“审判权”改为了“审判职权”。涉及检察机关时，展开了一些讨论，包括“检察”应否改为“监督”，检察的对象是否包含国务院，检察机关与监察委员会之间的职权划分等。6月14日通过的正式宪法草案，原草案中的“司法权”“检察权”已不复存在，代之的分别是“审判职权”和“检察职权”。在其后的全民讨论中，也有一些零星的建议，比如，建议统一使用“法院”与“人民法院”的称谓，增加草案第79条第2款原本没有的“上级人民法院监督下级人民法院的审判工作”等。

---

〔1〕 1936年苏联宪法第102条原文为：Правосудие в СССР осуществляется Верховным Судом СССР, Верховными судами союзных республик, краевыми и областными судами, судами автономных республик и автономных областей, окружными судами, специальными судами СССР, создаваемыми по постановлению Верховного Совета СССР, народными судами。对此，中文有不同的译法。笔者手头上有一本1954年4月最高人民法院东北分院“为了比较有系统地学习苏联司法工作的先进经验，以便正确地参照这些经验，改进我们经济建设时期的司法工作”而编印的《司法工作手册（苏联司法介绍）》，列于这份参考资料首篇的就是《苏维埃社会主义共和国联盟宪法（根本法）》，即1936年苏联宪法，其第102条译文如下：“苏联司法权由苏联最高法院、盟员共和国最高法院、边区及省法院、自治共和国及自治省法院、州法院、依苏联最高苏维埃决定所组织苏联特别法院以及人民法院执行之。”（第23页）但是，该书“苏联的法院”部分，在解释“审判的概念和苏维埃法院的任务”（第168页）时，第102条的译文有所变化：“苏联的审判权由苏联最高法院、盟员共和国最高法院、边区及省法院、自治共和国及自治省法院、州法院、依照苏联最高苏维埃决议所设立之苏联专门法院，以及人民法院行使之。”可以看出，两者的最大差异就在于屈武在讨论中提到的“Правосудие”一词的译法。在50年代出版的其他相关书籍中，第102条的译文与前一种相同也译成“司法权”的，还有1950年外国文书籍出版局印行的《〈苏联宪法（根本法）〉——加有苏联最高苏维埃第三届第一次常会所通过之修改及补充》和《斯大林论苏联宪法草案的报告·〈苏联宪法（根本法）〉》，及人民出版社1954年出版的《斯大林关于苏联宪法草案的报告·〈苏联宪法（根本法）〉》等；第102条采用后一种译法，也即译成“审判权”的，有法律出版社编辑部于1957年译校、出版的《苏维埃社会主义共和国联盟宪法（根本法）》，而且译文语序也发生了变化：“苏联最高法院、加盟共和国最高法院、边区法院和省法院、自治共和国法院和自治省法院、州法院、依照苏联最高苏维埃决议设立的苏联专门法院、人民法院，行使苏联的审判权。”此种译法其后更为流行，直至现在。承蒙中国政法大学王志华教授提供俄语原文的第102条，并帮助解释该词含义，特此致谢。

全国人大一次会议上，代表们对宪法草案的“法院和检察机关”一节也提出了一些补充和修改意见，包括：该明确规定法院属于哪个系统；该节的标题可改为人民法院和检察机关，而条文中的“人民”都可略去；建议增加一条，规定行政机关可以向法院和检察机关建议；检察机关的垂直领导关系可改为双重领导关系，检察机关内部要实行集体领导；关于法院独立审判，字面上可改为“各级人民法院以服从法律的精神，独立进行审判”“各级人民法院以法律的精神独立进行审判，不受任何国家机关的干涉”；增加专门法院；等等。

1954年9月20日，宪法草案交付表决时，获得全体代表的一致通过。就“法院和检察机关”的一节看，与正式草案相比，所颁布的“五四宪法”发生了一定的变化。主要有：节的名称，从“法院和检察机关”改为“人民法院和人民检察院”；“审判职权”“检察职权”，重新相应地恢复为“审判权”（第73条）和“检察权”（第81条第1款）；检察机关中，更为强调集体机制。

可以看出，全民讨论及全国人大一次会议上代表们的上述补充和意见，得到了部分吸纳。

“五四宪法”是全体人大代表一致赞同通过的，一定侧面反映了在当时中国的历史条件下，人大代表甚或广大民众对于颁布宪法和实施宪政的期待。其中的“人民法院和人民检察院”一节，确定了“审判权”和“检察权”的归属，应是体现了人民司法制度的特色。不过，从草案到正式颁布的过程中，“司法”“司法权”逐渐淡化使用，乃至最后在宪法文本中的“缺失”，致使“审判权”和“检察权”的权属属性并未得到宪法的界定，这就引发了后来若干名称使用上的纠结和制度认识上的混乱，乃至影响延续至今。

二

“五四宪法”是中华人民共和国成立以后，在制度方面中止了开始于清末并延续至民国时期的移植西方国家包括司法在内的制度构建和实践的进程，转而开始全面学习苏联经验的历史背景下开始起草的。对于新政权的中国的法制具有风向标转换意义的是《共同纲领》第二章“政权机关”第17条的规定：“废除国民党反动政府一切压迫人民的法律法令和司法制度，制定保护人民的法律、法令，建立人民司法制度。”一般认为，这指出了包括宪法在内的新中国所有法制领域的建设进程和目标。

不过，就司法制度论，废除旧的，无论是三权中的司法或者五权中的司法可能较为容易，但建立“人民司法制度”却需要摸索，颇为艰难。我们将要建立的“人民司法制度”无论如何，仍当是司法制度，但“人民”本身是一个抽象的政治词汇，这种司法制度，其主体为何，权限、位界怎样，也就是说，有关“司法权”的外延这一基本问题尚不清晰。因此，在宪法起草座谈会各组召集人联席会议上，讨论原草案第66条第1款时，所争论的用“审判”还是“司法”、要不要使用“权”字等问题，表面上看是如何准确翻译俄文单词的分歧，实际上却是因为“司法权”外延不明所致。从1954年3月23日宪法草案明确“司法权”的归属，到6月14日通过的宪法草案不再提“司法权”，而只是规定由哪些法院行使“审判职权”、总检察长行使“最高检察职权”，正式颁布的宪法改而使用“审判权”代替“审判职权”、“检察权”代替“检察职权”，这令人不得不相信，制宪者们就是刻意地在逐渐淡化乃至抛弃使用“司法”“司法权”的概念。

抛弃使用这些词汇本身并不足惜，但是倘若运用新的词汇，担当不起构建清晰的新制度之重任，反而却造成外延上的混乱和权属上的不确定，这就不能不令人遗憾了。“五四宪法”关于“人民法院和人民检察院”一节的行文，至少让我们对于司法权是单指审判权还是同时又包括检察权，相应地，司法机关是指哪些机关等问题会产生疑问。外延不确定，内涵的精细设计势必受到影响，也为后来的争论埋下了伏笔。

三

宪法文本中没有了“司法”两字，但“五四宪法”颁布之前及此后一段时间内，官方文件和报道，及学术论文中，却都保留了“司法”的称谓。1950年的官方文本，[1]如《人民法庭组织通则》(1950年7月)中有“运用司法程序”的字样，《政务院关于加强人民司法工作的指示》(1950年11月3日)中有“人民司法工作”“人民司法制度”和“司法机关”等用词。在这些文本中，“司法”仅指法院的工作，这是十分显然的。着手起草宪法工作之后，1953年4月25日召开的第二届全国司法会议所通过的“第二届全国司法会议决议”，无论是总结过去三年多的工作情况，还是布置当年的工作重点和将来的任务，决议所指的

〔1〕 主要参见中共中央文献研究室编：《建国以来重要文献选编》第1册至第5册，中央文献出版社1992年版、1993年版。

司法机关均只指全国各级人民法院和人民法庭。1954年4月10日，第二届全国检察工作会议通过“第二届全国检察工作会议决议”，它在总结过去检察工作和布置今后检察工作方针任务时，都提“人民检察署”“检察机关”“人民检察工作”，而没有出现将检察机关的工作称为“司法工作”等类似行文。尽管在1952年开始的“司法改造”运动中，“司法”一词因与“旧法统”脱不了干系，因而逐渐负面化，[1]这应该也是“五四宪法”弃用它的一个重要原因所在。但是，若是使用，它指向的则是法院工作，这种情形被延续了一段时间，特别是在当时相关的一些法学论文中。[2]然而，在“五四宪法”起草过程中，有关苏联司法的译著和编译资料中，“司法机关”却已经开始指向除“法院”之外的其他机关了，比如检察机关、国家监察机关及司法部等。[3]

后来，随着政治形势的变化，“司法”一词在理论和实践中的指称逐渐混乱，特别是在“政法”[4]这个词被频繁使用之后，“司法”的含义也就更加模糊了。开展“大跃进”运动之后，差不多也唯有从与“人民司法”相关的会议、文章、口号、活动等中才能看到“司法”二字了。[5]

中华人民共和国成立之初，根据《中央人民政府组织法》(1949年9月27日)，在政务院内就设立了“政治法律委员会”。1951年5月11日，政务院政治法律委员会彭真副主任向政务院政务会议作了“关于政法工作的情况和目前

---

〔1〕 周永坤教授的相关研究可以作为此方面的辅证。据他所做的对于1949年10月1日至1978年5月19日的《人民日报》载文文题的检索统计，含“司法”一词者共135篇，在1952、1953年，主要内容是“司法改造”，1958年以后，“司法”一词基本上从《人民日报》文章的标题中消失。参见周永坤:《中国司法概念史研究》，载《法治研究》2011年第4期。

〔2〕 比如，张硕昌的《法医鉴定在司法实践中的作用》(载《华东政法学报》1956年第1期)，魏文伯的《从司法改革问题谈起》(载《法学》1958年第1期)，张耀儒的《必须在司法工作中贯彻群众路线》(载《法学》1958年第4期)，许泉、陈泽政的《关于司法工作贯彻社会主义建设总路线的几个问题》(载《法学》1958年第7期)，李养龄的《在党的领导下做好人民司法工作》(载《法学》1958年第9期)，等等。这些文章中所涉及的“司法实践”“司法改革”“司法工作”均只是指向人民法院，而没有指向除此之外的其他机关，比如检察院、公安机关等。

〔3〕 参见最高人民法院东北分院:《司法工作手册(苏联司法介绍)》，1954年4月编印，第223、461页。

〔4〕 早在20多年前，就有学者撰文对于“政法”一词进行过辨析，提出了值得我们深思的观点：“‘政法’一词在传统观念看来，不仅是政治与法律的简称，而且还意味着政治与法律的这样一种关系：即政治与法律相比，政治占统帅地位，法律服从于政治并为政治服务，法律是政治实行的工具”，并进而提出，“要在我国完成从人治社会到法治社会的转变”，“在司法领域，要变‘政法’理论和观念为‘司法’理论和观念”。参见吴允:《政法一词辨析》，载《现代法学》1989年第1期。

〔5〕 关于50世纪50年代末开展“大跃进”运动之后的人民司法的描述和反思，详见刘练军:《“大跃进”中的人民司法》，载《政法论坛》2013年第5期。

任务”的报告。5月31日，中央人民政府政务院、最高人民法院、最高人民检察院联合发布了“关于省以上政府建立政法委员会的指示”，规定“省级以上人民政府内设立政治法律委员会，负责指导与联系民政、公安、司法、人民检察署、人民法院、人民监察委员会、民族事务委员会等部门的工作”。[1]1952年，全国高校进行院系调整，成立了几所“政法学院”。而20世纪50年代影响最大的三本法学类杂志中，其中有两本刊名含有“政法”一词，即1954年5月创刊的《政法研究》和1956年1月创刊的《政法译丛》。前者是1953年成立的中国政治法律学会的机关刊物，后者是前者的“姊妹”读物，也由《政法研究》编辑委员会编辑，刊载的多是译自俄文的法学论文。

而三本影响最大的法学类杂志中唯一刊名不含“政法”的《法学》，[2]所刊文章标题中含有“政法”一词者也占有相当的比例。以其1958年所出的9期杂志为例，包含“政法”的文章有：谢飞的《必须克服政法战线上的右倾思想》（第2期）；一则动态，名为《政法干部必须克服右倾思想》（第2期）；陈传纲的《争取做一个又红又专的政法教育工作者和红色法学家》（第4期）；一则评论，即田戈的《政法工作要来个大跃进》（第4期）；一则报道，名为《上海市政法战线上的反右斗争已取得巨大胜利》（第5期）；孟杰的《对政法工作跃进问题的几点认识》（第6期）；沈贵龙、萧洪亮的《榆林区政法部门是怎样处理青少年犯罪问题的》（第6期）；叶军的《对政法工作者贯彻总路线的一些意见》（第7期）；另还有关于“政法工作者怎样解放思想？”的“问题讨论”两组文章，连载于第7期和第8期。

这些论文所言的“政法战线”“政法干部”“政法部门”，都一并指向三个机关，即公安、检察、法院，而且三者的这种顺序似乎此时已是约定俗成。这在《法学》上的一则山西民谣“政法工作大跃进”（1958年第8期，第59页）中得到了更为简洁而且铿锵有力的表述：“政法工作大跃进，鼓足干劲上了阵，公安检察和法院，共同拧成一股绳……”唯一的例外是，在关于讨论“政法工作者怎样解放思想？”的一组文章中，“政法工作者”不仅包括上述三个机关的人

〔1〕 关于该报告及指示，参见中央人民政府法制委员会编：《政法手册》，1951年9月3日编印，第101～114页。

〔2〕《法学》创刊于1956年5月，由华东政法学院和上海市法学会联合出版，原名《华东政法学报》，自1957年起，更名为《法学》，至1958年9月在共出刊18期后中断，直至1981年才复刊。

员，甚至连司法局干部、律师也被包含其中。

如果说，中华人民共和国成立初期在政务院及省级政府内设立的“政法委”明确是“政治法律委员会”的简称，《政法研究》因是中国政治法律学会创办，其中的“政法”是并列的“政治”“法律”的简称的话，那后来随着“政法”一词被频频使用，其含义已发生明显的变化，确实朝着前引学者在“政法一词辨析”一文所说的那种“法律是政治实行的工具”的趋势演变。

这样，一方面，“司法”一词逐渐消失，另一方面，“政法”却迅速流行。而且，在后者所指向的三个机关中，“公安”位居“老大”，于是，“法院”从唯一的“司法机关”沦为了“政法机关”中的“小三”，宪法规定的由法院行使的“审判权”、由检察院行使的“检察权”的权属属性也就更加混乱了。与此同时，“五四宪法”原来规定的“人民法院独立进行审判，只服从法律”（第78条）、“地方各级人民检察院独立行使职权，不受地方国家机关的干涉”（第83条）等条文，在“公安、检察和法院应正确贯彻互相配合、互相制约的原则”“公安、检察、法院都进一步树立和巩固了服从党领导的思想”等观点得到倡导并盛行的情形下，而日渐错位和异化。最终，“旧法统”中的“司法独立”“法官终身制”，自然也彻底遭到了否定和清算。

四

“文化大革命”爆发后，在“砸烂公检法”的怒潮中，共和国的制度建设进程进一步遭到扭曲。非正常时期通过的1975年宪法，取消了“五四宪法”关于检察院的建制，原本属于检察机关的职权“由各级公安机关行使”（第25条、第28条）。1982年宪法是在总结经验教训，以“五四宪法”为基础而制定、颁布的。其行文中有“国家立法权”（第58条）的表述，但仍没有“行政权”和“司法权”等用语。在“人民法院和人民检察院”一节中，相较于“五四宪法”，下列条文特别值得关注：分别规定人民法院独立行使审判权和人民检察院独立行使检察权，“不受行政机关、社会团体和个人的干涉”（第126条、第131条）；“中华人民共和国人民检察院是国家的法律监督机关”（第129条）；“人民法院、人民检察院和公安机关办理刑事案件，应当分工负责，互相配合，互相制约，以保证准确有效地执行法律”（第135条）。

而亲自参与起草“八二宪法”的前辈许崇德教授的两则相关记述非常有意

思，不妨引述于此：一则是，在宪法修改进程中，宪法修改委员会的秘书长同志（胡乔木）在考虑国家怎样从事政治体制改革的问题时，设想了一个撤销人民检察院，仿效美国的政治体制，检察权归中华人民共和国司法部行使，并由司法部长担任总检察长的方案，这一方案得到了时任总理赵紫阳的赞同，但彭真坚决抵制了这一主张。〔1〕另一则是，1982年5月，美国国际法协会会长霍尔教授率领的法律专业学术交流访华团在沪期间，陪同人员把发表于《中国日报》的宪法修改草案英文稿发给外宾，他们就此进行了热烈讨论，主要反馈的一项内容是，代表团成员兰特纳教授说："根据宪法修改草案，中国将五权分立，互相牵制，立法选举属于人民代表大会，人事外交属于国家主席，行政权属于国务院，军权属于国家军事委员会，司法权属于最高人民法院和检察院。权力分散无疑是件好事，有利于提高工作效率，还可以避免出现身兼数职的独裁者。"〔2〕此种误读有点荒诞不经，不知是起因于宪草文本的跨语际转换的变义，还是由于兰特纳教授的幽默调侃。

五

不可否认，现行宪法实施三十多年来，中国在宪法的制度建设和学术探讨等方面，均取得了可圈可点的进步。在理论上，笔者也赞同这样的观点——"中国新法治观念的生成、法治话语（文化）领导权的确立，只能建基于中国现有的同时也在不断调适的政法体制之上。在这个意义上，我们需要更多对'物'——政法体制的研究，而不只是对'词'——法治话语的研究"，以此"反思和建构真正意义上的关于'中国'的社会主义法治理论"。〔3〕在实践中，我们也可以强调"国情""特色"和"创新"，但是，同样应该承认的是，对于包括"司法"在内的有关法治的基本概念和理路，应该有起码的界定和共识。否则，必将影响到制度和学说的进一步稳健和深入。十多年前，出现过关于检察院体制存废的讨论，这几年转而探讨检察权的性质，有行政权说、司法权说、行政司法两重性说、法律监督权说等不同主张。而数年前在关于法院、检察院、公安是否定性为司法机关的争论中，又有一机关说、两机关说和三机关说。文

〔1〕参见许崇德：《中华人民共和国宪法史》，福建人民出版社2003年版，第845页。

〔2〕参见许崇德：《中华人民共和国宪法史》，福建人民出版社2003年版，第748～749页。

〔3〕参见侯猛：《当代中国政法体制的形成及意义》，载《法学研究》2016年第6期。

中开头提及的陈光中教授和童之伟教授，在反对将公安机关定位为司法机关的观点上虽然一致，但对于司法机关范围的态度就有不同。前者明确主张两机关说，认为法院、检察院是司法机关；后者认为，作为外来词的“司法”，对应的原意是审判、裁判，既不包括警察或公安，也不包括我国意义上的检察权，“由于我国检察院情况与当今其他国家很不一样，情况复杂，它算不算司法机关的问题可留待日后讨论”。〔1〕

此外，“政法”一词现在不仅被泛滥使用，而且其表意也极不统一。〔2〕表意的混乱似乎也与它的“强势”地位极不相称。

可见，就一些基本问题，至今尚未形成应有的共识。从一定意义上说，现在的这些分歧是“五四宪法”起草过程中相关争论的后续，是宪法没有界定“司法”的必然结果。

现在，《中共中央关于全面推进依法治国若干重大问题的决定》已经澄清了一些概念，但是，就有效实现“保证公正司法，提高司法公信力”的目标而言，与“司法”有关的一些基本概念和问题，仍有待于讨论和明确，这样才可能形成应有的理论共识，使制度改革稳妥推进。若缺失这些基本共识，或许将会影响到“建设公正高效权威的社会主义司法制度”这一目标的实现。

比如，根据现在这一中央“决定”，尤其是其中“完善确保依法独立公正行使审判权和检察权的制度”这一段落的行文，虽然看不到“司法机关是什么”的表述，但其指向还是清楚的，即指法院和检察院。学院派的共识得到了肯定。紧接着的“优化司法职权配置”这一段落中“健全公安机关、检察机关、审判机关、司法行政机关各司其职，侦查权、检察权、审判权、执行权相互配合、相互制约的体制机制”的表述本身也很清晰。但是，据笔者日常的阅读、参会及作为人大代表在参政议政活动中的直接了解，许多公务人员尤其是有一定领导职务的官员其实并不能正确理解“决定”的这些精神，更别说一直熟知“公检法”这一术语的普通民众了。总之，随着改革的推进和深入，一些基本概念的界定将是必须的。

---

〔1〕 童之伟：《刑诉法修改中“公安”的宪法地位》，载《南方周末》2011年9月1日。

〔2〕 比如，就拿现在我们耳熟能详的“政法委”和“政法大学”来说，它们所包含的“政法”两字的含义显然有别，这单从其对应的英语译文的不同就可看出。对于前者，官方网站曾译为“the Political and Legislative Affairs Committee”，直译的话，“政法”对应的是“政治和立法事务”；对于后者，则多译为“the University of Political Science and Law”，其中的“政法”对应的是“政治学和法律”。

法思·前言后语

结缘日耳曼法

按：本文撰于2004年9月15日，原题为“成书心语”，系《日耳曼法研究》(商务印书馆2005年版)“代跋”，收于本书时改为现标题，并作了少许文字订正。

所谓“心语”，依我理解，乃真心之语、心之真语。心有所思，口有所语，所悟者何，所言者亦当为何，这本属自然之理。可也许是因为世道之嘈杂，或是由于心素之冷漠，人与人的话语交往却常失却这一自然之理。现在的我，也感觉到自己在有些场景下所思与所语之间的转换、脱节，尽管常能为此找出自慰的理由，沾沾自喜时还自以为这是识时务者的当为之举，可我仍渴望、自己也一直竭力遵循，单个私人间交往时的话语可能有多有少，但都应坦诚、率真。全书最后设此跋语，我视之为与这些文字的有意或偶然的翻阅者间的一种交流，记叙的皆为成书过程中自己之真感，故冠名曰“成书心语”。

本书是在我的博士论文的基础上修改而成，“博士论文后记”记载了选题的缘起、写作背景和经过，及在此过程中自己的感悟和感激。在此，将其全文照录于下：

从一开始定下博士论文题目的那一刻起，我就盼望着写后记的此时的早日来临。假如可以着手写后记，那就表示已结束论文的撰写，这同时也意味着，我不必置身于杂乱无序的书屋，不必上下翻阅查证引据，可以让长期受拘于资料文字的思绪和文路得以解脱，让我那一直紧绷绷的神经、沉甸甸的心境至少暂时得以松解和安宁，可以心之所至，想写什么就写什么，然后就可过想看什么书就看什么书，什么都不想做时，索性就在太阳底下看蚂蚁搬家的日子。对于这样一种心境的想象和渴望，也成了我在完成论文过程中遭遇每一个瓶颈之际自我调节郁闷无聊和自暴自弃情绪的良策。可是，现在却并没有感觉到想象中的那种解脱，更没有感受到渴望中的那种安宁。不少时日的呆坐和冥想，虽促发了文字的产出，但也掏空了我的思绪，加上对这些既有文字的不满和挑剔，使空荡荡的感觉中又陡添惶恐。但空荡、惶然之时，仍然留存于记忆中的，也是最真实的，应该记录、表述于此。

约一年半之前的2002年深秋，当结束博士第一年课程，刚刚完成已投入两年多精力梳理中国百年移植外国法脉络的课题之后，才选定“日耳曼法研究”作为自己的博士论文。在定此题之前，曾考虑过其他选题，比如，曾想过以中国近代宪政为切入点，因自己硕士期间攻读的是宪法专业，为完成刚结束的课题，经对上海图书馆近代图书库地毯式查找而获得了丰富资料；还曾考虑过比较法学的课题，因从事讲授和研究外国法制史及比较法等课程多年，自己已积攒一些心得；还曾设定并付诸行动于教会法领域。

最终定于现在的这个题目，并非因自己对它有多少研究积累，事实上在选定它之时，我与大部分外国法制史课程的讲授者一样，只因为它是教材中不可缺少的一章，而在课堂上传授着人云亦云的内容，但在讲课过程中有时感到的难以自圆其说，却无法从教材和其他论著中找到印证，这倒激发了我对它的好奇。国内关于日耳曼法的专题论著至今只有两部：一是民国时期的《日耳曼法概说》（李宜琛）；另一就是20世纪80年代的《日耳曼法简介》（由嵘）。前者是基于著者任国立北平大学民法教师，为顶替离职同事而兼上外法史课程时所编写的教材，加上因战乱颠沛之客观背景，因此具有内容的完全民法化和结构的完整潘德克顿五编体例，及全书无一注释的特征。后者所涉内容十分广泛，包括日耳曼法的概念、历史、具体制度及特征、影响等，但在不足8万字的篇幅中要容纳如此多的议题，显然只能是提纲挈领。因前者只是深藏于几所大图书馆之中，[1]而后者也许为法学复兴之后较早出版的外法史领域唯一的专题论著，加上其内容全面和体例清晰，因此就对我国十多年来外法史的教学和研究而言，后者的影响更大。例证之一为，不同外法史教材中日耳曼法一章内容的大同小异明显源于它们都是对由嵘老师这一著作的参照。前一论著民法的详尽、完整及其他内容的缺失，后一论著的全面但仅点到为止，都激起我想进一步窥探日耳曼法的欲望。

2003年年初，我作为访问学者到牛津大学法律系进修，在惊叹于历史悠久的世界顶尖大学图书馆之多及藏书之丰富时，也同样震惊于当以“日耳曼法”（Germanic law）为关键词进行检索的所得之寥寥无几。当看到长长数排的罗马法著作专柜及夹存于宗教书籍中为数也不少的教会法论著时，虽为自己的选题感到沮丧，但同时，济贫之愿望无法自抑地强烈。于是，在不时以各种想得起来的可能相关的关键词在电脑上检索的同时，下决心做最费时费力的逐个书柜上攀下跪地搜寻和翻阅。这样一段时日的坚持不懈之后，我收集了撰写论文的主要英文资料，有的已经列于书后“主要参考书目”之中，有的则还留待今后时间充裕时再作研读、消化。

因为本论文主要只是为了廓清日耳曼法的基本问题，故在结构设计上并没有花太多心思，而只是平平淡淡地罗列这些自认为起码应阐述的专题。在撰写过程中的最大痛苦，并非外文资料的难懂，尽管其中确实夹杂着古英语、拉丁语等，而是经常看懂了文字含义却理解不了的那种恼人感觉。因时空差异，经常遭遇那种感觉，以至于我多次渴望自己能穿越成为生活于7、8世纪欧陆某地的一名法兰克村姑，此种念头十分可笑，但我确实曾不止一次地闪现过，或者说，曾因太浸

〔1〕 令人欣慰的是，时隔60年后，李宜琛的这一著作由中国政法大学出版社将其作为“二十世纪中华法学文丛”之一种（胡旭晟、夏新华勘校）于2003年11月再版，从而改变了其长期只是深藏于大图书馆的局面。

沉于其中而在臆念中感受过。

从选题的举棋不定，到查找、理解资料的艰辛，准备撰写时的找不着感觉，及至完成初稿时片刻的如释重负及随即重新审阅时的惶惶然，有很多感触和杂绪。但一路走过，在感受苦楚和艰辛的同时，也沐浴关爱和温馨，尽管文字的表述总显有限，但不表达则不足以令我释然。

感谢我的导师何勤华教授，不仅对于他在论文的选题、撰写过程中所给予的支持、指点和鼓励，更对于9年前他对于刚从日本回来重返学校却连《汉穆拉比法典》和查士丁尼都已想不起来的我从事外法史教学的接纳，及多年以来作为同事和老师他所给予的信任和扶持。正是他的言传身教，使原本回大学当一名教师只是为了有一个安身之处和体面职业的我，开始在日常教学之余逐渐有了专业研究的追求。尽管这几年脑力和体力的超支，也常使我不时怀念和留恋过去以休闲为主的刚从教时的岁月，但虽已告别悠闲，却迎来了充实和自信。虽有时也幽怨于他的逼和督，但更多的是庆幸和感激。

感谢我的授课导师王立民教授和徐永康教授，他们对于专业孜孜不倦的追求及为本校法史专业声誉的隆起所做的努力，于同样作为这一群体中的从业者我而言，不仅是一种压力，更是一种鞭策。而他们授课过程中所给予的启迪，已深深地渗入我的论文的构思和撰写之中。

牛津大学Oriel学院的Richard Tur教授，不仅助我成为牛津大学法律系的访问学者，而且作为我在那里半年时间的Tutor，他对我的专业研究和生活事务都尽心尽力。牛津大学法律系Sandra Meredith 女士不仅为我查阅资料提供了许多建议和帮助，而且不时光临我在法律系图书馆相对独立的空间——Carrel Ⅴ——而带来的问候和关心，使远离亲友及熟悉的环境，过着孤寂、枯燥地闷坐图书馆内的生活的我倍感温馨和感动。

日本札幌学院大学铃木敬夫教授和熊本大学若曾根健治教授，清华大学许章润教授和厦门大学徐国栋教授，曾先后寄来日文和英文的资料。这些漂洋过海、翻山越岭而至的论著同时带给我真诚和鼓励。

与同专业师兄弟妹们的相处和聚会，无疑是令我感到快乐并得到启迪的时光，他（她）们的妙语和睿智深留我心。而作为华东政法学院外法史专业师生所组成的充满信任和洋溢活力的群体的一员，我深感自豪，也倍感珍惜。

我的先生张春的体贴和小女依然的乖巧，为我营造了物质上的无忧和精神上的富足的家庭环境，这是我得以顺利完成论文的基点。丈夫的欣赏和女儿的佩服是我现在和将来继续努力的根本动力。

对于完成一篇学位论文来说，仅用一年多的时间似乎太短了些，尽管在此期间我已为此付出所有的精力，付出了汗水，甚至泪水。时间不充裕，加上还受制于语言、资料等因素，现在所完成的只能算是关于日耳曼法的初步研究成果。今后我仍将继续关注此课题，以求进一步的完善。

看过此博士论文后记的学友曾笑话这过于煽情，好像世上只有我才写博士论文，才能体会这种欲罢不能、欲速不达的艰辛和困顿。不过，今年4月9日以一个上午的时间写下这些文字后，看看还算达意、通顺的那种虚脱加得意的感觉，至今仍常独自回味。

论文完成之后经过近两个月的准备，迎来了让人既盼望又畏惧的答辩会。2004年6月3日，为华东政法学院法律史专业首届博士论文答辩的日子。答辩委员会由北京大学朱苏力教授任主席、复旦大学黄洋教授及我校何勤华教授、王立民教授、徐永康教授任委员，我斗胆第一个坐上学位申请人的席位。在答辩会上，对学术权威朱教授的本来就有的敬畏虽曾一度使我话语失序，但他在犀利的提问间所给予的肯定却极大地鼓舞了我；史学名家黄教授在温文尔雅的提问间，指出论文中原本可以避免的若干瑕疵，让我领略到了来自另一学科的高水平学者的严谨治学的风采；而坐在答辩委员席位上的我校三位教授的非同寻常的严肃神情，及一个也没有少的提问，虽让我感到有点陌生和意外，但这无疑时刻提醒我的学位申请人的身份，并无形督促我认真地答和辩。五位专家所提出的诸多有启发性的建议，是本书较原论文更为完善的重要因素，他们最后所做出的全优的成绩评定，是迄今为止我的研究生涯中的最高奖赏。为此，我真诚并由衷地感谢他们。

紧接着的整整一个暑假，大多时间用心于论文的完善，在保持其整体结构大致不变的前提下，对于其中部分章节作了自认为更为合理的调整和缩扩，并补充制作了“译名对照表”和“索引”。尽管自感已尽心尽力，但就“日耳曼法研究”这一课题本身而言，还存在我已想到但目前尚无法深入和完善的若干方面，要弥补这种遗憾，既有赖于自己的继续努力和积累，也渴望对此领域有研究心得的学者的指点和赐教。

自博士论文完成至今，整整五个多月的时日已在阴雨绵绵、赤日炎炎中流逝，沪上初夏之柔、盛夏之烈一如往岁，但今年的这个季节于我很是特别，颇值回忆。这不仅仅因为在此期间我取得了最高学位，初尝到了穿上博士袍、戴上流苏帽的欣慰和激动，获得了立足和生存于高校所应具备的教授职称，而且更还在于这些日子中我一如既往地得到了家人的体恤、老师和学术前辈的鼓励、朋友和同道的支持。温馨和感动，一直陪伴着我。

独自静思时，脑海中不时会汇映这样一些场景中的我：放学后或周末、假期，赤着脚与幼时伙伴在浙东南老家的海边拾贝壳、抓小鱼虾的小学生的我；过着清苦、单调而贫乏的住读生活，只知教材不知还有其他读物，且被城镇里的同学自然但并非恶意地称为乡下人的中学生的我；初入大学不敢独自出校门、见人未说话先脸红，即使四年将结束时此种状况也并未有多大改变，且好临时抱佛脚应付考试的大学生的我；为了不亏欠上海的他及避免浙沪两地奔波之累而突击考研，并以为自此已完成任务万事大吉的硕士生的我；因为家庭结构合理之需而在高校安身，为不让自己成为本校本专业团队中的落后者而开始认真对待教师这一职业，也尝试出些文字，并因本校申请到博士点，才开始考虑且顺利攻读博士学位的我；及取得博士学位和教授职称，在他人看来似乎一切都还不错，自己也开始觉得真像那么回事的我。上述数个“我”的交织，常使自己感受到此时与彼时、此我与彼我的交错，乃至迷茫、混乱。不过，即使现今，睡梦中仍常会伴随着幼时伙伴的身影和故乡海边的潮起潮落，故相信三十多年的岁月并没有真正地改变我。

回顾往昔，从小学生、中学生，到大学生、研究生及最后的博士生，从初上讲坛浑身发颤、不停看表的助教，到不求最好但求还过得去的讲师，及觉得应对得起“优秀青年教师”“十佳教师”的称号而开始倾注更多精力于教学的副教授和教授，从为完成任务而应付性地撰写短而无论的论文，到参编、合著及独立发表自以为并不次的数十篇论文，在商务印书馆出版专著。平心而言，所经历的一切，有太多偶然和幸运，而绝非因自己竭力寻觅和追求的结果。

也许正因如此，或许还由于心智本身尚欠成熟，所以我至今也找不到博士、教授、硕士生导师的感觉。因被称为老师、学者时还常有忐忑之感，故现在的我并未将所谓学术作为我生活中最重要的成分，将来的我也不想、可能也难将此上升为何等重要的地位。不过，讲课之余看些书、写点文字，似乎已成为我的一种生活方式和生存手段，反正闲着也是闲着。今后的日子还长，而且我又留恋见证了自己从学生到教授的成长、留下许多美好回忆的雅致的华政园，因此一切都将惯性地持续下去，说不定将来某日还真的弄出点学术名堂，找到真学术人的感觉呢！倘若果真如此，那结缘日耳曼法，必定是我学术之路抹不掉的一笔重彩和一段美好的回忆。

百年比较法学回眸

按：本文撰于2005年3月，系《二十世纪比较法学》（商务印书馆2006年版）之“导论”，收于本书时改为现标题，并作了少许修订。

法学领域也好，其他领域亦然，若要以某一重要事件的发生、某一权威论断的作出等特定时间节点，作为一个学科形成或兴起的标志，或多或少都带有主观上的天真成分和思维上的理想色彩。但是，学说史的探讨却又常常需要这种人为的断言。就比较法学而言，1900年第一届国际比较法大会于法国巴黎的召开，无疑就是这样一个划时代的事件。自此以后，比较法学渐渐兴起，更确切地说，比较法学的发展由隐性转为显性。它引起了越来越多的学者的关注，学术研讨会的召开趋于经常，专门的研究机构相继设立，相关的论著不断问世，研究的课题逐渐拓展，而且，比较法学在法学教育、法学研究及法律实践中的地位也日渐彰显。整整一个世纪之后的2000年11月，国际法律学协会在美国新奥尔良市专门主办了题为“国际比较法学一百周年纪念大会”的国际学术会议。

故而，20世纪这一时间纬度，对于比较法学而言，较其他法学领域更加具有特殊的跨越性意义。这一百年间，比较法学有哪些重要事件、著名人物和论著，有哪些极有影响的研究机构、期刊及研讨会，不同时期的研究热点集中在哪些方面，现今所面临的问题主要有哪些，今后的发展趋势将会怎样等，都有必要进行总结和探讨。本书就是以比较法学中的上述要素为切入点，集中对于比较法学在20世纪各主要国家的演变和发展作一系统的回顾和阐释，以期以点涉面，以史带论，勾勒出比较法学在这一个世纪中的演进图，从而总结得失，展望未来。

一

法律比较的方法自古有之，比较法的萌芽甚至可以追溯到人类法律产生之始。[1]较多为后人称道的，是古希腊的立法如斯巴达的来库古（Lykurgos）立法和雅典的梭伦（Solon）立法，古希腊的著作如柏拉图（Plato，前427—前347）的《法律篇》和亚里士多德（Aristotle，前384—前322）的《政治学》等，均运用了比较研究。在古代罗马，其第一部成文法——《十二表法》，也是基于派遣起草法律的委员们赴希腊考察法制回来后才完成并颁布的。随着罗马法的日渐丰富和完善，它为其他法律的研究提供了模式和进行比较的参照体系，为世界各国的法律发展提供了许多超民族、超国家的原则制度。但是在罗马帝国，由于罗马法学家们对于罗马法律制度和国家制度的优越性过于自信，盲目低估和忽视其他外国法律，因此，虽然罗马的法学人才辈出，法学论述的丰富也达致古代法学史上的鼎盛，但法学研究中比较方法的运用却并未得到与此相称的发展。

继罗马法之后在西方法律史上的另一重要阶段，即日耳曼法时期，成文法的不严谨及法学理论的阙如，是使其得称“蛮族法时期”的重要因素，但是，从各主要日耳曼人，如哥特人（Goths）、法兰克人（Franks）、勃艮地人（Burgundians）、盎格鲁-撒克逊人（Anglo-Saxons）、伦巴德人（Lombards或Langobards）等所制定的各王国成文法典的体例及内容的相似性，可以明显看出立法过程中实际上也运用了比较和借鉴。[2]

不过，“纵观古代，法之比较虽发轫早而源远流长，然仍显稚嫩。其零散而缺系统，偶然而非恒常，实用而欠学理，自发而无筹划，难以自成一体、独立一门”。[3]

---

〔1〕 参见何勤华：《比较法的早期史》，载《比较法研究》2016年第6期。

〔2〕 关于各日耳曼王国的立法概况，参见李秀清：《日耳曼法研究》，商务印书馆2005年版，“第一章”。

〔3〕 高鸿钧、贺卫方：《“比较法学丛书”总序》，载［美］埃尔曼：《比较法律文化》，高鸿钧、贺卫方译，清华大学出版社2002年版。

在中世纪欧洲大陆，盛行共同法的思想，而且罗马法和教会法的近乎排他性的权威致使学者们对于其他法律都不感兴趣。直到16世纪，在欧洲所有的大学里，法学都只是指罗马法、教会法，并且只教授这些内容。尽管在各个国家的法学教育中，此两者并非占有同样的比重，但它们都是具有普遍性的法。同时，作为这一时期大学的共同语言的拉丁文，也对欧洲法律的统一性起到了重要的作用。此外，当时的经院主义法学对于与其异质的法律制度不仅无能为力，而且也漠不关心。当然，我们不能就此断言中世纪欧洲不存在比较法学，但这些都阻碍了比较法学的发展，则是毋庸讳言的历史事实。

17世纪，自然法兴起，一些启蒙思想家投身于此领域的研究和著述，西欧各主要国家都有一些代表人物，他们对于比较法学的形成均起了奠基的作用。现在这已成为一种学术共识。只是在现代比较法学兴起早期，因受法学的民族狭隘性的影响，在英国的著述中，人们主张培根（F.Bacon，1561—1626）是比较法学的奠基人；在荷兰，则将之归功于格劳秀斯（H.Grotius，1583—1645）；按照德国文献的说法，第一位提出比较法观念者是莱布尼茨（G.W.Leibniz，1646—1716）；意大利学者，则认为是维科（G.B.Vico，1668—1744）；在法国著述中，则把比较法学的源头追溯到孟德斯鸠（C.L.Montesquieu，1689—1755）。

18世纪以后，欧洲法的统一性日益衰退。由于民族国家的建立，法典编纂活动也相继进行，于是以民族主义为基础的、多样的实定法律秩序形成。欧洲普通法的分裂、法律明显成为民族法及法学走向国家化，这些都为比较法学的形成提供了前提。

19世纪，因受德国萨维尼（F.C.von Savigny，1779—1861）为代表的强调法的民族精神的历史法学派的影响，欧洲比较法学的发展曾一度受阻，不过，并未完全停滞。即使在德国，与历史法学派相抗衡的是以蒂堡（A.F.J.Thibaut，1772—1840）为代表的法典编纂派，他们主张德国应该模仿法国编纂民法典以达到民族统一，重视运用法律的比较研究。同时，著名法哲学家，如费尔巴哈（P.J.A.von Fauerbach，1775—1833）、黑格尔（G.W.F.Hegel，1770—1831）及耶林（R.von Jhering，1818—1892）等，对于当时德国法学的现状及对历史法学派的批判，客观上也为德国比较法学开创了道路。加上莱茵和巴登地区对《法国民法典》的继受，也引发了德国学界对于外国法的比较研究，在此方面起引领作用的学术中心是海德堡大学。第一个旨在研究外国法的《外国法学与立法评论》也在此背景下于1829年创刊。

在法国，19世纪初期因反对法律比较的法国注释法学派的形成也曾使比较法学的发展一度面临不利的局面。但是，法兰西学院（Collège de France）“比较立法通史与哲学讲座”的开设（1831年）、《外国立法与政治经济评论》的创刊（1834年）、巴黎大学法学院比较刑法讲座的开设（1846年）等，都体现出法国对于外国法研究的重视。而1869年法国比较立法学会的成立及其会刊的发行，则不仅是法国，而且也是世界比较法学史上的重要事件。

在英国，谈到19世纪的比较法学，必然会提及梅因（H.S.Maine，1822—1888）。1861年，法律史及比较法学史上不容忽视的他的力作《古代法》问世，而且巧合的是，在法国比较立法学会成立的同年，梅因还开始在牛津大学担任历史比较法的教授。同时，其他的如戴雪（A.V.Dicey，1835—1922）等著名法学家，也很重视运用法律比较。此外，英国比较立法学会也于1895年成立。这些都表明了比较法学的兴起已不仅只是囿于欧陆国家。

二

进入20世纪，国际社会发生了令人瞩目的变化，如经济的日益国际化、国际贸易的发展、资本输出的进展和殖民主义的扩张等。在此背景下，仅专注于国内法的视野的狭隘及其导致的弊端更为醒目，努力要在认识上超越本国法也就自然成为了一种趋势。这首先在私法领域得到体现。而在作为19世纪自然科学的三大发现之一的进化论的影响下，自然科学领域广泛应用比较方法，这也开始推动包括法学在内的社会科学领域的比较研究。上述国际社会的大环境及科学领域的成果，加上此前欧洲国家比较法学的发展的积累，都为进入新一个世纪的比较法学的发展提供了契机。比较法学不仅在法国、德国、英国呈现深入发展的趋向，而且开始走出欧洲国家的藩篱，得到了世界各国的普遍关注，并在一些国家取得了可喜的进展。

1900年首届国际比较法大会在巴黎召开，在此会议上，法语是大会的官方语言，起主导作用的是来自巴黎大学的萨莱伊（Reimond Saleilles，1855—1912）和里昂大学的朗贝尔（Édouard Lambert，1866—1947）。1903年，朗贝尔的《比较民法的作用》问世，它对于比较法的本质与作用等重要问题的大胆论证，引起了法学界的广泛争论。1920年，里昂大学成立由朗贝尔主持的比较法研究所。受其影响，法国及其他国家的比较法研究机构纷纷设立，比较法学开始呈现蓬勃态势。与此同时，法国比较法学的研究指向有所改变，关注领域开始从欧陆法转向对大陆法与英美法的比较，从外国国别法逐渐转移到“法系”的理念上。“二战”后，曾一度沉寂的法国比较法学重新活跃，研究者们不再将精力花费在那些徒劳的方法论之上，而是认真地对现行的各国实在法体系的结构和功能进行谨慎、细致的考察。涌现了一些世界级的比较法学家，其中，达维德（René David，1906—1990）就是为我们熟知的代表人物，其代表作《当代主要法律体系》自1964年初版问世以来广为流传。

在德国，19世纪末20世纪初，比较法学也迎来了发展的转折性变化，即从历史的比较法转向以现行外国法为基础的现代比较法。1916年，慕尼黑大学成立了拉贝尔比较法研究所。“一战”之后，受德国内外因素的影响，对于外国法和比较法的关注具有越来越重要的意义。1925年，拉贝尔（Ernst Rabel，1874—1955）的关于比较法学理论的第一部基础著述《比较法的任务与必要性》出版。在此前后，具有国际性影响的比较法研究机构不断成立，若干学术期刊也相继面世。这些都是德国比较法学崛起于世界的标识。但是紧接着的纳粹统治时期，包括拉贝尔在内的一批比较法学家流亡海外，尽管他们中有的在他国找到了安身之地并延续着专业研究，但对于德国现代比较法学史而言，这一时期无疑是一个充满悲情并留下深深遗憾的阶段。相对而言，“二战”之后德国比较法学的迅速勃兴则更为显目。重要的研究机构，如马普外国法和国际私法研究所、马普外国法和国际法研究所等都充满了活力，它们承担完成国际性课题，出版大型的权威丛书。而茨威格特（Konrad Zweigert，1911—1996）与 克茨（Hein Kötz，1935—）合著的《比较法总论》，不仅堪称当代德国比较法学的典范之作，而且在世界上也获得了非同凡响的成功。

早在首届国际比较法大会上，与会者就聆听了来自英国的声音。当时参加会议并作主题报告的唯一一位来自英语国度的学者，就是英国法学家波洛克（Sir Frederick Pollock，1845—1937）。尽管他在报告中提出“我们今天所理解的比较是一门最现代的科学。今天活在世上的人亲眼目睹了它的诞生”的断言未必被学界所有人认同，但这被广为引证却是不争的事实。20世纪上半叶，一些比较法学家活跃在各自的研究领域，其中，格特里奇(H.C.Gutteridge, 1876—1956)所取得的成就尤为突出。自1930年起直至去世，他担任剑桥大学比较法学教授，一直致力于比较法学的教学和著述，并在私法和国际私法的统一领域也做出了贡献。格特里奇的比较法观点和理论在其代表作《比较法》一书中得到完整的展现，因理论的系统和观点的新颖，使他的这一论著不仅在英美国家比较法领域具有很高的权威，而且在大陆法系国家、乃至世界范围内也有相当影响，并持续至今。这同时也为英国比较法学赢得了国际声誉。在此之后，英国成立了多个比较法研究团体，比较法学教育、比较法学研究等都有了发展，英国比较法学所取得的进展有目共睹。

相对于欧洲国家而言，美国比较法学的起步并不早，但发展却甚为迅速。首届国际比较法大会召开时，美国虽然派员与会，但没有留下重要的信息。不过，在时隔四年之后，当国际比较法大会于美国圣路易大学举行时，美国比较法学的实力就已经初步展现。“一战”之后，特别是威格摩尔(J.H.Wigmore, 1863—1943)发表几近完美的《世界法系概览》，表明美国学者在国际比较法学界的地位已远非昔比。而一批外国(尤其欧洲)学者在“二战”期间逃离到美国定居，从学术视野和研究深度上都直接促进了美国比较法学的发展。20世纪50年代，庞德(R.Pound, 1870—1964)担任国际比较法学会主席长达七年，这也是美国比较法学隆起的侧面写照。而当今的美国，积聚的世界级比较法学家之多，学术论著影响之广，学术活动之活跃，恐怕还没有别国可与其相竞。

比较法学的兴起和发展也并非只是在欧美国家。在日本，明治维新之后开始的法律近代化过程，法律的比较得到广泛的运用，这便开启了日本比较法学发展的帷幕，穗积陈重(1855—1926)被认为是日本比较法学的鼻祖。进入20世纪，日本的比较法学渐趋成熟。特别是“二战”结束以后，随着日本法制的现代转型，比较法学也获得长足的进展。1950年，日本比较法学会成立，此后，多种比较法学术研究机构也相继设立。此外，还出版了一批有质量的比较法学论译著，涌现了若干有影响力的比较法学家。其中，大木雅夫(1931—)不仅将达维德及茨威格特、克茨的比较法论著译介引入日本，而且他自己撰写的《比较法讲义》也可称为国际比较法学领域的力作。正是包括大木雅夫在内的日本比较法学者的不懈努力，为日本、也为亚洲争得了在国际比较法学界的地位。

再来叙说我们中国。相较于前述各国，我国的比较法学肇端也晚，发展也曲折。在列强的压力下，清末修律过程中的一个主要措施就是“参酌各国法律”，与之相随的是法律比较的广泛运用。民国时期，若干比较法学的论译著出版，东吴大学法学院等机构的比较法学教育受到重视，比较法学会成立，因此这一时期中国的比较法学有所发展。1949年后，比较法学曾一度衰退甚至几乎销声匿迹，这一状况持续了三十多年。其后，比较法学逐渐得以恢复并发展。国际比较法学领域的重要著作被相继译为中文，而沈宗灵的《比较法总论》，则是当今我国这一领域的代表作品。1990年，中国法学会比较法学研究会成立，自此之后，由其主办的比较法学的年会及其他学术研讨会始趋于正常并日渐频繁，这是我国比较法学前辈们共同努力的结果，也是比较法学已受到学界重视的象征。目前，我国的比较法学无论从学术质量还是从影响范围看，仍只是处于爬坡阶段，但广大学者同仁十数年的耕耘无疑使20世纪末期的中国比较法学开始跻身于国际比较法学的潮流之中，从而也丰富和拓展了国际比较法学。

为更清晰地理解20世纪比较法学在上述法、德、英、美、日、中六国的发展轨迹，特以时间为序罗列重要事件如下：

1900年，在法国巴黎召开第一次国际比较法大会。

1901年，法国法学家萨莱伊专任巴黎大学比较法讲座的教授。

1903年，法国法学家朗贝尔的《比较民法的作用》出版。

1906—1907年，朗贝尔任埃及开罗总督大学法学院院长。

1913年，中国的第一个比较法学组织——比较法学会在上海成立，王宠惠当选为首任会长。

1916年，德国慕尼黑大学设立拉贝尔比较法研究所。

1920年，法国里昂比较法研究所成立。

1924年，国际比较法学会成立。

1924年，德皇威廉外国公法和国际法研究所（即后来的马普外国法和国际法研究所）成立。

1925年，德国法学家拉贝尔的《比较法的任务与必要性》发表。

1926年，德皇威廉外国法和国际私法研究所（即后来的马普外国法和国际私法研究所）成立。

1927年，德国《外国法和国际私法杂志》创刊。

1927—1940年，德国外国法和国际私法研究所的《比较法辞典》(6卷)出版。

1928年，美国法学家威格摩尔的《世界法系概览》出版。

1929年，德国《外国公法和国际法杂志》创刊。

1933年起，一批德国比较法学家被迫流亡至美、英等国。

1935年，中国东吴大学法学院定名，直至1949年，对外一直使用英文名“The Comparative Law School of China”。

1936年，德国法学家拉贝尔的《货物买卖法》出版。

1937年，国际比较法学会在海牙召开第二次世界大战前的最后一次大会。

1946年，英国法学家格特里奇的《比较法》出版。

1949年，法国比较立法学会的新会刊《国际比较法杂志》创刊。

1949年，日本中央大学成立日本比较法研究所。

1950年，隶属于联合国教科文组织的国际比较法委员会成立。

1950年，德国比较法学会成立。

1950年，日本比较法学会成立。

1951年，法国比较法研究中心成立。

1951年，英国国家比较法委员会成立。

1952年，《美国比较法杂志》创刊。

1958年，英国国际法与比较法研究会成立。

1958年，日本早稻田大学比较法研究所成立。

1961年，日本比较法学会所编的《比较法研究》创刊。

1964年，法国法学家达维德的《当代主要法律体系》出版。

1969年，在法国比较立法学会成立一百周年之际，该学会会长安塞尔发表名为“法国比较法一百年”的论文。

1969年，美国法学家梅里曼的《大陆法系》出版。

1971年，德国法学家茨威格特和克茨的《比较法总论》出版。

1971—1997年，德国马普外国法和国际私法研究所主持的《国际比较法百科全书》（17卷）陆续出版。

1972—1974年，法国法学家康斯坦丁内斯库的《比较法概论》出版。

1974年，美国法学家沃森的《法律移植与比较法》出版。

1976年，法国法学家达维德的《英国法与法国法》出版。

1980年，美国法学家埃尔曼的《比较法律文化》出版。

1984年，美国法学家梅里曼的《大陆法系》中译本（顾培东、禄正平译）出版。

1984年，德国法学家格罗斯菲尔德的《比较法的力量与弱点》出版。

1984年，法国法学家达维德的《当代主要法律体系》中译本（漆竹生译）出版。

1987年，中国法学家沈宗灵的《比较法总论》出版。

1987年，中国政法大学《比较法研究》创刊。

1990年，美国法学家埃尔曼的《比较法律文化》中译本（贺卫方、高鸿钧译）出版。

1990年，中国法学会比较法学研究会成立。

1992年，德国法学家茨威格特和克茨的《比较法总论》中译本（潘汉典等译）出版。

1992年，日本法学家大木雅夫的《比较法讲义》出版。

1999年，日本法学家大木雅夫的《比较法讲义》中译本（更名为《比较法》，范愉译）出版。

三

因受阅读范围和所掌握资料的限制，本书探讨的内容主要以前述六个国家为限。但实际上，在20世纪，对于比较法学的承认和关注在各国已很普遍。

比如，关于欧陆国家，我们只论及法国、德国，而在欧陆法律史上极为重要的意大利，比较法学的演进也十分有特色。11世纪末，伊纳留斯（Irnerius，约1055—1130）开始在波洛尼亚（Bologna）教授法律，比较法教学的历史也许最早可以追溯至这一时期。[1]至16世纪早期，政治统治的不统一及文明与传统文

---

〔1〕 Rudolf B.Schlesinger, The Past and Future of Comparative Law, *American Journal of Comparative Law*, Summer, 1995, pp.477-481.

化的多元性一直是意大利显著的历史特征，法律自然也呈现复杂性和多元性，近代欧洲法律的各种重要因素几乎都可以追溯至发端于此时期意大利的各种法律。故法律的比较被广泛运用。此后三个多世纪，意大利虽然不再是欧洲法律文化的中心，但仍延续着法律的多元格局。因受制于外国的统治，从西班牙的法律规则，到奥地利皇帝的改革措施，及法国的法典，都相继进入意大利。其中，尤其以法国拿破仑的影响最为广泛，而且最为深远。

19世纪后半期，统一以后的意大利王国的各个新法典，都是来自意大利各地、分属不同法律传统的法律家们集体努力的结果，也可以说是他们经过激烈争论、进行比较和妥协的产物。以1882年新商法典为例，是下列这些专家经过数年的起草并最终完成的：托斯卡纳的学者、公司法改革家Tommaso Corsi，热那亚的律师Antonio Caveri 和Cesare Cabella，皮埃蒙特的法律专家Matteo Pescatore，伦巴第人 Giuseppe Zanardelli和 Ercole Vidari，威尼斯人 Felice Lampertico、Francesco Piccoli 和Giovanni Battista Varè，罗马人 Luigi Maurizi，那不勒斯人 Pasquale Stanislao Mancini、Nicola Alianelli 和 Giuseppe Carnazza Puglisi。这些专家在参与起草时，势必带来各自所在地区的习惯和制度。此外，还参考借鉴了外国的立法经验。具体而言，其中的基本规则主要是来自德国的旧商法（1861年），票据制度来自德国的1848年《票据法》，公司制度来自比利时的1873年法律，海商法内容来自法国的1807年商法典，破产制度来自法国的1838年法律。[1]

政治上的统一，促进了法学学术的发展。因早期受法国法学影响较深，后又因与德国法律文化的接触并受其影响，故自此之后，在意大利的法学中，法国模式和德国模式并存，学术研究中，常常试图将法国学者的宽容博爱与德国学者的抽象深奥有机地结合起来。这样的学术氛围必然会促进比较法学的兴起。1900年首届国际比较法学会召开时，意大利就派员参加，那不勒斯大学的里奥（Diodato-Lioy）教授还是主题报告人之一。1932年国际比较法大会海牙会议召开时，学会分成4个研究小组，担任拉丁组主席的即为来自罗马的狄昂尼西奥·安切洛蒂（Dionisio Anzilotti）。还应提及基亚罗亚（Vittorio Scialoja，1856—1933），他既是一位享有盛名的导师，培养了若干罗马法和私

---

〔1〕 参见*The progress of continental law in the nineteenth century*, by various authors, Little, Brown, and Company, Boston, 1918, p.341。

法领域的专家;同时还是这一时期积极借鉴德国法律文化、在比较法学领域颇有建树的代表人物。而20世纪中期,与法国的达维德、德国的茨威格特齐名的意大利比较法学家是高理拉(Gino Gorla),他以比较的视野研究契约法,并将新的、更为精密的方法引入比较法研究。[1]在当代,最有影响的意大利比较法学家当是鲁道夫·萨科(Rodolfo Sacco,1923—)。他被认为是在意大利"创造"比较法的重要人物,是意大利大学法学院设立比较法学科的竭力推动者。全意大利有约20名教授曾是他的学生,这些教授大多是比较法学的担当者。萨科的代表作是《比较法导论》(*Introduzione al Diritto Comparat*),他的"法律共振峰"学说就是在此著作中系统得到阐述的,[2]其他的还有关于契约法、占有、非洲法、苏联法等论著。现在,萨科的数部论著已被翻译为英语和法语,从而为他赢得了更广泛的国际声誉。[3]令人高兴的是,2014年,其《比较法导论》的中译本也已经出版。[4]

又如,苏联等东欧国家的比较法学也是国际比较法学的组成部分。尽管一些西方学者认为,曾是社会主义国家领头羊的苏联,其法学界开始进行比较法研究的历史极为短暂,但苏联学者认为,苏联对比较法的研究具有相当悠久的传统。早在20世纪20年代,比较法的方法首先被用来说明作为最高和最终的法律类型的新的苏维埃社会主义法的特征。不过,如果说这一阶段的苏维埃法学对进行"比较法方法的理论"问题未作专门深入研究的话,那么,比较法方法本身,无论在著作中还是在法学教学中都已占有显著的地位。在苏维埃法学形成的初期,就出现了以与西方法律体系作比较为目的的学术著作。20世纪60年代起,苏维埃比较法学进入发展的第二阶段,社会主义法律体系要

〔1〕 Rodolfo Sacco, One Hundred Years of Comparative Law, *Tulane Law Review*, March, 2001, p.1168.

〔2〕 参见沈宗灵:《评萨科的"法律共振峰"学说》,载《中外法学》1995年第6期。

〔3〕 萨科早年从法科毕业后,曾从事过律师工作,并同时开始民法的研究。在20世纪50年代初期,年轻的萨科有幸在位于都灵的欧洲研究所给达维德当过助手,从此萌发对比较法学的兴趣。1960年,他开始在国际比较法学院任教。翌年,他被召回国,在帕维亚讲授民法,同时开始上比较法的课程,并担任系主任。1971年,萨科担任比较法的主席,1983年继而担任民法的主席。1999年,从都灵大学退休,现仍为该大学的功勋教授。萨科曾经常在西欧各国、非洲(主要是索马里和摩洛哥)和苏联国家从事学术活动,还担任过索马里国立大学法学院主任。关于萨科的学术生涯及学术观点,详细参见Ugo Mattei, The Comparative Jurisprudence of Schlesinger and Sacco: A Study in Legal Influence, *Rethinking the Masters of the Comparative Law*, edited by Annelise Riles, Northwestern University School of Law Hart Publishing(2001), pp.238-256。

〔4〕 该书由费安玲、刘家安、贾婉婷译,商务印书馆出版。感谢费安玲教授惠赠此书。

求广泛的比较分析，这首先出于理论上的目的，其次在于社会主义合作的实践方面，再次为了相互借鉴经验。这一阶段，比较法学扩大了研究范围，加强了对决定现代意义比较法学特征的方法论问题的关注。虽然比较立法的理论相对发达，但比较法学的理论著作则较为匮乏。而在比较法学的实践方面，许多苏联法律工作者参与为数众多的国际法律组织的工作，在各种国际会议及有关比较法学国际性学术座谈会上，苏维埃学者都作了成功的发言和演讲。总之，苏联法律工作者对于社会主义比较法理论的研究做出了重大贡献，尽管他们的著作中对于比较法研究的方法和程度在基本观点、种类和水准上均存在一定的差异。〔1〕

在南斯拉夫，比较法学也曾取得一定的进展。1955年，贝尔格莱德比较法研究所成立。该研究所的任务是：收集和整理关于各国的立法、法学理论和法律实践状况的资料；应国家机关和各种机构的要求，向这些机关和机构提供关于比较法的某些问题、关于外国立法或某国的实践的看法；向外国法学界报道和帮助报道南斯拉夫的立法、法学理论和法律实践的状况；同其他国家类似的机构以及从事比较法研究的国际组织进行合作。该研究所从1961年起，出版了《外国法与比较法文集》若干卷，编辑了三卷本的《比较法文集》，从1978年起还出版了题为《发展中国家法律评论》的文献公报（每年三期）等。〔2〕

但是，在很长一段时间内，正统的社会主义法律学说的立足点是：在社会主义社会里法的功能同资本主义社会里法的功能完全不同，认为平等的比较法自始就是毫无意义的，或者是根本不可能的。在苏联，实际上还存在占优势的一种观点，这就是：比较法只适用于用作证明社会主义法的优越性的手段。〔3〕此外，在社会主义法学里，把比较法只看作一种方法这种观点曾经广泛流行，也许这是由于当时忧虑如果比较法作为一个独立的部门成立，有朝一日会变成一种“中立的”法学。〔4〕这些观念一定程度地抑制了比较法学在社会主

〔1〕 参见［苏］M.法伊齐耶夫、A.萨伊多夫：《苏维埃比较法学的发展》，廉雅荣译，载《比较法研究》1990年第2期。

〔2〕 参见《南斯拉夫比较法研究所》，王存学译，载《法学译丛》1983年第6期。

〔3〕 参见［德］K.茨威格特、H.克茨：《比较法总论》，潘汉典等译，法律出版社2003年版，第67～68页。

〔4〕 参见［匈］伊姆雷·萨博：《比较法的各种理论问题》，潘汉典译，载《法学译丛》1983年第1期。

义各国的发展进程。而从西方比较法学界看，开始也都忽视社会主义法，主要专注于研究资产阶级法的体系和制度，后来才慢慢地关注社会主义法。

不过，社会主义各国比较法学的兴起和演进无疑使20世纪比较法学更具有国际性。1978年，第十届国际比较法大会在匈牙利布达佩斯召开，这是国际比较法学会自1924年成立以来第一次在社会主义国家召开的国际比较法大会，与会代表除举办国本国学者外，有700多人参加，超过以往各届大会。[1]这是社会主义国家比较法学已取得一定成绩并受到广为关注的例证。

此外，20世纪国际比较法学的普遍开展还表现在比较法学在诸多民族独立国家的兴起，其中，广大阿拉伯国家的比较法学就是从无到有，走出了一条独特的发展路径。在这些国家，比较法学的兴起及研究的范围和课题别有一番情状，其中，长期受到殖民统治，独立以后日渐萌发的民族意识及伊斯兰宗教文化的根深蒂固等因素，决定其比较法学的起源既离不了西方尤其是西欧国家的相关影响，也比任何其他地区的同领域学术研究面临着更为现实、也更为复杂的诸如法律移植与法的本土化、法律的世俗化与宗教意识、法律的西化与东方社会观念等方面的冲突和问题。

比如，在埃及，1906年，已在国际比较法学界初露锋芒的朗贝尔，来到时受英国殖民统治的埃及担任开罗总督大学法学院院长，他在那里教授并传播其比较法的理论，这为独立以后埃及比较法学的兴起奠定了基础。1907年因与英国当局的矛盾，朗贝尔离开埃及回国。此后几年，超过50名的埃及学生跟随他去法国学习，这些学生学成回国后，带回了比较法学及其他法学领域的研究方法和成果。此后经过他们的努力，推动了埃及乃至阿拉伯其他国家的比较法学等领域的理论和实践的发展。其中，尤为值得提及的是朗贝尔的得意门生撒胡理（Abdel-Razzak Al-Sanhuri，1895—1971），他因在比较法学领域不懈的理论追求和积极努力的立法实践，而被认为是阿拉伯世界最重要的比较法学家，还可能是20世纪在所有阿拉伯国家最广为人知的法学家。但是，因为他在终身追求的实现伊斯兰法现代化的事业中积极运用法律的比较，并主张追随、借鉴西方法律理论和经验，而被阿拉伯国家有的学者称为“失败的比较法学家”，这足可体会到包括埃及在内的阿拉伯国家的比较法学的兴起和发

〔1〕 参见沈宗灵：《比较法总论》，北京大学出版社1987年版，第25页。

展的艰难和独特。[1]

四

虽然所涉国家尚嫌有限，但法国、德国和英国是比较法学兴起较早并已取得很大成就和广泛影响的欧洲国家，美国是当代比较法学得到迅速发展并逐渐处于主导地位的美洲国家，而日本与中国则是在比较法学的进程中既有相似、又显相异的两个亚洲国家。因此，对这六个国家比较法学的发展历程进行宏观的叙述与微观的探讨，一定意义上，足以总结20世纪比较法学的发展概况。具体言之：

第一，比较法学逐渐被各国关注。从初期的以法、德两国为中心的西欧一元化，发展成为由法、德、英、美、日等为中心、世界各国学者一起参加的多元化局面。

第二，异质法之间的可比性已被确认。早在20世纪30年代就开始了关于社会主义法与资本主义法能否比较的讨论。"二战"后，随着一批社会主义国家的出现，及其后社会主义国家立法工作的展开，各国经济、贸易、文化交往的日趋活跃，"冷战"局面的改善，六七十年代关于异质法的可比性问题得到认真讨论，至今这种可比性已得到各国比较法学者的广泛认同。

第三，与前一方面相联系，比较法学的研究范围不断扩大。早期主要只是集中对于欧陆国家间的法律进行比较，后扩展为对于大陆法与英美法的比较，进而开始对于不同性质、不同文化背景的法律体系进行考察和对照。

第四，比较法学的目的和任务发生了转变。首届国际比较法大会召开之时，占优势的观点是应制定统一的国际立法，抱着尽快建立"共同法"的幻想。于是，立法比较法就比较盛行，进行比较研究是为了创造新的本国法律之际能

〔1〕 1913年，撒胡理入总督大学法学院就读。1921年至1926年，在法国在朗贝尔的指导下攻读并取得博士学位。此后，回到埃及。1936年，他担任总督大学法学院院长，并在开罗创建与法国里昂相似的比较法研究所。受其邀请，1937年，朗贝尔在阔别30年后第一次来到开罗，并发表演讲。同年，师生二人被埃及政府任命成立仅由他们俩组成的立法委员会着手起草埃及新民法典。他们起草的草案是运用比较法学方法论的成果，以其为基础而于1949年颁布的《埃及民法典》，不仅奠定了当代埃及私法发展的基础，而且还为若干阿拉伯国家所效仿，并成为后殖民时期阿拉伯世界法律体系中最具影响力的法律文件。关于撒胡里的生平及学术理论，详细参见Amr Shalakany, Sanhuri and the Historical Origins of Comparative Law in the Arab World (or How Sometimes Losing your Asalah can be Good for You), *Rethinking the Masters of the Comparative Law*, edited by Annelise Riles, Northwestern University School of Law Hart Publishing (2001), pp.152–188。

参考外国法。自20世纪中叶开始，学术研究更趋理智和务实，转而为了对不同国家的法律，通过比较研究而增进相互了解。

第五，从早期的微观比较的比较法转变为宏观比较的比较法。微观比较的比较法主要是分析和揭示不同法律体系的具体差异和多样性，这对于立法实践和部门法学研究具有十分重要的意义。逐渐地，比较法学领域的学者们开始努力对世界多样化法律体系进行分类整理，宏观比较的比较法的出现是比较法学真正成为一门学科的标志。

第六，从注重规范比较转为兼采功能比较。前者主要只是对于法律规范本身进行比较，后者则是在进行规范比较的同时，对法与社会现实之间的相互作用进行研究，这有助于克服以规则为中心的局限，冲破规范比较受本国法律概念、法律结构等方面的限制。与此相联系，法律文化的比较也日趋发达。

总之，在一个世纪中，无论是研究范围和研究方法，还是目的和任务，比较法学都不断地转变，并总体上取得了发展，其在整个法学发展中的地位和作用越来越受重视。至20世纪末，比较法学尤其呈现出比较方法从一元走向多元、学术旨趣从普遍主义转向特殊主义、学科定位从技术导向转向理论导向、研究模式从封闭式研究走向跨学科研究，及研究主题从单一走向多样化等方面的特征。[1]

但是，从各国法学的总体情况看，比较法学通常都滞后于其他部门法学，未能取得与其历史相称的理论成就与学术地位。比较法学著作往往是各自为政的大杂烩，既不系统，也不完整，长期以来处于理论匮乏的状况，学术研究的传承关系非常薄弱，这些都已受到比较法学界内外很多学者的广泛关注和批评。[2]比较法学者自身也常处于尴尬境况，即当他在国内之时，他被列为知晓外国法律的行家，而当其在国外之时，他又被视为精通其本国法的行家。[3]比较法学的滞后，既有学科自身的研究对象等方面的内部因素，也有国际环

〔1〕 参见黄文艺：《论当代西方比较法学的发展》，载《比较法研究》2002年第1期。

〔2〕 参见Mathias Reimann, The Progress and Failure of Comparative Law in the Second Half of the Twentieth Century, *American Journal of Comparative Law*, Fall, 1998, pp.671–700; David J.Gerber, System Dynamics: Toward a Language of Comparative Law? *American Journal of Comparative Law*, Fall, 1998, pp.719–737; Jennifer Widner, Comparative Politics and Comparative Law, *American Journal of Comparative Law*, Fall, 1998, pp.739–749。

〔3〕 参见［德］伯恩哈德·格罗斯菲尔德：《比较法的力量与弱点》，孙世彦、姚建宗译，清华大学出版社2002年版，第7页。

境、国际交流等方面的外部因素，但比较法学界内部长期以来热衷于关于比较法学的名分或本质，也即比较法是一种方法还是一个学科的争论，可能也是影响比较法学顺利发展的不可忽视的消极因素。[1]因为学术理论虽然贵乎争辩，但比较法学界内部长期热衷于方法还是学科的争论，不仅体现出自信的缺失，而且这对于比较法学的存在与发展并没有实质性的意义，还分散了对比较法学原本问题的注意力。

可喜的是，进入20世纪90年代以后，西方很多比较法学家开始对传统的比较法学进行深入的反思和批判，在此基础上探寻比较法学发展的新思路、新方向。在反思比较法学的历史发展中，我国比较法学界也提出了更为务实的观点，有的认为暂且不必忙着对比较法学的本质作出判断，而应首先总结比较法学一个世纪以来的存在、发展及产生的作用，确定其在将来的发展路向；[2]有的则从历史与现实的多重角度入手，试图重构和论证一个合适的比较法概念，以谋求比较法能够克服并超越传统的局限。[3]

五

21世纪的国际环境和国内形势，为法学各科的发展提供了契机，比较法学也带着一百多年历史的积淀迎来新的发展机遇，面临着新的挑战。其中，目前最受关注的就是法律的全球化问题。

法律全球化，英文为globalization of law，是20世纪90年代初首先在美国提出的。这引起了法学界的广泛关注，更是成为比较法学界近年来的研讨热点。对此，可谓观点纷呈。

有许多学者对于法律全球化或世界共同法的趋势，及其对比较法学的影响，持肯定和乐观的观点。

---

〔1〕 关于比较法是一种方法，还是一个学科，基本有四种观点：一种观点，认为它只是一种方法；另一种观点，认为它为一个学科；还有一种观点，认为它既是一种方法又是一个学科；最后一种观点，则认为对此没有争论的必要。即使是持相同观点的学者，立论和引证可能也有所不同，而同一个学者，不同时期的观点也可能前后有异，比如格特里奇，早在1938年，说比较法是普通法学的一个分支，后来在其《比较法》一书中，则认为比较法只是一种研究方法。参见［法］莱翁丹-让·康斯坦丁内斯库：《论比较法学的流派与比较法》，理钧译，载《法学译丛》1983年第2期。

〔2〕 参见米健：《从比较法到共同法——现今比较法学者的社会职责和历史使命》，载《比较法研究》2000年第3期。

〔3〕 参见黄文艺：《什么是比较法——比较法概念的反思与重构》，载江平主编：《比较法在中国》（2004·上卷），法律出版社2004年版，第167～186页。

有的学者认为，法律的统一并不是说全世界各国法律制度的绝对统一，而应是法律的世界意识的建立。就目前而言，法的全球化、世界化已不再是一个人们是否赞成或反对的问题，它已经成为法律发展的不变规律，法律全球化是经济全球化的产物，也是全球化的重要组成部分。这有利于比较法学的发展。其一，全球化趋势营造了一个实现比较法学家理想的法律环境，使比较法再次立于法学研究的前沿，比较法将成为一个可靠的、进步的工具。国内法的国际化是法律全球化的一种形式，它的基本原形特别是它的一些基本原则，往往来自某一国家或若干国家的国内法或它们的对外政策。而这一过程恰恰是在比较的基础上进行的，没有对一国或几国法律制度内容、功能的比较就没有将其法律国际化、乃至全球化的可能。其二，全球化趋势使比较法研究不再局限于不同国家或地区的制度、规则、技术的单纯的比较研究，而扩展为世界范围内法律体系趋同化的研究，为世界范围的法律协调提供了依据。其三，全球共同面临的问题将成为比较法学发挥作用的舞台。[1]

还有的学者认为，在当今世界，法律制度的和谐化和某种程度上的一体化，乃是一个有目共睹的趋势。比较法学是从超国家的角度，以比较的方法对本国和其他国家法律进行考察研究的学科，其直接的或阶段性的目的是完善和改进本国的法律理论和法律制度，最终目的是指出不同民族国家法律的不同或共同之处，力求在最大程度上使之避免冲突并获得最普遍的和谐，最终完成设计和构造一种世界共同法或普遍法的使命。[2]比较法学就是世界法学，是世界法学的代名和学名。比较法学者应该具有世界胸怀，世界品位。[3]

还有一些学者在认同法律全球化这一发展趋势的同时，试图界定其含义。

比如，有的学者认为，法律全球化的表征是法律发展的趋势和规律，不同的学者对于全球社会法律发展的趋势和规律的认识不同，因而对法律全球化的认识不一样。法律全球化的基本标志和内容有三项：世界法律的多元化、世

〔1〕 参见刘佳：《全球化趋势下比较法的作用》，载《首都师范大学学报》（社会科学版）2002年第4期。

〔2〕 参见米健：《从比较法到共同法——现今比较法学者的社会职责和历史使命》，载《比较法研究》2000年第3期。

〔3〕 参见米健：《比较法学与世界法律文化》，载《法学》2004年第10期。

界法律的一体化、全球治理的法治化。[1]

另有学者提出，法律全球化将催生反映全球化时代法理的“全球共同法”，它并不是1900年国际比较法大会上提出的共同法思想的简单复制。由于法律全球化时代还处于起步阶段，全球共同法目前还不是以现实形态而是以理想形态存在，它应承认世界法律的多样性，应公平确认和保护各国的利益要求，要以全球治理主体之间的平等协商为原则，还应体现法治精神。[2]

但是，也有学者并不赞成法律全球化的笼统提法，而是主张应该从具体细致的方面研究所出现的趋势、动态以及可能的变化。[3]有的认为，所谓“共同法”的命题并不符合当今世界文化多元的发展趋势，缺乏理论和现实基础，追求构建人类共同法只能是美好的幻想，而将发觉不断丰富、发展的自然法理念的内在含义和引申的法律原则，并以此完善和改进法律理论和制度，以实现人类法律的和谐作为比较法学者的追求才更为实际，并更具理性。[4]

最近几年，法律全球化仍然是比较法领域的热点。2012年，在广西师范大学召开的中国法学会比较法学研究会年会的主题即“比较法与法律全球化”。相关的论著也不断问世，反映出学界对于法律全球化的持续关注，贡献了中国比较法学者的学术智慧。[5]

历史的发展具有反复性，比较法学的历史也印证了这一特征。早在20世纪初，一些比较法学者开始认为比较法的研究对象应为世界法、共同法，比较法的目的就是建立“文明人类的共同法”。21世纪初的现在，法律的全球化或世界的共同法再次成了讨论的话题。当然，历史的反复也并不意味着历史可以回归，一百年前主张共同法时所隐含的殖民主义的色彩及对第三世界国家的蔑视，在当今的国际学术界应当被排除，因为无论如何，世界法律传统的多

〔1〕 参见黄文艺：《法律国际化与法律全球化辨析》，载《法学》2002年第12期。

〔2〕 参见李桂林：《论全球共同法》，载《法学》2005年第1期。

〔3〕 参见霄汉：《比较法学与法制建设座谈会纪要》，载《比较法研究》2002年第3期。

〔4〕 参见华枫：《从美好的幻想到理性的追求——评米健“从比较法到共同法”一文质疑新共同法说》，载《比较法研究》2003年第2期。

〔5〕 由清华大学出版社出版的“法律全球化丛书”，包括高鸿钧教授所著《全球视野的比较法与法律文化》，以及其与弟子鲁楠、余盛峰编的《法律全球化：中国与世界》等，就是此领域最新、最重要的成果。

样性不能被否认。[1]

应当相信，在新的世纪，比较法学在不断探讨和解决新环境下可能提出和碰到的各种理论和实践问题的过程中，将继续拓展、丰富和发展。

---

〔1〕 为此，本书最后特设“比较法学发展的新趋向”一章，冷霞教授对于世纪之交问世的、在国际比较法学界有很大影响的加拿大法学家格雷（Patrick Glenn）的《世界法律传统——法律发展的持续多样性》作了系统评述。

中国法的西方绎述

按：本文撰于2014年9月，原刊于《中国法律评论》2014年第4期，系《中法西绎：〈中国丛报〉与十九世纪西方人的中国法律观》（上海三联书店2015年版）之“前言”。收于本书时，作了少许修订。

一

读者面前的这本集子，并不厚重，可我为此却断断续续用了八年时间。

早在2006年秋，我抵达位于美国中北部小城安娜堡的密歇根大学法学院。几乎是在结束初来乍到的忙碌，刚过上正常访学日子后不久，即开始关注中美的早期交往及其法律冲突这一领域。

在申请富布莱特项目时，多少有点讨巧地将题目确定为“美国宪政域外影响的个案分析：中国经验，1905—1915”。因为此前数年跟随导师何勤华教授完成了《外国法与中国法——20世纪中国移植外国法反思》的专题研究，对于近代中国法律移植的历程和得失积攒了一些资料和思考，而自己曾是宪法学专业的硕士学位获得者，或许也在潜意识里促就了这一题目的选定。

固然，1905年至1915年的十年间，见证了清末新政、变法立宪、清政府垮台，到民国政府成立、“天坛宪草”起草、“袁记约法”颁行、袁氏称帝等诸多变故、变革，政权更迭和制度变迁的纷呈变幻，令人眼花缭乱，深入研究的魅力自不待言。单就这一时期美国宪法与中国的交集看，信手即可列举数端：

1905年全面展开的改良派和革命派的立宪论争中，革命与否、君主制还是共和制，论争双方笔下或抑或扬的立论无疑都得依赖美国这一参照系；

1905年年底至1906年3月，五大臣考察团在美国进行考察，考察的范围当然不仅仅限于宪法，同时还涉及政治、军事、经济、教育和工业等。但因考察团是在如火如荼的立宪呼声背景之下出洋，而考察大臣回国之后连续上奏呼吁"立宪"，清廷又迅速颁布"预备立宪"上谕，致使考察团在有些学者的笔下就成为了"宪政考察团"；[1]考察大臣的相关日记和著述，如戴鸿慈的《出使九国日记》，载泽的《考察政治日记》，及戴鸿慈、端方的《欧美政治要义》《列国政要》，多有对于美国的政治、宪法等制度的观察和介绍，使团回国后还编译有"东西洋政治书"若干；

宣统伊始，改革接二连三，落实九年预备立宪计划构成了宪政领域的主要内容，其中的官制、地方自治等措施，对于美制多有效仿；

1909年，在上海举行了由美国罗斯福政府倡议的第一次国际禁毒会议（即"万国禁烟会"），为宣统朝廷树立革新、实干的国际形象创造了机会，似乎应验了美国媒体"宣统年，新开端"的预言，因而引起了他们对于宣统朝宪政改革的更多期许；

咨议局、资政院的名称虽然独特，但其章程及实践尝试却属西式，而辛亥武昌揭竿之后相继宣布独立的各省，建立政权颁布"约法"，极具美利坚合众国萌芽期"十三州"之风范；

孙中山"在巴黎的谈话"（1911年）中所言"中国革命之目的，系欲建立共和政府，效法美国，除此之外，无论何项政体皆不宜于中国"，奠定了民初政制构建的基调和范式；

民国北京政府第一任内阁的共11名阁员中，包括留美幼童出身的总理唐绍仪，及施肇基、陆征祥和王宠惠等，都曾留学美国，在践行共和的初次实践

---

〔1〕 关于五大臣考察团在美考察的具体情况及其分析，参见拙著《所谓宪政：清末民初立宪理路论集》（上海人民出版社2012年版）之"附录II 美报有关清国使团在美考察报道选译（附'导读'）"，其中由李洋博士撰写的"导读：美国报刊视角下的清末政治考察团"，就对"宪政考察团"的称呼是否妥当进行了分析。

中，他们恐怕会或多或少地显露出源自美利坚的执政理念；

起草“天坛宪草”时，有关共和制与君主制、总统制与内阁制、联邦制与单一制、释宪权归属于法院与否等热闹声中，美式宪制少不得被议场内的委员和议场外的私拟宪草者所“点赞”和拷贝；

美国宪法顾问、哥伦比亚大学教授古德诺（Frank J.Goodnow，1859—1939），在袁世凯谋求“帝王之梦”过程中所发布的宏论——“共和与君主论”，其所持为“帝制乎”还是“共和乎”，迄今在学界尚难划一。

凡此种种，均有待细述，系列论文必定嫌少，数卷著述也不会嫌多。不过，若要就此领域进行深究的话，关注和思考就必须要超越这十年时间之限制，并摆脱宪法、法律领域之拘囿。整整一年悠闲纯粹的访学生活，其阅读思考的效率，其自由自在的惬意，在以胜利大逃亡似的心情离开上海的忙碌而来到安娜堡的我的心中被无限想象，似乎一年不只有365天，访学生活是世外桃源。就是借着这样的心境，我将关注中美交流史的时限不断前移，最终，索性决意从两国交往之源头逐年进行纵向的全面梳理。暗想，反正再怎么样，美国不就两百年多一点的历史吗？

当然，美国学术之兴盛、研究积累之丰厚，密歇根大学图书馆的藏书量及数据库、微缩胶卷之丰富，法学院图书馆阅读环境之优越，都是我着手这雄心勃勃计划的助推器。而且，密歇根大学是较早与中国建立联系的美国大学之一，大学及其法学院与中国的关系可追溯至上百年之前，在中美交流史上曾占据重要的一页。密大的第一届，即1845年毕业的11名学生中，有一名为柯林斯（Judson D.Collins，1823—1852）的毕业生，就在毕业两年之后，受美国“美以美会”（The Methodist Episcopal Church）指派，以传教士身份来到中国福建从事传教活动。他应该是最早来到福州的两位西洋传教士之一。而任密大校长长达三十八年之久的安杰尔（James B.Angell，1829—1916，1871—1909年任校长），曾于1880年至1881年担任过美国驻大清国特命全权公使。因为这一关系，在当时中国，密大极为知名。在其回国之后，许多中国学生赴密大留学。尤其是在安杰尔及其他有识之士的努力下促使美国政府开始归还多余的庚子赔款后，赴美留学的中国学生骤增，去密大学习的也随之增多。正因如此，密大的中国研究历史悠久，成立已有五十多年的中国研究中心也是当今美国的中国研究重镇之一，享有盛誉的亚洲图书馆所藏之中美交流史资料极为丰富。

异域访学生活当然不会总是自由自在，在时而清净得惬意、时而寂寞得无聊的日子中，初到时的想象回归现实，勃勃的雄心也渐渐削减。至2007年秋告别安娜堡启程回沪时，原定的从中美两国交往之初逐年进行纵向全面梳理的计划压根未能实现，但就时至19世纪中叶两国之间交集的历程好歹理出了个大概。而且在阅读中发现，有一个人的名字——特拉诺瓦（Francis Terranova），有一份杂志——《中国丛报》（The Chinese Repository）在各类相关论述中频频出现，显然已成为探究这段历史所无法忽略的符号和要素。自然地，这引起了我拟从法律史、比较法的角度进一步关注它们的兴趣，总得写点什么，应该也能写出点文字，这样的念头在离开安娜堡之前已经萌发。

二

就这样，自美国访学回来后，在忙于各种杂事和完成附时限的文字债的同时，断断续续开始相关资料的更集中的收集和浏览。就我阅读范围所涉，无论中文还是英文，以法律史的视角将“特拉诺瓦案”作为研究对象的要远多于《中国丛报》，所以从起初，我就计划将重心放在对于后者的研读上。

但是，因为“特拉诺瓦案”发生的时代背景和其对中美早期关系的影响，决定了它势必被首先关注且不容略过的地位，况且还自恃掌握了其他论著中所没有提及的重要资料。而且，这较符合自己总也改不掉的好以时间顺序逐个梳理的习惯，且有助于自己研读《中国丛报》情绪的酝酿。同时，也为阅者提供《中国丛报》刊行之前中美交往及其法律冲突的历史背景。所以，最先完成的仍是以法律史视角解读“特拉诺瓦案”的文章，即《中美早期法律冲突的历史考察——以1821年“特拉诺瓦案”为中心》。1821年9月发生于广州的“特拉诺瓦案”，根据案情，它只是时下语境下的一起普通涉外刑事案件，但却引起了中美双方对于案情事实、证据采集和审理形式等方面的各执其辞。在中方看来，套用现在的说法，那是以事实为根据、以法律为准绳的审判，而美方却认为这是“对正义的嘲弄”。将此案置于早期中美交往的历史背景之下，解读其发生及所引起的冲突和分歧的原因，并探究它对于二十多年后美国在《中美望厦条约》中最终确立在华治外法权的影响，就是该文的主旨。

《中国丛报》由美国第一个来华传教士裨治文（E.C.Bridgman，1801—1861）于1832年5月创刊于广州，直至1851年12月终止，前后共20卷。可以说，它是外国人在中国境内创办的第一份成熟的英文期刊，宗旨是定期向在华西人，并面向美国及欧洲等地介绍真实的中国。因其内容丰富，涉及面广，且恰恰历经中西关系不断紧张，及第一次鸦片战争、多个不平等条约签订等敏感、转折时期，作为以西方读者为主要受众的主导性传播媒介和美国最早的汉学刊物，《中国丛报》在当时的传播之广及在其后的影响之深可想而知。正文会有详述，在此暂不赘言。

英文学界不同时期涉及中国的各研究领域，几乎无不视《中国丛报》为取之不尽的资料宝库，不过，将其本身作为研究对象的成果却鲜见。而在中国此前数十年的相关研究中，对它的关注和研究都较少。至少在我2007年秋从美国回沪，陆续开始从网络上补充下载复印全套《中国丛报》时，尚没有浏览到从法律史角度关注它的较有价值的论文。2008年，广西师范大学出版社影印出版了由张西平任主编，顾钧、杨慧玲整理的香港浸会大学图书馆馆藏的全套《中国丛报》，并且为便于查阅，另在原20卷基础上，整理附加了作为其第21卷的“目录索引卷”，同时，又将此最后一卷单列出版。无疑，这是惠泽学界的盛举，为更多的学人关注并研究它提供了直接便捷的条件。不过，其后两三年间，相对于历史学界的相关高水准专题论文的不断面世而言，并未被列为《中国丛报》所附“文章列表”三十类主题之一、多少有点琐碎的“法律”，仍未能入法学研究者之“法眼”。

就是在此情形下，2009年秋，面对已久置于自己书房最显眼处、足足齐腰高的《中国丛报》全套复印本，时不我待，调整研究计划，我开始了一年有余的逐页搜寻、摘录、爬梳，并在此基础上，逐步撰写并发表了《〈中国丛报〉与中西法律文化交流史研究》《清朝帝制与美国总统制的思想碰撞——以裨治文和〈中国丛报〉为研究视角》《〈中国丛报〉与19世纪西方人的中国刑法观》及《〈中国丛报〉中的清代诉讼及其引起的思考》等4篇论文，它们构成了本书的主体内容。其中第二篇，在收录时将论文重新更名为投稿时的题目，即“裨治文眼中的清朝帝制——基于《中国丛报》所载相关文章之解读”。仅就标题，阅者一看便知，第一篇是从研究中西法律文化交流史的视角探讨《中国丛报》的应有之价值，其他各篇依次从三个断面，分别阐析《中国丛报》作者笔下所呈现的中国的政制、刑法和诉讼法，进而不同程度地分析其所呈现之真实与想象，且力究个中原因。此三个方面，虽没有涵盖《中国丛报》所涉中国法律之全部，但敢坦言，被遗漏者已甚少，细心通览《中国丛报》者，或仅可举出，其中有关土地的零星记载被笔者所忽略不论。

此外，本集还设置了两个附录。

“附录一”是“‘小斯当东英译《大清律例》’述评”。1810年，小斯当东翻译的《大清律例》在伦敦出版，这是《大清律例》的第一个英译版，立即引起广泛的关注。同年8月，此述评发表于《爱丁堡评论》第16期。这是中西关系发生转向时外国人最早系统介绍、评价中国法律的宝贵资料，在围绕“特拉诺瓦案”的争论中它常被提及，在《中国丛报》有关《大清律例》的文章中，它也屡被引以为据，而且还广为其后的西方汉学论著所参引。

“附录二”是附有“导读”的“美国报纸有关‘蒲安臣使团’、‘李鸿章使团’之报道选译”。19世纪下半叶，“蒲安臣使团”与“李鸿章使团”先后访美，这是中美乃至中西外交史上的大事，引起美国媒体的高度关注，其主要报纸几乎进行了全程跟踪报道。选译其中主要报道，目的是为了呈现在“特拉诺瓦案”发生和《中国丛报》停办这么些年之后，美国人对于中国的政治、外交、法律等的态度和评价。

相信此两个附录，将有助于进一步理解在19世纪，中国法律的形象如何在西方人的叙述、演绎和传播之下被不断塑造及变迁的历程。

三

这些年，在近代法研究日渐热闹的情形下，对于中西法律文化交流史的关注也不断升温，叙述多涉及如下诸端：18世纪包括法律在内的中国文化如何借助于耶稣会来华传教士的努力传入欧洲（尤其是法国），从而影响如孟德斯鸠、伏尔泰等思想家的论述；1793年英国马戛尔尼使团出使北京，因礼节歧见致使铩羽而归，这一事件如何成为西人笔下中国法总体形象从褒到贬的转折点；1810年小斯当东英译《大清律例》及其在英语世界和其他西方汉学研究中的地位怎样；英国第一位来华新教传教士马礼逊、美国第一位来华传教士裨治文等教界人士，他们在中西法律文化交流中扮演何种角色及其影响；第一次鸦片战争前后，“第一代睁眼看世界”的先驱们在各自论著中，如何借助传教士们的笔下阐述，传播西方国家的政治和法律知识；洋务新政至“戊戌变法”的三十多年间，从有识之士到清廷的达官贵人，形成了“洋务”取代“夷务”、不仅要学习“器物”还要借鉴“制度”的共识，引介、宣传西方法律如何渐成潮流；清末十年，为取消领事裁判权，削减内外压力，清廷下谕“参酌各国法律悉心考订”，为此，大规模移译外国法典法规、延聘外国专家担任法政学堂教习并参与起草法案，此最后十年的法律改革是成还是败，此种路径和方法有何得失；民元初建选择何种宪政模式，其后构建大陆法模式的六法体系过程中如何追随20世纪最初三十年的西方法制潮流，及日、德、法、英、美乃至瑞士、苏俄等国法律的哪些因素被植入于近代的各部门法之中；等等。

在不免有点脸谱式的反复叙述中，形成了几有共识的一些观点。其中之一即是，自19世纪起，西方人眼中的中国，已基本丧失了18世纪西方学者看中国的两种特征，用史学前辈阎宗临所归纳的，那就是，“一方面，中国政治已脱离专制，却充满了迷信；另一方面，中国是宽容的象征，着重理性，构成知识界的乐园”。[1]西人眼中的中国、中国人及中国法律的形象也自此随之发生逆转，迷信依旧且政制没落、病入膏肓，民众傲慢、欺诈、道德沦丧，立法随意且法律缺乏确定性，刑法野蛮落后血腥残忍，审判民刑不分且正义难求等。本书并非（事实上也不可能）为了推翻这种人云亦云的观点，相反，一定意义上，各论对“特拉诺瓦案”和《中国丛报》所载相关文章的解读，分断面勾勒这种形象之塑造过程，希冀让此立论获得确凿的支撑。无论如何，仅是人云亦云，说多了或者说久了，往往就成了不知所云，难免令人生疑。既然都说“细节决定成败”，我们是否也可以说，细节成就历史，也唯有关注细节，才能客观描述历史。因此，自信这样的解读是必要的，也是有其学术意义的。

2003年至2013年的十年间，我三度赴欧美访学。先是2003年1月至7月，在英国牛津大学法律系；2006年10月至2007年10月，在美国密歇根大学法学院；2013年7月至2014年2月，在法兰克福的马克斯·普朗克欧洲法律史研究所。每次访学均有不一样的研究任务，其实都不轻松，但相同的是从容的心态和有张有弛的生活节奏。无论多忙，周末和节假日尽量不过埋首书堆的日子，趁此多走多看，尤其是踏访在法律史上留有印记的古迹，我视之为丝毫不逊于看书研读的另一种方式的学术考察。加上还有其他数次出访及暑期的海外家庭旅游，英伦三岛、美国东西海岸及欧陆城市乡间，简言之，“西方发达国家”

〔1〕 阎宗临：《中西交通史》，广西师范大学出版社2007年版，第43页。

的不少地方都留有我的足迹。每次踏访，总会让我感到惊喜和富足，因而更加乐此不疲。可与此同时，走的越广，一个疑问也就越来越大，那就是，“西方在哪？”

确实，我们现在可以准确列数出“北约”“欧盟”等的具体成员国，而且也能明白日常国际政治话语中的“西方”一词之所指。但是，时下法学研究领域中，尤其是对当代法进行比较时，仍不时看到诸如“中西异同”“借鉴西方经验”等语词，不免却显露出论述的不着边际。

时时提醒我这一点的，是访学生活中所感受到的欧美之间、英格兰苏格兰之间，及欧陆各地之间的彼此差异，这种差异既见之于衣食住行、风土人情，也表现在建筑、宗教、教育，自然还体现在规则、法律等方面。旅行途中各地的许多细节至今令我玩味。比如，到达爱丁堡时，以“我来自中国，在牛津访学”回答家庭旅馆招待员的询问，却听到她的可能出自习惯的反复纠正——“哦，你来自英格兰”；在美国，注意到北方密歇根的松鼠在个头上要比南方佛罗里达的大了许多；从巴黎乘火车一路向南，古代罗马的遗迹不断增多，曾经的罗马法区与日耳曼法区的南北之别，似乎不仅只是历史；相比于德国各地地铁进出口的毫不设防，巴黎地铁多数进出口处的栅栏设置简直可称是铜墙铁壁。或许，这些均属于吉尔兹笔下的“地方性知识”，也都反映了孟德斯鸠所指向的“法意”。

而通过在法兰克福期间的阅读和参会，我还意识到，在欧陆当下的法律史学术圈，因受到全球史研究、后殖民主义研究及批判法学等影响，将欧陆宗主国曾经殖民统治过的拉美、东南亚、北非等地相关时间段的法律变迁纳入“欧洲法律史”的研究领域不断盛行，“帝国与法律”是一个流行的话题。不过，在努力摆脱“欧洲中心论”的同时，忽略东欧、斯堪的纳维亚、南欧以及东南欧等地的法律史却是常态，甚至还将“欧洲老牌帝国主义国家”之一的英国的法律史也撇在了一边。[1]而从各种版本“欧洲法律史”的教材和论著的体例中，还或多或少可以读出北欧国家及比利时、瑞士、荷兰等国的学者，与曾不同时期主导过欧陆的法、德两国的学者之间在视角上的差异。

---

〔1〕 关于欧洲法律史的最新研究动态及相关反思，参见［德］托马斯·杜福：《欧洲法律史——全球化的视野》，李明倩译、于明校，载《华东政法大学学报》2014年第4期。其中第一部分，即是阐析“欧洲法律史中的‘欧洲’概念”。

凡此数端，使我不仅常告诫自己，而且也在授课时不断提醒学生，在从事比较法的研习时，行文中还是少用或不用“西方”为好，即使“欧洲”“西欧”等词，也当慎用。

可是，话说回来，在确定本书书名时，我仍忍不住，而且几乎也是别无选择地使用“西方人”，行文中也不时出现“西方”“西法”等语词。就其缘由，交代如下：

一是18世纪末19世纪初，在欧洲此前数世纪内相继进行的文艺复兴、宗教改革、启蒙运动，及发端于英国并向法、德、美等国扩展的工业革命之后，欧美在社会权力关系、组织方式和文化观念等方面均发生了变化。尽管在不断向外殖民扩张的浪潮中，彼此之间充满了竞争和冲突，但当面对被迫不断卷入它们所主导的世界经济外交体系之中的中国，想夺取权益并发生直接冲突时，这些国家的态度则似铁板一块，高度一致。在此时的欧美传教士、旅行家、外交官甚至思想家的眼中和笔下，启蒙时代欧洲改革者的中国的乌托邦想象早化为了泡影，取而代之的中国是一个政治专制和民族劣等的野蛮、半开化的“他者”，是可以获取利润的源泉和蔑视、可怜的对象。

二是就政治、法律来看，19世纪初，此前思想家们所宣扬的人权、分权、法治、共和等理念，经过法国的《人权宣言》，及美国的《独立宣言》和《美国联邦宪法》等治国文件的确立而成为了制度，它们在实践中被不断复制和推广。如若具体地从刑事司法言，这一时期，正如福柯所说，对罪名体系和刑罚制度的合理化和统一性提出了进一步要求，出现了刑事司法改革的浪潮，刑罚的对象从人的肉体转向人的精神，刑罚的技术从刑场转向监狱，刑罚的目的也从对犯罪行为的同害报复转向对罪犯的改造。此时期法律、司法等观念更新和制度变革的潮流，成了他们打量和评判中国法律的共同凭据。况且，他们还都拥有基督教文明的优越感。

三是19世纪上半叶，来中国传教、经商、旅游等的外国人屈指可数，传播中国政治经济文化的媒介极为稀少，他们所能阅读到的有关中国法律的书籍还十分有限。比如，梅森少校（Major George Henry Mason）的《中国刑罚》（The Punishments of China，1801）和小斯当东英译的《大清律例》（1810），几乎成了其后很长时期西语相关论著共同的引用资料。因此，当中美之间的“特拉诺瓦案”发生时，引起了几乎所有在华外国人的关注，他们对于此案的评判有所不同，但反感于清廷政府“粗暴”的处置方法和清朝法律的“野蛮”则别无二致。同样的，《中国丛报》的作者们，无论是来自欧洲还是美国，在介绍、报道中国的法律和案件时，都带着各种式样的过滤网和放大器，在塑造这一时期中国法律形象的过程中，扮演了几乎完全相同的角色，所形成的关于中国法律的相同或相似的观念持续影响了很久。

简言之，在我们的对面，这时期，“西方”“西方人”乃至“西法”，都是实实在在地存在，而且越来越强烈地存在，很长时间，总也躲避不掉。这不，清末那道承诺变法的著名懿旨，〔1〕不仅指明了“择西法之善者，不难舍己从人；救中法之敝者，统归实事求是”“整顿中法、仿行西法各条”的变法路径和宗旨，也以最高官方的名义确认了“中法”必须面对“西法”且已不如人的事实。

四

在诠释“中法西绎”时，尽管自以为而且也力求客观地分析和推导，但能否避免对此西绎之误读，而有持平之论，还真难说。或许，我也未能摆脱心态、好恶甚至先入为主的潜意识的支配。这还有待阅者慧眼的甄别。

回忆此专题从起意到结集出版的八年时间，自己的生活、工作总是忙忙碌碌，周遭的环境也是热闹喧嚣，但好在读书、思考的兴致未减，好奇、从容的心态依旧，纯粹的教授和研究者的角色仍是自己的最爱。一如既往地，好运还伴随着我，同样陪伴我的，还有众多师友的支持和鼓励。

能成功申请成为2006—2007学年度“中美富布莱特项目”研究学者，并顺利前往密歇根大学法学院访学，得益于诸多师友的帮助：年轻同事张贤炯，正是他在2005年7月初截止提交申请材料日之前的一句提醒——“李老师，您不是说过想申请富布莱特项目吗？”让尚在畏惧申请材料和申请程序之烦琐而犹豫不决的我，当日回家后即以扔硬币的方式，定了即刻启动申请程序的决心，作为人事处职员的小张的这句经意提醒，在他，除了对我的关心，可能也因当时尚无人申请而为了完成自己分内的职责，但对于我，却绝对具有决定性

〔1〕 即“慈禧端佑康颐昭豫庄诚寿恭钦献崇熙皇太后懿旨”（光绪二十七年八月二十日），详见《大清新法令》（点校本·1901—1911）之第1卷“光绪新法令·谕旨 宪政 司法 法律草案”，李秀清、孟祥沛、汪世荣点校，商务印书馆2010年版，“谕旨”，第11页。

的意义；至今认为，在短短数日的课题设计过程中，《华东政法大学学报》“御用”英文目录译者、同事司小丽老师，将原本普普通通的“美国宪法对中国的影响（1905—1915）”这一题目，转译成了极为美式且比较精致的“*Impact of American Constitutionalism Abroad: The Chinese Experience（1905—1915）*”（故而我也将中文题目相应地调整为前文已提及的“美国宪政域外影响的个案分析：中国经验，1905—1915”），是使我的申请能获得通讯评审专家慧眼垂青的关键；何勤华教授、清华大学法学院许章润教授、复旦大学法学院董茂云教授，分别为我提供了褒誉有加的推荐信，使我陡增申请的信心；2006年6月，在密歇根大学法学院代表团访问华政时，正是时任副校长、授业导师王立民教授，国际交流处处长、同窗好友刘晓红教授的力推，才促成了密大法学院接受我去访学的计划。富布莱特项目中方负责人杨春菊老师所提供的细致、有序、高效的联络和指导，铭记至今。

安娜堡是本书的萌发地。在那里的365天，留下了许多值得感念的回忆。密大法学院合作教授郝山（Nicholas C.Howson）、法学院分管国际交流的副院长 Virginia Gordon女士、法律图书馆馆长Margaret A.Leary女士，还有同期在法学院留学的各位中国学子及访问学者，为我的访学提供了诸多指点和便利。富布莱特学者、西安交通大学外国语学院杨瑞英教授及女儿杨杨，和我在Willowtree小区比邻而居，她们的帮助和陪伴让远离上海的我仍能感受到家的温馨。安排给我的位于Law Quad内的法律研究楼九层的研究室，恰好与国际知名的法学家Eric Stein教授、Theodore J.St.Antoine教授紧邻，偶尔的交谈，尤其是几乎每日能见着的老教授们颤颤巍巍查阅书籍的身影，无形中都是很好的激励。

本书最终得以如此完成，离不开学界同行的支持。各论的最初版本已分别在《中外法学》、《中国政法大学学报》、《法商研究》、《法制史研究》（台湾）及《南京大学法律评论》刊出，感谢审稿老师富有见地的建议和编辑朋友认真的编校。在结集整理过程中，对独立完成各篇论文时原本有所重复的内容进行了删除，但为了阐述上的前后呼应，在少数段落仍保留了必要的重述。修改、增补时，参考了相关领域的众多资料和最新研究成果，部分已在注释和参考书目中列出，但限于篇幅，恕不一一罗列。复旦大学历史系李宏图教授还帮忙转来了“附录一”的英文电子版。本校图书馆谢晓老师为定稿阶段的资料查核提供了便利。能在法兰克福静心地修改论文，得益于马普所欧洲法律史研究所杜福所长（Thomas Duve）提供的良好条件。对于本专题的关注将因此书的出版而暂告一段落，其中不尽如己意之处也只得先搁下不顾。在此，祈请学界同道批评指正，这定将有助于我有朝一日重拾它时的跟进思考。

而无论在国外访学，还是在上海的校园里，我都为自己是华东政法大学法律史学科团队的一员而自豪。这些年个人能顺利获得多项殊荣，很大程度上是受益于学科的得享盛誉，也希望自己的任何一项学术研究和对外交流的努力能让它添彩。外国法制史各位老师的倾心支持，更是令我感激于心。在我数度出国访学期间，何勤华老师、周伟文老师替我承担了授课和指导学生的任务，陈颐、冷霞和于明等诸位学友井井有条地分担了全国外国法制史研究会、上海外国法与比较法研究会等学术团体中本应由我履行的职责。

所任职的《华东政法大学学报》编辑部，卢勤忠教授、余红老师、陈越峰博士、肖崇俊博士，及十多位友情参与审稿的博士、教授们等组成的是一个团结、高效并且令人依恋的团队，尤其在我远离校园的日子里，从不让我对杂志有任何的担心和牵挂。

王沛博士、吴一鸣博士、解锟博士，对于本专题研究和编刊工作都给予过体力、智力和精神上的鼎力支持。王捷博士帮助我从网上下载、打印了整套的《中国丛报》。屈文生博士是本集各论初稿的浏览者，提供了许多宝贵的资料和建议。每回和王笑红博士、于霄博士的小聚，都会带给我学术视野的滋养，笑红还担任本书的责编，真是我的荣幸。李明倩博士及其先生Terry是我遭遇外文阅读困境时的必然依赖，他们精湛的翻译助我良多，本书的英文名也由他们赐译。近三四年陪伴我于校园的博士汪强、李洋、朱颖、宫雪、赵博阳、李超和沈伟，大致都了解老师的近期研究计划，并不时会提供各种资料和信息，有的还直接参与了“附录二”的完成。在给硕士同学讲授比较法课程时，他们不经意间的提问，对我也有不少启发。其中，单纯、宗华等同学还参与了“附录二”的部分初译，陶亚骏同学则独自完成了“附录一”的全文翻译。与年轻学友、同学的轻松交流，让我延续了学生似的好奇心和年轻态，这是我享受并留恋校园生活至关重要的因素。

将最后的感谢留给我的丈夫张春和女儿依然。感谢张春同学一如既往的欣赏和包容，作为家庭主妇已有二十六载的我，仍不善也不好料理家务，或许他有时会暗暗不爽，但至今，至少还没有令我难堪。这八年间，依然也从一名常关切地询问妈妈还有多少字没有写完的中学生，成长为了能替我译校资料，并提问、更正专业术语和商讨书名的法科大四学生。或许，以后纯粹只是为了在面对已初露才思且将不断成长的女儿时能勉强维持作为母亲的起码自尊，我也不敢懈怠，得继续努力。

年会忆记*

按：本文撰于2012年2月27日，原刊于《孤寂的辉煌》(“全国外国法制史研究会30周年纪念画册/随笔”，全国外国法制史研究会编，商务印书馆2012年版)。

1982—2012年，我们的外法史研究会走过了三十年的历程。今天，为了完成一篇必须而且应该完成的纪念文章，逼着自己静坐于书房，渐渐地，思绪将我拉回到我与它开始结缘的十多年前。

1995年5月，在结束一年半的作为“家族滞在”身份的留日生活之后，重返华东政法学院法律系任教。因为原先所在的宪法教研室编制已满，听从系领导的安排，进了法制史教研室。徐铁民、张寿民、何勤华、周伟文等老师收留了我。说“收留”，这确是当时的真实情况。在1993年10月赴日前后，正值一拨拨青年教师离开高校“下海”热潮掀起之际。我从未想过要下海，但因几乎没有花什么钱就顺利办理了在当时尚属稀缺品的“倒签证”的赴日陪读手续，加上学校的出国一年必须辞职的规定，我几乎毅然决然地办理辞职手续，离开了学校，离开了我当了三年助教的宪法教研室，而且辞职之时已做好了绝不回校任教的打算。可在日学习、生活一年多之后，因种种原因，在签证时效未满时，就又毫无留恋地回来了。回沪之后，为夫妻职业搭配合理计，我又吃回头草，重回学校任教。好在当时学校师

* 除了在国外访学期间我每天记日记外，平常慵懒，记日记是时断时续。因此，本篇文字多靠追忆和回味而得，可能有误，敬请各位老师指正。

资紧缺，对我的重新回归自然欢迎。但说实在的，对将要从事外法史专业可是一点也没有思想准备。因为此时，于我，本科时期学习过的外法史课程除了留下汉穆拉比、查士丁尼等几个名称的依稀记忆外，其他皆为空白。承蒙教研室诸位外法史老师不弃，我就这样开始了与外法史的结缘。

最初认识的校外的外法史老师不是由于年会，而是因为参加何老师主编的统编教材第一版的工作。司法部高度重视此教材的编写，正式召集相关人员来华政举行教材编写会议，王人博、郑祝君、方立新、王云霞及卢建平等老师，作为撰稿人都来到了上海。我受何老师指派，负责一些联络和会务工作。正式会议讨论的具体情况现已不记得多少，但会后陪同老师们浏览上海的情形倒还能回忆起若干。那时候，上海内环高架浦西段刚建成不久，许多辅助设施都正处于扫尾期，交通状况远不如现在。我们去了外滩，还去了浦东八佰伴，至今我仍清晰地记得，王人博老师立于外滩堤坝前所发出的感叹：上海好是好，但我不属于这里。2011年圣诞节在北京与王老师见面时，还曾说起他的这次上海之行呢。

1997年秋天，第十二届外法史年会在华东政法学院召开。这是我第一次参加年会，也是我广范围结识外法史前辈和同行的开始。会务总负责人自然是我们徐轶民老师，何老师因为公务，只参加了半天会议就去了北京，会务具体由周伟文老师负责，我协助他张罗些事情。许多前辈都参加了这次年会，还专门去接了周枏老师来参加开幕式。会议主题比较应景，为“浦东开发开放与外国法制研究”，很奇怪，现在留在我记忆中的并不是有关这一主题的具体研讨，而是关于外法史学科何去何从的争论，当时的会场气氛显得萧条和悲戚。

但是，会务中的其他细节，留有印象的还有数则：

一是报到那天的晚饭时，前辈们都在打听和念叨，“鸿钧、卫方说要来开会的，怎么还没看到？”也就那么一小会儿时间后，可能是为了去东风楼教研室拿会务用品，我出门就在华谊楼（那时还称“留学生楼”）前，偶遇正在暮色中磨蹭寻路的仅背着单肩包而并没有其他任何行李的两位中等身材男子，凭直觉，我上前怯怯地问：“是高老师、贺老师吗？”果然是他们。前辈们获知高老师和贺老师已来与会的消息时，脸上所露出的是那种只能在立于村口翘首以待远方的游子回家，且终于与子女久别重逢的父母的脸上才能看到的欣慰和笑容。这种场景，这种研究会如同一个大家庭的氛围特别让我感动。不过，与此同时，心里也不禁嘟哝：“这两位真有这么了不起吗？怎么值得老师们如此期盼和牵挂？”呵呵，那时的我，对于研究会及学界情况的了解少得可怜。

二是那时经费紧张，根本没有所谓学科经费，要举办这次年会，全是仰仗刚走上副院长岗位不久的何老师的努力和协调，才从学校争取到5000元的资助及在用车和伙食等方面的便利和优惠。会议规模尽管不大，但仅这点资助肯定是让我们会务人员感到捉襟见肘的。徐老师是一个各方面都高要求、极具品位的人，经费再怎么紧张也得把年会办得体面，要让代表们感到我们的盛情，特别不能让代表们感到我们有上海人的那种“小气”，这是他吩咐叮咛并反复强调的，周老师和我均完全理解和赞同徐老师。因此，在会议期间，我们俩最用心的，就是努力在每个环节上落实徐老师的这一要求。根据年会惯例，每次主办方都要发纪念品，这也是最令我们费心和焦急的了。直到会议结束那天，我第三次走进位于中山公园前面定西路上的一家商店，在反复讨价还价后，终于购买了几十个原价148元、结果以80元成交的皮质男式钱包，质量款式尚可，实惠且便于携带。徐老师很满意，因为是会议结束时才发给代表的，所以大伙儿拿到礼物时好像也都特别地喜滋滋。礼物开销占了资助费的一大半。包括徐老师在内，我们自己都没有份。那种钱包，现在又有谁会稀罕呢？不知现在有哪位与会老师还保存着它，若找得出来，或许可以作为研究会的文物了。

三是在讨论会结束之后，安排代表们参观考察的线路是豫园——徐家汇。一早集中去豫园，说是为了便于自由参观，其实主要是为了节约经费，没有安排代表们在城隍庙统一午餐，而是在出发时每人发了20元餐费。第一次来沪的老师，还有来自北方的老师们都比较喜欢豫园的玲珑，还有九曲桥的别致，琳琅满目的城隍庙小商品也让女老师们喜出望外。记得贺老师全程参加了这次考察，参观途中，特别在豫园门口，代表们争相与贺老师合影，贺老师的明星范儿自此就给我留下了深刻的印象。在豫园门口小憩时，闲谈中知道，夏新华教授和我同龄，都是生于1966年，在大家的建议和起哄下，我们俩单独合影一张。说来也许不信，当时我心里还有点别扭和紧张。因为在此之前，我除了与先是作为男友、后来成为丈夫的我家那口有许多“帅哥美女”双人照外，从没有和其他年龄不相上下的异性单独合过影。新华应该会记得，当时我就笑言道，这是我的“处女合照”，弥足珍贵，要好好珍藏呵。自此之后，历次年会上，几乎每次都会特意和新华合影一张。这应该也是难得的研究会史上的真人照片秀的记录吧。话说回来，多少年过去了，现在每当陪同初次来到上海的国外或国内的师友参观豫园，看到九曲桥边上的雅致的绿波廊时，只要来访的老师有兴致，我都会建议进到里面去品尝上海著名的小吃，尽管其价格数倍于城隍庙周围的其他小吃店。似乎只有这样，才能弥补那次年会给每个代表分发20元午餐费的寒酸及因此负于心里的内疚。当然，我也知道，在当时多数老师没有手机、联络不便的情形下，那样安排也确实较便于自由参观，与会老师们肯定对此并不在意，更不会计较。

这是我所参与的第一次年会，至今想起，已是十五年前的事了。自此之后，我介入研究会的事务也就越来越多，先后担任副秘书长（2000年）、秘书长（2002年）、副会长兼秘书长（2005年），在何老师和研究会各位常务理事老师们的指导下，张罗每年的年会也就成了我责无旁贷的义务。年会的准备和顺利举办，在秘书处，得益于陈颐、冷霞、孙晓鸣、于明及本校外法史专业众多博士和硕士的协助，在承办方，相继得益于湘潭大学法学院、兰州大学法学院、贵州大学法学院、烟台大学法学院、山西大学法学院、西宁市人民政府、内蒙古大学法学院、江西财经大学法学院、华中科技大学法学院、辽宁大学法学院、华南师范大学法学院、海南大学法学院的诸位领导和老师的鼎力支持。几乎在每一次的闭幕式上，何老师都以成功、圆满来形容、总结年会，这一定意义上是年会真实情况的写照，也反映了大部分与会代表的心声。但是，在我，关注更多的是每一次年会所存在的疏漏，细细琢磨个中“失”的方面及其原因，以便下次年会时加以弥补、改进。因为有1997年第一次张罗年会经费紧张的困窘经历，所以每一次与承办单位联系合作办会时，一直强调会务安排上不必铺张，更不能奢侈，反复强调我们的年会历来重视的是简单、温馨、平等，最大的担心是怕他们花费太多。外法史在任何一个法学院都属小众专业，倘若所有年会代表开开心心离开后，却因办会开销透支，而留给辛苦劳碌了好一阵子的我们同行在所在法学院还要招致领导和其他专业老师的指责，难道我们不会问心有愧？因此，即使近年来，随着各地法学院及学科经费的总体增加，年会承办方在住宿、伙食、考察的安排上也越来越上档次，但我仍然坚持倡导节约办会的主张，绝不会以安排会务档次的高低作为年会成功与否的衡量标准。当然，唯一一次在办会经费上没有太多关注的是2005年西宁年会，其中原因，我即使不解释，经常参加年会的老师们自然也能意会。

自1997年年会以来，我参加了每一届的年会，并几乎每次都是自始至终，包括学术讨论和学术考察。只有2008年武汉年会，因为当时正在参加上海市委党校培训，仅参加了一天半的讨论就遗憾地提前离会了。每一届年会的大致情形我都记忆犹新，不过，其中的某些场景，尽管显得零星、碎片，但却定格于我的记忆中，特别深刻、难忘。

2000年湘潭年会：新老两代顺利交接后，受大家一致推举，作为新一届常务理事会“领导核心”的代表，贺老师做了十分钟左右的即兴演讲。这是我第一次近距离领略贺老师高超的演讲才能。贺老师的演说应情应景，真挚感人，即刻在会场中营造了一股既怀旧又温馨，有点感伤又有点期盼，老者欣慰少者振奋的氛围，这成为了研究会新老更替顺利完成过程中的亮点。我偷偷观察，会场中好多老师都非常动容。

王兰萍和王娆，一直陪伴满达人老师左右，如同女儿一样照顾满老，会场内外，上下楼梯时。

南北学者对话时，主席台上的一位老师，昂着头不时含着香烟的自信和自得的样子，很独特。

2001年兰州年会：报到那天，满老撑着雨伞来招待所看望代表时的高兴劲；夜色中“黄河母亲”塑像边众位代表争相合影；甘南草原上蒙古包内，何老师一杯青稞酒下肚两个小时内迷迷糊糊硬撑在饭桌上；同样是甘南草原那晚，曾尔恕老师冷静应对危急事件，调度有方，刘艺工、董茂云、夏新华、任强、曲阳、陈颐、任超等，拿着衣被彻夜未眠轮流奔波于宾馆与医院之间，那晚，我猛然意识到与会青壮年代表之匮乏。

2002年贵州年会：会议期间，我一直想念着此前一年曾随李世宇院长前来华政商讨年会筹备事宜，却于2001年11月英年早逝的副院长周春梅老师。虽然只是一面之交，但她那双充满笑意的大眼睛及爽直、干练的工作作风，让我觉得很投缘，暗地里为她的突然离去而极为惋惜和感伤；在乌江边的小餐馆里，大伙儿围坐在一起大快朵颐乌江鱼；在宴请晚宴上，我中途应邀加入高老师、贺老师所在的那一桌，当时在座的还有王健、任强等，老师们都已酒过三巡，经不起起哄，我生平第一次喝起了白酒，而且喝着喝着，一句“茅台酒很好喝”可能有点震惊四座，还起到了以攻为守的效果，我清醒着离开酒桌后，还去练习了半个多小时的乒乓球，在酒桌上还听到任强感叹“到今天，我才知道以前喝的茅台全是假的！”

2003年烟台年会：那年7月，我刚从英国访学回来，可能腻味了半年闷坐于图书馆的枯燥生活，博士论文写作又正处于瓶颈，结果物极必反，在年会研讨结束之后的聚会和考察途中，我最为放肆和无所顾忌。表现之一是，因汤唯老师客气，让大家觉得在烟大喝张裕葡萄酒似乎既取之不尽又不要花钱，没有顾虑和负担，我竟然毫无畏惧地与郑少华、肖光辉等海量者一杯接一杯地喝起了红酒。虽然结果无恙，但现在想想也有点后怕。自贵州年会和烟台年会后，女秘书长能喝酒至少在会内开始流传，甚至横向远播到其他专业，这可不是什么值得自我吹嘘的事情，但我获得的最多赞誉“你不像上海人”可能与此直接相关（我本来就不是上海人，而且，说实在的，在上海，比我爽直、豪气的人多了去了，适当时我会就此撰文再论）。不过，也许大家有所不知，这是我喝酒的至高点，此后再也没有再现过类似的场景，喝酒的兴致逐渐衰减，酒量也自然下降，现在的状况是一点也不喜欢，不得已的情况下才被迫“意思意思”。

戚继光故里和成山头景区留下了年会代表们的足迹。我的家乡，浙江台州临海的桃渚镇，至今仍保留着他抗击倭寇的古城墙，因此参观戚氏故里让我觉得特别亲切。成山头又名“天尽头”，因此流传着某种说法。记得临行前，我曾提醒过何老师，但何老师毫无顾忌随大部队一起前往游览。尽管绕着那块硕大的幸运石走了无数圈，寻得了些许慰藉，但自此之后，有时也会纳闷嘀咕，何老师44岁就走上校长岗位，而且在管理上和学术上都有令人瞩目的成就，至今咋就不能再向上进一阶了呢？是否就与此行有点说不清道不明的关系呢？我知道何老师并不在乎所谓高升，但作为研究会的秘书长和他的弟子，我有时候想起还是有点后悔和懊恼，当初应该力阻何老师前去那里参观的，宁信其有不信其无嘛。

2004年太原年会：报到当日的下午，与董茂云老师结伴去太原市中心广场参观，手机丢失，两个人找得团团转也未果；研讨会中的一日早晨，我特地早起，参观山西大学校园，在“山西大学堂”纪念碑前，偶遇同样早起的程汉大等老师，就此聊起近代教育史的话题；临去五台山的那日凌晨，右脚背莫名其妙揪心地疼痛，在经过了几个小时的去还是不去的犹豫之后，在同屋余辉的一再建议及何老师的鼓励下，我还是按计划随大部队一起前往五台山，还享受了唯一的一次不乘大巴而乘吉普专车的特权。参观阎锡山故居时我的脚仍然疼得难以着地，到五台山时还由同门曲阳和朱晓喆左右胳膊架着上山，到傍晚入住山脚下的宾馆时却已可健步如飞，这真令人难以置信，以至于那日晚饭时有朋友笑问我“白天是否是在装娇气？”当晚，还因此引发了高鸿钧、方立新等老师的一些联想和感慨。我暗自思忖，这说不定与蒙振祥老师在离开五台山时，赠与我他在庙前小摊上购买的一串长长的暗红色木制佛珠有关，呵呵。它至今仍静静地挂在我家书房的台灯上。

2005年西宁年会：西宁市政府办公室派车到停机坪迎接何老师，冷霞和我随何老师乘同一航班，所以也附带着享受了这样的待遇，这是迄今为止我所享受的唯一一次的类似高级别待遇。何老师因临行前已患感冒，加上高原反应，到那里不久就住院吸氧。承办会议的是市政府办公室的同志，他们经常承办的是行政性的会议，从没有张罗过学术会议，因此特别重视席卡、座次之类的安排，深恐排位时对于局级、处级等有什么不周全，所以彼此协调颇费思量。好在办公室的同志们都很热心和干练，加上他们除了知道何老师是华政的校长外，对于研究会的其他副会长，如高鸿钧、贺卫方等老师都不知道，也没有听说过来捧场与会的朱苏力老师的名字，所以会议开幕之后他们也乐得轻松，放手由我们秘书处具体安排了。何老师在住院时，我去医院汇报了两三次（哪个医院已不记得），看着病床上本就瘦弱的何老师陡然憔悴和疲惫的样子，听着他就会务所作的吩咐，我心里当时有一种悲壮的感觉，而且还非常害怕。好在经过两天的修养和调整，何老师能够出现在闭幕式上致辞了，大家心里的一块石头终于落地。因为年会既要研讨，又要换届选举，议程本就较为紧张，加上在会场上又不能像以前历次年会那样随时请示何老师，心里一直提心吊胆。还有自己也没有特别注意，初次到高原地区深度睡眠本就减少，还与冷霞一起瞎折腾，大清早就奔到西宁市中心广场去学跳锅庄舞参加早锻炼，因此闭幕式一结束，心情松懈下来后，就觉得非常不适。接着两天参观富有特色的塔尔寺和十分优美的青海湖区时，已没有多少精神，只好一直硬撑着。从西宁回沪后，精神不济，昏昏沉沉，差不多在十多天后才得以恢复。

2006年呼和浩特年会：这次年会的主题是“多元的法律文化”。因为研讨主题的开放性，呼和浩特又是一个极具吸引力的地方，年会又于正值暑假的8月初召开，因此与会者也十分多元，老的少的都有，人数远远超出我们在会前与内蒙古大学法学院程延军老师联系时的估计和承诺，给会务工作带来了意想不到的压力。麻烦的是，有些随会的家属还不习惯主动交纳会务费，所以我在研讨会期间反复通知强调三点：为了保证会务顺利，每一个与会者必须自觉交纳会务费；以后所有与会者必须提前反馈与会信息，否则将可能不安排住宿和接待；同时，为严肃年会秩序，原则上不欢迎带家属与会。可能我通知的时候过于严肃，过于认真了，会议结束时，曾有朋友告诉我，“从没有看见过你这样板着脸”。此外，内蒙古大草原的蒙古包、风车及沙漠天气的变化多端一并留下深刻印象。

2007年南昌年会：这是我第一次乘动车，从上海至南昌。来自日本的铃木敬夫、石川英昭，还有铃木老师的大女儿铃木光等教授参加了年会。铃木光可能是第一次参加中国的学术年会，所以对什么都好奇，看着晚宴上的杯觥交错及个别老师的酒后戏言，她的眼神中所流露出来的惊奇和疑惑反而又令我感到诧异，还好我通过蹩脚的日语尚能向她（当时她的中文尚属初学期，但第二年在北海道，铃木老师一家招待我们全家时，她已将中文说得溜溜的了，我们感到很惊喜）做些解释，使她释然。在九江白鹿洞书院，更是瞥见惊人一幕。我们一位教授该是毫无恶意地突然顺手一推，致使石川教授“扑通”一声下跪在朱熹石像面前，石川老师虽然脸带笑容，但显然感到莫名其妙。环顾周围，众人皆同样愕然。参观共青城胡耀邦纪念馆时，齐海滨老师俯身在留言册上，激情赋长诗一首，我举起手中的相机记录下这令人动容的一刻。庐山顶上众人就纷纭复杂的国共两党的恩怨和分合，以及近五十年前发生于此地的那场明争暗斗的真真假假等问题的高谈阔论，着实丰富了我近现代史的知识储备。

2007年年会距我1997年第一次参加年会正好整整十年。此后各届年会，包括2008年武汉年会、2009年沈阳年会、2010年广州年会及2011年海口年会，记忆库中可以随时调出记录在此的就更多了。但因为它们才过去不久，现在在此继续唠叨的必要性令我自己都有点怀疑，留待研究会成立四十周年时再忆记吧。真正难忘的人和事，是需要在经过了足够时间的沉淀之后，才会越来越清晰地被人想起和回味的。

每年的年会都给我们带来新的朋友，现在再也不必在会议报到那天为与会者太少而担忧了。不过，又开始了另一种操心，那就是要应对参会者超过预计人数时该如何临时调整和安排的问题。参与年会，除了结识越来越多的朋友和收获友情外，研讨会中和参观考察途中的所见所闻和交谈交流，也拓宽了我的视野，它们不仅仅有助于我的教学和研究，同时也裨益于情操之陶冶、生活情趣之丰富。张罗年会，自然还提高了我的协调、组织能力，主动与人交流不太再有心理障碍，也不再羞涩腼腆了，东西南北的方位识别水平的提高也显而易见。不过，对于这最后一项，无论我沾沾自喜地重复多少次，家人至今仍不相信，当我在吹牛，因为在三口之家中，不可否认，这方面我确实位居末位。同时，不得不承认的是，在此过程中，或许是我太把“秘书长”当回事了，可能坚持原则有余，灵活折中不够，也就是说，自感是越来越“犟”了，尤其是与一向宽容的何会长相比，则更是显得如此。且糟糕的是，习惯成自然，还将此带到了日常的校园生活中，因此现在常被“誉”为是“有点个性”的教授。好事？坏事？又有谁能知道？不过，一年一度的相聚，有研究会这一大帮的师友们，能作为我从少妇—半老徐娘—老妇人这一既漫长又短暂的转变过程的见证人，幸莫大焉！

记忆靠得住吗？有时，想象就是记忆的孪生兄弟。我的年会忆记就此打住，期盼与我一同分享过年会的各位师友来指出和订正其中的“想象”吧。

随 笔 十 则

那个小城 (Ann Arbor)

离开那个小城已经一月有余了。尽管回来后一度因时空差异晕晕乎乎，又因不得不处理离开以后堆积的公事和家事而忙忙碌碌，但晕乎和忙碌中，我一直牵记着，须静下心来为它写些文字，因为那值得记录，值得回忆。

我要说的小城英文名为Ann Arbor，地处美国北部五大湖区的密歇根州东南部，中文有译为安阿伯，而我更喜欢其另一译名——安娜堡，不仅音贴近，而且较温馨，恰恰暗合了其小巧、幽静及富文化气息的特征。

小城不大，人口十一万余，城中心横竖交叉十数条道路，半个多小时就能在主要街区兜一圈。多为二三层的建筑，中心地带有一高高突起的现代建筑，二十多层的高楼，似与小城整体风格不协调。不过，它也有独特用途，在城市任何一处，一抬头都能瞅见它，即使初来乍到者毫无方位感，只要记住它的所在，就可免于迷路。沿街两侧多为各类小店铺，咖啡店、工艺品店及书店比比皆是，虽不能说琳琅满目，倒也丰富便当。偶于咖啡店内，一杯热巧克力伴一本小书，数小时已过却不知不觉。间或抬头，目光恰遇窗外悠闲而行的陌生人，自然一笑，顿时忘却了自己孤零零的是在数万里之遥的北美小城的街边小店里，而似置身于临海乡下张家长李家短的旧屋门前的笑声暖意中。

人少，街不阔，行色匆匆的路人也少，只是在周末偶尔能看到自娱自乐的街舞，及举着喇叭高喊“上帝”“圣经”的当代传教士，还可见开足了音量的时尚敞篷车飞驰而过，但这些一时的高分贝似乎是为了显现一向宁静的小城的活力。即使美食节、艺术节这样的盛会，虽然也熙熙攘攘，但几乎看不到急吼吼、吵吵闹闹的场面，无论主客，皆从容、悠闲，似乎都没有什么实在的目的，而只是为了来享受阳光，感受露天大派对。

如果说小城仅仅小巧、幽静，这并不稀罕，而倘若它再富有文化气息，那定是难得。安娜堡之所以让人留恋，也就在于此。

自认为是读书人的我，周末闲暇在小城中逗留最多的自然还是书店，有专营一般的图书及报纸期刊、音乐碟片的，也有专售二手书及初版、孤本的。前者最大的当属保德斯（Borders Books & Music），据其官方网站称，它是世界上第二大书业零售店，而位于自由（Liberty）街的这家就是其创始店，自1971年创立以来，发展至今，连锁店遍及美国各地。其实，若按照上海书城或北京图书大厦的规模衡量的话，保德斯只能算是小书店，很不起眼，两层的门面，上下也只有一千多平方米。我好看历史、国际政治类，因此，进得门去，常在左面一隅一站就是数小时。从杰斐逊到毛泽东，从古巴到日本，悉数浏览而过，享受纯粹翻书的乐趣。腰背实在支撑不住时，进上二楼，西面临街一隅，几把椅子加一两张小桌组成的咖啡小店，对于逛书店达至累乏难忍如我等者，有恰在其时的吸引力。一杯香浓咖啡在手，再从书架上取下印刷精致的旅游图册，画中的景色在美味的咖啡陪伴下，顿时被无穷尽地想象和美化，原本已放弃的去领略黄石喷泉、夏威夷海滩的念头，就是在这种情状中数度重新萌生。离开美国之前的最后一个月匆匆促就黄石之行，归国途中经停夏威夷走马观花等，与此都不无关系。

以保德斯为引领，就这么几个街区，却聚集了十数家书店，往往是刚从这家书店出来，就又看到了那家书店，令人有十步一书店之感。书店的门面大多并不堂皇，尤其是那些专营二手书的，初到者若不留神，可能会屡屡经过而不知其为书店，但若有心，入得店内，往往别有洞天，层层叠叠，大有螺蛳壳里做道场的气势。一个店员，再加一两名顾客，构成了整个店堂的人气。地上架上，只要耐心，定能摸出其置书的规律，若乐于上下翻找，价廉书珍总能让你满意。书店本该如此，幽幽静静、从从容容，拒绝吵闹嘈杂。它不应是大卖场，并非越大越好，也非人越多越有吸引力。因此，每每从保德斯或其他书店出来，总有一种精神的富足，即使一本书都没买，也总有一种内心的轻松，尽管常常已是腰酸背疼。

当然，说安娜堡富有文化气息，自然还因为它为密歇根大学的所在地。密大于1817年创建于底特律，是美国历史最悠久的公立大学之一。1837年搬至距其六十多公里以西的安娜堡。小镇人口随之增多，铺轨通火车，其他设施也相继建成，1851年升格为城市。可以说，安娜堡因为密大的移入而得到了发展的契机，密大在定校区于安娜堡后始逐渐平稳扩大，两者相辅相成。现在的密大，已发展成为美国最杰出的大学之一，被视为“公立大学的典范”，其学术地位、师资队伍均为一流。大学设有十九个学院，许多学科的学术实力在全美排名均属靠前。办学规模也较大，为美国中西部十大联盟（Big Ten）之一。现有三个校区，安娜堡仍是其主校区。中心校区即在安娜堡的downtown，大学的建筑遍布小城，而城市的许多机构和游览去处又大多与密大相关，可以说，大学和小城已经互为一体。居民中以大学教授、学生和大学的其他从业者为多，文化素质较高。学生团体数百个，每年的讲演论坛上千，各类文化活动不断，人文环境极佳。而紧邻中心校区、步行只需约十分钟即能到达的可容纳十万余人的著名的Big House，是密大橄榄球狼獾队的主场，在赛季中，周六中午开始的主场比赛似乎是全城居民的节日。

小城与大学相依相融，小巧但并不呆板，幽静但并不乏味，富文化气息但并不浮夸喧嚣。

这样的一个大学小城，周围还为郁郁葱葱、高高低低的草地、树林所环抱，再加休伦河穿经而过，从高处俯瞰，整个就是城市在林中的景致。无怪乎，在美国最适合居住的城市评比中，它常榜上有名。

在美访学一年，一直处于“访”的心态，加上好奇、好动、好旅游的生性未泯，致使我几乎踏遍了安娜堡不仅仅限于市区的每个角落。而且，其他没有去过的地方都想去，没有见过的稀奇事总想见。而富布莱特项目的促进不同文化间了解和交流的主旨，及不时来自项目官员的“走出图书馆”的告诫邮件，更是潜意识地纵容并激励了我一直保持“玩了再说”的念头。因此，去了许多地方，看了不少西洋景。可每次一回到安娜堡，总有“还是这里好”的感觉。虽然其中不乏住久生情的因素，但只要曾有机会来此者，并细细体会过其外在的美和内在的韵，定会认同我此言非虚。

这就是安娜堡，我生活过整整一年的小城。三百六十五天，虽有思亲想友、遥遥无期的黯然神伤，有不得不操心一日三餐且再怎么费心也仍然无味的无奈无助，有闷坐阅览室、只能面对电脑与瑞星卡卡小狮子自言自语的寂寞难耐，有既非教授也非学生的什么都不是的尴尬自嘲，有面对异域文化不知所措的困惑茫然，有近半年的北风萧瑟、白雪皑皑的寒冷困顿……可因为安娜堡的美和韵，内心的孤寂茫然得以排减，生活的困顿无助得以释然。而回来后，独自静坐书室常忆起安娜堡，留在脑海中的是那盎然的春早、恬静的夏夜、多彩的秋叶及童话般晶莹剔透的满城冰挂。念及在那里的岁月，不禁感叹，简单寂寞才是纯，粗茶淡饭本是真，体认陌生人社会则是一种难得的修炼；而每当不得不出门，面对穿梭不息、喧嚣无序的街巷人群时，涌上心头的是离开前最后一天独自漫步那个小城的无边留恋和惆怅，只是现在更夹杂着无奈、失落甚至隐隐的疼，莫非这是生活于“转型期”的一个多愁善感或可曰有些自恋的我的非常情绪？抑或还有听多了“科学发展观”与“和谐社会”的一个自作多情、不敢忘“匹妇有责”的我的正常期盼？

（撰于2007年11月15日，时值离开Ann Arbor返沪整一月）

绕不过的小斯当东

两天的时间里，几乎是迫不及待、一字不落地读完了屈文生教授发来的《小斯当东回忆录》译稿。

数年前就知道文生已经着手翻译它，“迫不及待”自然是由于它在被精雕细译下的姗姗来迟，更重要的是因为，小斯当东，这个名字本身极具阅读诱惑力。

近些年自己的学术兴趣主要在于中西法律文化交流（或曰冲突）史，小斯当东当然不容忽略。他是马戛尔尼使团的见习侍童，曾单膝下跪接受乾隆皇帝赏赐的槟榔荷包，描述这一场景的那幅图片几乎被收于所有的相关书籍之中；他曾在中国广州前后工作18年（1800—1817），历任东印度公司的文书、大班兼翻译，最后升任为广州特选委员会主席；他曾担任阿美士德使团的国王使节；他曾创立英国皇家亚洲学会；他曾在伦敦国王学院捐资设立中文教授职位；作为议员的他，尽管自认不擅公开辩论，但还是留下了诸如反对“关于英国在中国设立法院的议案”（1838年）、论证英中交战的合理性（1840年）及支持英国向中方索取鸦片赔偿（1842年）等记录；他还曾以中文“上帝”翻译“God”；等等。那个时期，关注中国的西方人并不多，而与中国有深度交集，一生的巨额财富、崇高声望和社会地位都主要依赖于这种交集的更是屈指可数，小斯当东就是这样一位我们绕不过去的代表人物。

当然，对于小斯当东的重点关注，直接还是起始于六七年前自己着手撰写以“特拉诺瓦案”（1821年）为中心、考察中美早期法律冲突历史之时，其后接着又以美国第一个来华传教士裨治文于1832年5月创刊于广州、前后整整持续20年的《中国丛报》为切入点，勾勒、阐述西方人的中国法律观的系列论文时也常涉及。那是因为，他是欧洲完整翻译中国法律典籍的第一人。他翻译出版的《大清律例》（1810年），是《大清律例》的第一个英文版，常被中西冲突中的著名案件比如“特拉诺瓦案”、中西关系史上的主要媒介比如《中国丛报》所引述。

正如小斯当东在回忆录中所坦承，翻译《大清律例》赋予自己的声誉或许比一生中经历的其他任何事件都要大。确实，《大清律例》英文版一问世，即受到广泛的关注，同年《爱丁堡评论》就发表了佚名的长篇评论，其他的如《折衷评论》《每月评论》《学衡》《不列颠批评》及《亚洲杂志》等杂志也都刊登了书评。此外，两年之内它还被转译为法文版、意大利文版。可以说，在那时期的西语政学两界，想知道中国法律是怎样的，这部英译的《大清律例》条文就是依据，一定意义上可能也是唯一的依据。如何评判中国的社会、法律，都以转述同时被收于本书附录的小斯当东译者序言的某些段落才感觉到踏实有底气。它在西方人评判中国法律的历史上确曾长时间扮演过无可替代的重要角色，即使这一英译版《大清律例》真如其第二个英译版（1994年）的译者、美国学者钟威廉所认为的那样“几无用处，因为他的译本过于行云流水”。

颇为凑巧的是，我们现在也刚好将《爱丁堡评论》的那篇书评，翻译成了中文，作为附录，收于我的新著《中法西绎：〈中国丛报〉与十九世纪西方人的中国法律观》之中。两厢对照，很有意思。

这部回忆录不仅向我们展示了小斯当东本人的经历和重要活动，还让我们从侧面认识了他的亲友群，这其中，也多属重要的历史人物，同样令人玩味。他与父亲老斯当东之间的书信及为其所做的小传，向读者展示了这位马戛尔尼使团副使的温情一面，望子成龙的普通父亲的形象栩栩如生，相应地，以父亲为楷模、努力实现伟大人生目标的作为儿子的小斯当东也跃然纸上。同样，他为自己的德裔家庭教师、马戛尔尼使团成员之一伊登勒先生所做的小传，不仅描述了这位知识渊博、谦恭有礼的学者与其前后两位资助人，即小斯当东父子结缘的来由及师徒情深，还让我们知道了他的《出使中国日记》竟然是在违背其意愿的情形下出版的这一细节。朋友圈中，除了他曾为之服务的马戛尔尼和阿美士德，还有约翰·巴罗、马礼逊及其儿子马儒翰、德庇时、律劳卑、巴麦尊、璞鼎查，及德国的洪堡、法国的儒莲等，个个来头不小，都是响当当的人物。与他们之间的书信往还，或者是他的片言只语的零星提及，都为读者阅读这些历史人物提供了又一线索，而且也有助于进一步了解小斯当东的丰富履历和个人品性。

同时，应该提及的是，阅读本书，还让我们感性地获知19世纪上半叶英国的选举、议会的议题和议事规则及党派竞争等政治生态。而他对于十数度欧陆之旅所踏访过的大小城市、名胜古迹及有过交往的达官显贵的描述，读来也令人兴趣盎然，增添我的怀旧和遥想。

能让我一字不落地从头读到尾的译著，除了内容本身十分吸引人之外，当然还有通俗、简明、轻快的文风，译事艰难，尤其是要将19世纪中叶的英文翻译成现在的行文，难能可贵。此外，补充的六十多个注释，不仅提供了必要的信息，增加了本书的学术性，也体现了译者的认真和严谨。

这些年，文生在史学、法学及译学等领域的佳作接连问世，学术眼光的敏锐性和思考研究的多维度已然展现。无论是作为他曾经的老师，还是现在的同事和朋友，我都感到由衷的欣慰和自豪。可是，工作于同一个校园，交流密切，我深知他的付出和用心，看着他渐生华发，欣慰、自豪之余也不免有点心疼。学术之路漫漫，且行且歇，希望即将到来的哥大访学之旅，能带给他一段时间的真正休整。

以上拉拉杂杂，尽是有感而发。是为序。

（撰于2014年12月10日，
系为屈文生教授的译著《小斯当东回忆录》所作的序，
该书已由上海人民出版社于2015年出版。
“雅理读书”于2015年10月推送时增加了这个题目，
觉得挺合适，现从之。）

接承上海出版经典之地气

目下，法律从业者日增，相关研究成果不计其数，“文库”“文丛”林林总总。不过，若以法学成果出版机构的地域而论，学术影响力北重南轻的现象似乎毋庸讳言。进一步直言之，位于京城的各大出版社统领了当今中国的法律出版业。而自开埠以来，上海曾是中国出版业的重镇和中心；二十世纪上半叶，在上海问世的法学成果更是雄踞半壁江山。曾经的辉煌，在同时代难觅相匹敌者。其中的许多学术著作，作为我们探究中国近代法律变迁轨迹及梳理法律学术史所无法忽略的重要参考，至今仍惠泽学界。而现在上海人民出版社策划出版此“法律·社会·历史文丛”的主要动因，即是为了接承曾产生过众多经典法学论著的这一上海之“地气”。

“法律·社会·历史文丛”的基本定位是精致、高品位的法学学术论丛，汇集的是有着浓厚的社会人文关怀和恢宏的历史视野的真正学术人对于法律问题进行认真思考和用心研究的成果。

一方面，就选题而言，是开放的、多元的，不计是否联系实际，更不问对当下中国是否“有用”。王国维先生在《国学丛刊序》中曾正告天下曰：“学无新旧也，无中西也，无有用无用也。”大家之言，特别是其“无有用无用”之论，仍值得今人玩味。有价值的选题应当是，著者在广泛阅读之后，被强烈的好奇心驱使，于辨疑解难的冲动下选定的。真正的学术人可能都有过这样确定选题的经历，好奇和兴趣乃是从事研究最原始且最持久的推动力。

另一方面，就著者而言，无论前辈还是新锐，研究时都应持有宁静的心境。法律问题的研究者，几乎不可能不入世。不过，真正学术人却一定要脱俗，他/她应有道义上的担当，有对于“道”与“义”的超然追求，有学者的清醒和人格的清高，有高于世俗的“乌托邦”学术理想。研究者经常是，也应该是寂寞的、孤独的，甚至是无聊的，在宁静中，晨钟暮鼓，研习揣摩。宁静不是封闭和停滞，更不是自绝于世、闭门造车，而是时刻关注世态万象、理性探求真谛的一种心境。“非宁静无以致远”，在当下略显嘈杂的境况下，这一古训尤有警醒之意。宁静的心境，是治学的一种境界，对于研究法律问题者言，则更甚。没有宁静的心境，无论先进还是后学，都将不可能产生具有思想和智慧的成果，不可能有真正的学术担当，而有的可能只是浅薄的末策、媚俗的迎合。

再一方面，就著作而言，最理想的是，著者基于好奇和兴趣确定了选题，在宁静的心境中，沉潜往复，从容含玩，并坚守圆融通博且富有个性的治学门径和学术规范，最终水到渠成。著作可能带给著者以学位、职称及学术声誉，但这些本身却不能被异化为著书立说的终极目标。因此，上乘的学术作品，需要“慢煨”，而不能“急烧”。研究者也只有在“慢煨”中才能享受探知求真的乐趣，感受从事学术研究的尊严，归根结底，这才是真正学术人的追求。大而言之，也唯有如此，学术成果才能传承文明，启迪智慧，而这，才是学术研究的根本趣旨。“通古今之变，识中西之长，成一家之言”，这是唐德刚先生所享有的盛誉，也应是衡量当今学术水准的最高标杆。虽然难以企及，但是，我们将心怀敬畏，努力使各部论著在“成一家之言”方面有所建树，并确保文丛的精致与品位。

二十一世纪的前十年已成历史，现在启动“法律·社会·历史文丛”，已难言还有天时。但是，借上海法学出版曾丰硕显赫之“地气”，续养成数辈驰骋法界英才之传统，本文丛的策划人、著者、编辑及所有参与者精诚合作，地利人和，集思广益，持之以恒，终会有所成就。我们希望，本文丛将以其精致和品位在林林总总的丛书中独树一帜，以赢得独具慧眼的同道和读者的赏识、鼓励和支持。

（撰于2011年5月，系“法律·社会·历史文丛”总序）

教授的理想风范

——贺陈鹏生老师八十华诞

时下，有关“大学”的话题不断，尤其是关于大学理念和大学精神，早已超出了过去很长时间动辄集中于大师、大楼之辩的范围和水平。大学如何能够具有自己的特色，大学如何能够办学自主，大学如何能够保障学术自由，大学如何能够培养出兼具人文关怀和公民意识的人才，大学如何能够担当起服务社会的责任等，此类问题的讨论不绝于媒体，令人眼花缭乱。在众多的讨论中，大学的“行政化”多被视为是现行高等教育中最受诟病的症结。与此相对，提倡“教授治校”的呼声不断高涨，甚至让人觉得，只要取消大学现实存在的行政级别和行政化管理模式，真正确立教授在大学中的自主地位，充分发挥他们在教学、研究和学校管理中的作用，似乎有关大学的所有问题就都迎刃而解，万事大吉了。

诚然，我国现行的大学管理体制中，“行政化”确实是一个症结，它附生了一系列问题，譬如，管理效率低下、学术官僚化、校风学风混沌等，“行政化”都难辞其咎。但是，倘若有那么一天，政制昌明，世风日上，大学的“行政化”得以抑制，“教授治校”真正确立，那具备何种风范的“教授”，也即真正的教授，才能担当起“治校”之大任呢？

真正的教授应该具有宽宏的视野、磊落的胸襟和渊博的知识。能顺利走上大学讲坛，面对学生胸有成竹，从事研究兴趣盎然，一定的视野、胸襟和知识必不可少。但是，倘若视野、胸襟和知识，只够短时期地立稳于讲台之前、并逐个学期乏味重复，研究课题空泛而陈旧、却自以为是在填补学术空白，除了自己专业这一亩三分地内偶尔尚能浅谈辄止外、对于人文社科等其他领域漠不关心、茫然一片，那么生存于大学校园中的这样的人，至多只能算“匠”而不是“师”，更谈不上是能够“治校”的教授。

真正的教授应该具有强烈的责任感和使命感，并富有创新精神。大学有史以来就承担着重要的社会职能，它传播知识、弘扬文化、传承学统、启迪思想。作为大学中的主体，教授不仅要精于自己的专业知识，而且要将传授知识、学术研究与大学的社会职能相联系。这就必然要求，教授应该有强烈的责任坚守意识，有不断创新知识、探求真理的追求，有独立思考、团队合作的精神，有敢说敢为、正直率真的气魄。若教授不具备这些素养，那教授“治校”将毫无必要，也不具任何改进的意义。

真正的教授应该具有深受学生敬戴的人格魅力。教授的人格魅力固然因为其学识、视野、责任心等素质而得到彰显，但要获得学生的认同乃至尊敬、爱戴，则还必须有一颗尊重学生、关爱学生、提携后进的善心，及常为此身体力行的善举。所有教授都应该认识到，校园中的学生是我们赖以作为“教授”生存于大学之中的基点，传道解惑只是教授的当然职责，除此之外，在日常相处中，还应善于理解学生、鼓励学生，为学生成长和发展成为兼有良好的品性、浓厚的人文关怀、广阔的理解力的完整人格的社会人创造一切可能的条件。师生关系不是驵侩式的功利关系，教授的努力不能以获得学生的敬戴为目的，但无可讳言，只有真诚付出，受到爱戴才有可能。而只有由受到学生爱戴的教授“治校”，良好的校风学风才能得以倡导、形成。

最后，可能不是最重要的，但却也是必要的，那就是，真正的教授还应该具有对得起“大学教授”称号的品貌。身体发肤，受之父母，端庄、奇异、帅气、美艳、普通，各有不同，均无可厚非。但是，作为教授，在公共场合，尤其是面对学生，至少应该“面必净、发必理、衣必整”，要站有站相，坐有坐相，言谈举止、待人接物应得体大方，这是作为教授尊重学生的起码礼仪，也是对于学生的另一种言传身教。矫揉造作，易令人看轻，但必要的仪表粉饰也应提倡和重视，所谓“为人师表”，不应仅限于指教师的人品学问，还应包括他们外在的言行、着装，尤其是在当代的文明社会中，在大学历史的推演已如此悠久的现在，教授外在的细节也是越来越受到关注。

归纳之，大学教授的理想风范，至少应该兼具博学、宽宏、正直、善良、儒雅等素质和气质，是它们的协调综合。反观周围，随着大学跨越式的扩张，师资队伍日渐膨胀，大学校园里，不仅教师、教授数量可观，而且获得教授职称的途径也有异同，有年复一年逐级从助教、讲师、副教授论资排辈熬至教授的，也有从零职称直接三级跳式地直接获评教授的。大学的教职占据了，副教授、教授也都评上了，可是，真正具有教授风范的又有几人？在目下如火如荼的中国缺失大学精神和大学特色的争论中，难道除了管理体制和模式的制约外，大学里的教授们自身就完全脱得了干系？虚夸浮躁、急功近利、唯唯诺诺、曲学阿世、胆小慎微、自私自利，难道这些习气我们从未曾沾染上？这至少常令我扪心自问，暗暗自省。

值得庆幸的是，从我二十八年前进入万航渡路1575号这个校园以来，我就认识这么一位真正具有教授风范的前辈——陈鹏生老师。作为初入大学校园的新生，所谓那时就认识陈老师，也只是限于知晓学兄学姐们私下闲聊中对于陈老师学识、为人所流露出的尊敬崇拜。在校园里间或遇见陈老师，面对和蔼亲善、德高望重的前辈，我至多如同其他含羞的小女生一样鼓足勇气怯怯地叫一声“陈老师”就匆匆离开而已。毕业留校后，特别是在告别校园一年半之后，于1995年从日本归来，重回母校就职，并有缘进入法制史教研室以来，在得享包括陈老师在内的法制史前辈给我们打下的坚实基础和营造的良好氛围的同时，我对陈老师有了更多的感性上的了解和精神上的亲近，于是对他的尊敬和爱戴也逐渐从学生时代的远距离转变为现在的近距离。与此同时，作为我校法律史学科团队中在年龄上承上启下的我，每每知道陈老师现虽退离教席，但仍一如既往地关心学科和学校的发展，继续关爱青年学人的成长，都倍受鼓舞和鞭策。陈老师的风范自然而然成为了包括我在内的法律史同仁的引领力量，无论是为学，还是为人。

谨以此文祝贺陈鹏生老师八十华诞，祝陈老师康健长寿、幸福永远！与此同时，也希望在今后日复一日的校园生活中，我能借此激励自己完成从职称意义上的教授到真正具有理想风范的教授的成功蜕变。或许待我到耄耋之年，只不过是人群中的一普通老太，无法拥有像如今的陈老师那样让人一看就眼睛一亮的教授的上乘气质和翩翩风度，但仍心向往之，并将为此而不断努力、继续修炼。

（撰于2011年4月10日）

老校区　新校区

今夏的沪上一如往年，依旧烈日炎炎、闷热难耐；今夏的校园亦如往年，同样枝繁叶茂、幽静雅致。可在相同的季节漫步于同一个校园，心中却涌起不同于往岁的思绪。

不一样的思绪或许源自校园里忙碌着搬家的景象。暑假之后，学校管理机构主体将从长宁迁至松江，两校区之间半个多小时的车距，不仅印证了学校的迅速发展，也深深影响了学校里的每一个人。

学校公文上将两个校区定名为“长宁校区”“松江校区”，这种正式而清晰的名称也许更适宜对外介绍，而所谓“总部”“分部”的说法又因其隶属性彰显而使人不乐于接受。从内心而言，“老校区”“新校区”之称呼愈觉熟悉和亲切。

老校区，百年之前的建筑仍安然矗立。这在近代高等教育历史不过只有百多年的中国，在开埠不到两百年的上海，弥足珍贵，堪称古老，而其古朴雅致，更是有目共睹。在万航渡路的这方土地，一个世纪之前，她最早实践了教育领域的中西交融；七八十年前，她领略了无数文人志士的高歌呐喊；五十三年前，她迎来了新式法学教育模式的组建摸索；二十六年前，她感受到了压抑困顿多年之后重返校园的华政人的意气蓬勃。韬奋晨钟与格致夕照，还有那静静环绕的苏州河水，印证了这一切。悠久的历史，浓郁含蓄的文化气息，这是老校区的精髓，也是老校区的风格，令人留恋，耐人品味。

新校区，三年前师生员工品评设计，情形尤在；初次涉足荒凉泥泞，记忆尚新。两年前，拔地而起的明法楼，迎来了满怀憧憬和兴奋的两千多名大一新生；而作为最早到新校区授课的教师，虽未适应往来劳顿及陌生的环境，但授课之余漫步于蓝天、白云、绿草映衬下的空旷的红砖灰瓦校舍之间，我同样是心旷神怡。近一年来，规模渐具、大气雄宏的校园已展现在眼前。明珠楼的钟声与数千学子，还有波光潋滟的沈泾塘水，见证了这一切。独特的建筑，充满活力的文化气息，是新校区的精髓，也是新校区的风格，令人心动，使人向往。

老校区之外建立新校区，是发展中的选择，而且这至少在形式上是自主追求的结果。若念及近年来飙升的地价，似乎尤感庆幸。韬奋、明珠钟声相应，才会更加悠扬悦耳；苏州、沈泾河水相通，才会更加源远流长。两个校区"老""新"的相融，承袭深厚文化底蕴，交汇新生时代活力，这是对华政园的祝福，也是我们这些来回于新老校区之间华政人的追求。

（撰于2005年8月。原文刊于《华东政法学院学报》2005年第5期封三）

大学之"大"
——贺学校、学报更名

无论亲聆韬奋钟声还是暂栖海外，每每念及自己是华东政法学院这一"学院"的属分子时，总会伴随着一种归属、自豪之感和亲切、留恋之情。

近年来，大学合并之风骤起，高校扩招浪潮未歇，专科纷纷升格本科，兼之偶尔出席公务会议时遇到的匠心暗运的座次安排，以及时常传来的大学更名成功后的庆贺，一切都似乎昭示着，"学院"必定次于"大学"、学院仅是从专科到大学之过渡。"学院"怎么啦？原本温馨的称谓遭遇到了尴尬。而生存于学院中者，虽私议中尚能言MIT、Wellesley，然理直，气却不壮。时务如此，不得不识。于是乎，体察上下，建设表里，张罗内外，终于迎来了一纸红头文字，学院更名为大学。这期间充满了众人的忙碌、艰辛和心血。我们要庆贺成功，享受愿望成真的喜悦，自然，也有了更多的期盼和祝福。

从学院更名为大学，是一种标志，这将会在我们的校史上留下里程碑式的记录。无论如何，按照时下高等教育的管理模式和要求，只有条件和规模到达一定标准后，学院才可能称为大学。就此而言，获准更名为大学，既是对我们多年来致力于发展外延和提升内涵的肯定，也是对今后不断拓展、深入工作的激励。因此，这确是一种标志，需要记录，也值得庆贺。不过，从学院更名为大学，仅仅是一种标志。标志有了，庆贺过了，那就真的"大学"了？坊间广传的大楼大师之辩，已指明大学治理的基本之道。但大楼毕竟有形，至多至广总是有数；大师毕竟为人，至高至尊终究非神。况且，多年来，新建校舍楼宇成群，已不觉何者为大楼；标榜名师大家成堆，反而怀疑可否真有大师。大楼、大师之外，"大气"可能更为大学所需。所谓"大气"，乃是一种精神，一种气魄，一种风骨。它要求生存于其中者有宽宏大量的胸襟，有开放恢宏的视野，有独立不羁的思考，有深切沉重的责任，有遇挫不馁的心态，有脱俗大方的言行。

大学需要这样一种精神，也应该有这样一种精神。好在华东政法这名称依旧，老校区雅致依然，新校区气派已现，相信我们的华政园定会有这种精神。这是期盼，也是祝福。

（撰于2007年4月23日，于美国Ann Arbor。
原文刊于《华东政法大学学报》2007年第3期封三）

硕博人生，始自今日

——2009年9月22日研究生开学典礼致辞

同学们、老师们：

早上好！

在这个充满期待的季节里，在这必将记入校史的难忘时刻，我很荣幸能作为全校所有导师的代表，在此表达几句作为“导师”的心声：

同学们，在这有着各种机会的多元时代，你们选择报考华政，并顺利来到这个开学典礼现场，你们的到来，使这里的研究生教育历史得以延续；你们的到来，使这个校园再添活力；你们的到来，才使我们得以继续享有“导师”的资格。而你们陌生、年轻的面孔，和好奇、憧憬的眼神，将再一次燃起我们履行好导师职责的激情。因此，作为导师，我们真诚地感谢你们的选择，欢迎大家的到来。

同学们，这里的校园最有品位，有历史的厚重，有古朴的建筑，苏州河和中山公园环抱中的闹中取静，这是最适合研究生学习生活的地方。就是在这万航渡路1575号，曾留下林语堂、顾维钧、邹韬奋、贝聿铭、张爱玲等一代名家的足迹，我们的大草坪更是民国著名法学家、外交家王宠惠幸福婚姻的见证地。也就是这个校园，是现在不计其数的活跃在政界、学界及实务界的翘楚们梦想开始的地方。雅致的校园，良好的学风，自由的学术环境，这是我们每位导师赖以生存并继续孜孜以求的精神家园，相信同学们即将在这里度过的两年或者三年的学习生活中，定将会感受到校园的美好。或许这里还有这样那样的不足，但只要我们感受到它的美好，它就会越来越好。短短数年，可能难以成就辉煌，但足已孕育一段难忘的人生记忆。

同学们，从今天起，我们更应该思考和理解硕士生、博士生的“硕”和“博”的含义。如果说，从高中到本科，选择学校，选择专业，多半是因为包括家庭、社会评价等外在因素作用的偶然，那从本科到研究生，从硕士生到博士生，则更多的应该是自我意识、自我追求的必然。我无法准确说出“硕士生”和“博士生”这两个学位名称的来历，但这里的“硕”，必有丰硕之意，这里的“博”，定有博大之容。因此，从硕士生、博士生，到硕士和博士的过程，已远远超出仅仅为了完成论文、取得学位的意义。它必将要求我们：应该有更深切的责任和担当意识，有更深切的平等和契约观念，有更开阔的阅读和交流视野，有更独立的思考和评判能力，有更大方的言行和处事举止，有更宽宏的同情和理解胸襟。因此，为着能够达到真正的硕和博，我们大家都须不断努力，跨越专业之限，超越门第之观，踏踏实实地学习、思考，开开心心地生活、交流。

校园里的每位老师将是你踏实学习的见证人，校园里的一草一木将是你愉快生活的见证物。这是作为导师的期盼，也是二十二年前的这个时节，作为华东政法学院二十九名硕士新生之一，八年前的这个时节，作为华东政法学院首届法律史十五名博士新生之一，如同你们现在一样，参加隆重开学典礼的我，你们的这位前辈学长的深切感受。在这个校园，我收获太多，学业、学位，友谊、爱情。同学们，我相信这个校园会带给你们大家如同我一样的幸运，更会带给你们超越我的收获和未来！

最后，真诚地送给大家八个字的祝福，这就是，“硕博人生，始自今日”。

谢谢！

享受宁静

稀里糊涂，又至新年。回首2009年，好像经历了很多，又好像什么也没有发生。有人说，人一辈子其实只有一个敌人，那就是时间。随着光阴逝去，我们渐渐没有了如星星一样璀璨的梦想，没有了如水晶一样纯净的青春；总是忘却了不该忘却的，却又记住了不该记住的。不过，我们毕竟拥有现在，并非完美却终究是值得珍惜的现在。我们珍惜现在，故而在辞旧时仍怀感恩，在迎新中满含期盼。

感谢作者和读者，因为你们的关注，学报才会有今日的声誉；感谢同行和同事，因为你们的支持，主编之责于我才不致成为负担。学报期盼你们的继续关注与支持。在岁末的祝福声中，有一句话让我怦然心动，那就是"一切享受，没有比宁静更为享受"。

宁静，对学报而言，是一种必需。学报只是一份年轻的刊物，编辑部只是一个小得不能再小的团队。它承受不了太多的喧嚣，也无福消受过度的热闹。我们只能偏安于古朴的六三楼，默默注视学界动态，认真浏览各方来稿，慎重斟酌挑选，逐篇审读编辑。它以学术为宗，拒绝非学术因素的干扰，排斥无正当理由的禁锢。学报不可能不入世，但可以尽力做到不俗气。享受宁静，这是学报的新年向往。

宁静，对治学者而言，是一种境界。环顾当下，教授分层级，评职要项目，立项务求现实意义，课题还有高低区别，各种考核前赴后继，而量化评价似成定势。乍看仿佛一派繁荣，细想实为亢奋躁狂。我们似乎不该阻遏这样的繁荣，但是可以抑制自己的亢奋。我们都知，应时应景的文章可以撰写于嘈杂喧嚣之时，而学术研究之精髓却必问世于静思熟虑之后。学术不需要轰轰烈烈，这是学术的失态；学术依赖寂寞宁静，此方为学术的常态。宁静，不是落寞，而是从容；宁静，不是无为，而是有所舍弃。享受宁静，当为治学者的新年愿景。

“孤单是一个人的狂欢，狂欢是一群人的孤单”，这句颇有禅味的歌词，亦可用以期盼当前的学界。享受宁静，这是我对学报，对关注学报的朋友们的新年祝福。自然，这也是对自己的鞭策和勉励。

（撰于2010年1月3日。
原文刊于《华东政法大学学报》2010年第1期封三）

学报十年

十年，对于我个人，或许只是弹指一挥间，而对于我们的学报，却不能形容得如此轻松，因为这已是她全部的历史。

十年前，也是这样的深秋，《华东政法学院学报》创刊于沪上。时掌本校的曹建明教授，在发刊词中阐明了办刊的宗旨，那就是“弘扬学术、培育学术氛围”。十年来，学报在各方面均有长足的发展。版面扩充，发行量渐增，并随学校晋升而更名为《华东政法大学学报》，在学界获得了广泛的关注和良好的声誉，跻身于权威的期刊评价体系之列。一期复一期，我们秉承了这一办刊宗旨，排除门户之见，无专家和后学之别，皆以学术为重。

学报十年，感谢作者、读者诸君，倘若没有你们的扶持和关注，学报的历史难以为继；学报十年，感谢历任编委会、编辑部成员，倘若没有你们的费心和尽力，学报的历史不可能如此稳健；学报十年，感谢周围的同事、学者，倘若没有你们的支持和理解，学报的历史不会如此丰富多元；学报十年，感谢期刊界的同行、主管，没有你们的提携和帮助，学报的历史不可能如此顺坦。所有的你们，都是学报十年历史的见证人，更是学报未来十年、二十年，乃至永远历史的奠基者。

十年的历史，绝不敢说有多么辉煌，但令人欣慰的是，十年中我们在不断夯实自己的基础；十年的历史，更不敢说铸就了独有品格，但令人释然的是，十年中我们在不断追逐自己的理想。本期作者中，有创刊时即给予我们支持的法界先进，有近年来日渐蜚声的学界砥柱，还有准备以研究为己业的在学才俊，这既展示了我们学报有继承学统、传播学术的使命，也昭示了我们学报有扶持后学、发展学术的担当。无论使命还是担当，皆以学术为宗。

学报十年，似乎该有个正式纪念形式。但以学报幼冲之龄，恐无法承载任何热闹形式的庆祝，故仅以此片言只语，聊表纪念我们学报创刊十周年之意。

（撰于2008年11月1日。原文载于《华东政法大学学报》2008年第6期封三）

一百年来

1912，民元初建，万象更新。自此至今，整整一百年间，中国历经北洋军政、国民政府、中华人民共和国成立、十年浩劫、改革开放，教科书中关于历史阶段的如是划分，勿论正谬，皆昭示着中国历史的曲折多变和纷繁复杂。百年之中，沧海桑田，信手拈来，举不胜举。但是，百年之间，变中之不变，恒久之追求，更当铭记。

遥想一百年前，抛却帝制枷锁的中华大地，百制待立，仁人志士，满怀憧憬。他们组政党，参议会，建外交，拟宪草，修法典。前后不过一二年间，党派林立，意见纷呈，就总统制还是内阁制，单一制抑或联邦制，效大陆制还是仿英美制，当尊孔教还是应信教自由等，争得面红耳赤，各持其理。称奇的是，争中之不争者，顷刻间，业已形成数端，诸如共和，分权，统一，平等，民主，宪政，法治，保障民权和自由，法官独立等者是也。凡此，根于本土乎，依样葫芦乎，自初即有分歧，迄今时闻争论。不过，对于它们的向往，自即时起，就已根深蒂固，情有独钟。

回眸一百年的中国历史，百日帝制和贿选宪法令人嗤之以鼻，近代法律体系的构建及其成就嘉惠至今，彻底隔绝旧法统和改换门庭创建新秩序之反思尚待深入，浩劫十年无法无天之教训让人痛心疾首，最近三十多年来制度重构过程中的保守开放及或左或右之评判不绝于耳，看似创制、实为回归的强调法治和人权入宪不出所料获得阵阵好评，遏制权力腐败和专制已成上下之同愿，呼唤公德和保障民生乃成刻下之急务，早日结束两岸分治实现共富共荣的呼唤不单单现于领导层的讲话更蕴藏于普通民众之心。对于过往的史实或当下的现局，或嘲讽或赞誉，或鼓呼或抨击，皆是基于对我悠悠中华文化之温情敬意，是对于美好制度和温良秩序的期许艳羡，是对于民富国强和惬意生活的渴慕急盼。

遥想百年前仁人志士的向往，回顾中国所走过的百年历程，向往还是那些向往，共识可能也还是那些共识，因此，憧憬之愿和追求之路依旧。现实中，经常要面对几提倡几反对几不搞，这不禁让人感到恍惚，这是历史的轮回还是历史的发展？是历史的正剧抑或是穿越剧？

从1912年至2012年，变与不变并存，进步与停滞也常反复。对于美好制度的期许，则是百年中国的不变追求。辞旧迎新之际似乎有点别样的感觉，这与《2012》和玛雅人的预言无关，而是在于，百年之追求将要迎来进一步兑现的机缘了。

（撰于2012年1月3日。原文刊于《华东政法大学学报》2012年第1期封三，另收于拙著《所谓宪政：清末民初立宪理论论集》作为“代跋”）

附　录

访谈：我在华政

按：此采访稿形成于2011年秋天，原文收于《中国法学家访谈录》（第十卷）（何勤华主编，北京大学出版社2014年版），记者：尚锴、方堃。收于本书时，增加现在这个标题，这直接来自肖崇俊博士的建议，并得到几位小伙伴的赞同，特此致谢。同时，进行了若干文字订正。

李秀清，1966年生，女，法学博士，华东政法大学教授，博士生导师。英国牛津大学法律系访问学者和美国密歇根大学法学院富布莱特研究学者。主要从事法律史、比较法的研究。

李秀清著有《日耳曼法研究》，其他合（译）著有《20世纪比较法学》和《外国法与中国法》等十余部，还主编《民国法学论文精粹》和《外国民商法导论》等书。并在《中国社会科学》等杂志上发表论文三十余篇，曾获上海市哲学社会科学著作一等奖及上海市优秀中青年法学家称号。现为《华东政法大学学报》主编，兼任全国外国法制史研究会副会长。2011年荣获第六届“全国十大杰出青年法学家”荣誉称号。

尽管与李秀清教授早已熟识，但在访谈的过程中依然能感受到几分震撼。性格决定命运，从17岁进入华东政法学院的那一刻起，李秀清教授的人生道路便开启了崭新的一扇门，七年间求学的快乐，辗转去日本的艰辛，转入法史后的打拼……环境改变着李秀清教授的性格，而性格则决定了她今日的成功。在这个校园里，李秀清教授付出了太多，也得到了本应属于她的收获：学位与荣誉，还有友谊与爱情。

美丽校园　七年求学

"大学期间，跟我关系好的同学很多，参加体育活动，再后来跟男朋友交往，使我在研究生期间，恢复了原来的性格。我觉得，性格对一个人生活的幸福和事业的进步都有很大影响。"

记者（以下简称"记"）：李老师，您好，我们从您入学的时候开始聊吧，您那个时候为什么会选择来华政读法律？

李秀清（以下简称"李"）：我们那一代的学生可能都有一个问题，对浙江人来说，一般不会走得太远，所以上海肯定是首选。我的分数复旦可能进不去，上海财大和我们学校的分数差不多，但我的脑子里根本没有想过去考一个和财经有关的什么专业，于是就选择了华东政法。当时还有一个很偶然的因素，我们高中的教务处处长席老师的哥哥在华政当教授，就是我们原来宪法的席祖德老师。当时他说，上海有一个华东政法学院，我的这个分数可以考虑，于是我也就进来了。其实那个时候法律系并不热门，文科比较热门的系还是传统的哲学、文学、历史等。不过，当时我们的目标就是要考进大学，至于读什么专业好像没有考虑太多。

记：您是1983年入学的，当时的华政和现在有什么不一样的地方？

李：当时的华政和现在差别很大，我们当时一个年级也就400多人，那个时候我们学校只有法律系，而且还没有完整的图书馆，图书存放只能借用于现在的食堂。现在的这个图书馆那时虽然已经开始兴建，但是还没有使用。除此之外，那个时候韬奋楼还是被卫校占着，学校还需要在帐篷里办公，可以说，现在的硬件变化很大。

记：您对当时的老师有什么印象？

李：当时的我，只是一个本科生，与专业老师的交流并不多，再加上那时候我从乡下过来，不大习惯跟人交流，也不是那种活跃的学生。当时只知道任课老师和班主任，教法理的张善恭老师就担任我的班主任。我觉得当时大学里设班主任的机制是很好的，班主任也由专业的老师担任，当时老师与学生的联系很密切，这个机制对本科，特别是一年级和二年级同学的影响很大。那时候上课也都是小班教学，所以老师与学生之间的关系肯定比现在密切得多。但可惜的是，这个机制在我们现在是没有了，现在的老师都记不住每个学生是谁，只能跟几个比较活跃的学生进行沟通。

记：有哪些给您印象比较深的老师？

李：在本科期间印象比较深的老师有教法理的张善恭老师，现在遇到时，张老师还直接喊我"丫头"，还有我们的辅导员，现在讲授刑事诉讼法的王俊民老师，他当时刚刚留校。特别要说的一点是，当时我们1983级进来的时候，恰逢1979级第一届毕业生开始留校，像周伟文老师等一批年轻教师都给我们上过课，当时师生之间的关系很密切。在我们三年级时，张驰老师也当过我们的班主任，他是1980级留下来的，是兼职的班主任，所以我觉得当时的班主任制度很好。现在尽管也有导师制，但是导师与学生之间的关系却还没有当时那么密切。

记：当时的学科体系是什么样子的？

李：科目体系，我现在也不太记得了。只记得应该是没有太大的变化，从基础课开始，法理、中法史、外法史、罗马法等，跟现在的课几乎都差不多。现在变化大的可能就是民法的课是越来越多了，我们那时候只有民法总论、民法分则的课程，老师是吕淑琴老师，她的课上得很好。杨兴培老师给我们上过刑法，当时给我的印象也很深。

记：当时同学们之间的关系怎么样？

李：同学们的关系也十分密切，我在40号楼住了两年，当时的那间宿舍也正好就在40号楼三楼，也就是我们专业老师现在的工作室，正是这个原因，在分配工作室的时候，我专门选择了当时我们宿舍所在的那一间，也就是现在的308房间。当时一年级二年级都住在40号楼，我们女同学住在三楼，二楼就是男同学，所以男女同学之间的关系也很密切，而且可以互相串门，那时学生的业余活动很单一，要么看电视，要么跳舞，要么看电影。当时40号楼一幢楼只有一台电视，是放在三楼的走廊上，一般大家都是星期六吃好晚饭，就搬着小凳子挤在那里，就像以前乡下放露天电影。那时候有一点好处，每周末都有舞会，当然是条件很简陋的舞会，有时候在教室里，后来就在体育馆楼上。那时候班级的概念是很强的，大家也比较单纯，没有太多担忧的东西，毕业后没有工作的担忧，所以不会总是想着毕业以后会是什么情形。当时读书也不像现在同学们还要求计算机、英语之类，那时候我们读书就是按部就班地上好课就可以了。

记：您本科时还有哪些让您印象特别深的片段？

李：有几件事情。第一件事情是，1985年，我们学校开始分系，原来只有一个法律系，读到二年级的时候要分成四个系，有法律系，经济法系，国际法系，后来的刑事司法，当时叫犯罪学系，这件事情对以后的生活都产生了一定的影响，因为以前读书都是按部就班，到这个时候要有一个选择专业的意识。当时我们什么都不懂，都是老师说要报名，我们也不知道经济法要干什么，国际法要干什么，我就是随大流选择留在了法律系。第二件事情是，那时候老师对同学真的是很好，大部分老教师也住在校园里，所以老师会把学生当作自己的孩子一样，逢年过节，老师会到宿舍看望同学们，尤其是外地的同学。

记：一直听说那时您的体育特别好？

李：运动会也是本科时印象比较深的事情。当时我们学校没有自己的操场，所以开运动会都是租华师大的操场去开，那时候从我们学校的后面，穿过铁轨走到那边。因为我体育很好，所以每次运动会的时候肯定是很踊跃，我那时的特长是短跑，60米我拿过冠军。那时候的规定很奇怪，规定有的项目哪些班级必须有多少人参加，因为我体育比较好，所以每次都是哪里人不够了就拉我过去凑。我印象中还扔过铅球，而且铅球好像还拿了学校第六名，还有跳远、跳高，连三级跳远我也跳过。

记：您那一代学生的体质肯定比我们现在要好很多。

李：是的，我印象中大家都在运动，而且当时大家的精力那么旺盛，如果不运动就没事干了。当时书也不多，很多教材都没有正式出版，就这么点东西。所以说物质条件，硬件的发达与否，优越了以后未必是一件好事，很多东西并不是信息越多就越是好事。我曾经看到过一篇文章，每个人脑中的信息都是有限的，人们对于信息必须要有所鉴别，很多事情知道了无非是去猎奇，没有什么好处。

记：其他还有什么事情让您印象比较深？

李：还有一件事情我必须要提，那就是我的丈夫，我们是同班同学。说来也巧，我到大学校园里看到的第一个人也是他。我从浙江乡下到上海要乘船，所以我提早了一天到。那时候学校会有一些同学先来做一些预备的事情，我丈夫是上海人，而且因为他原来工作过，年龄也大一点，所以就理所当然地先到学校来迎接新同学。那时候我的哥哥送我过来，我们在校门口就看到他正在校门口迎接新生。

记：1987年，您本科毕业，为什么会选择去考研究生？

李：其实我原本从来就没有想过要去考研究生，只是想着毕业回浙江。那时候的考研究生和现在也不一样，读了研究生就意味着要走上学术的道路，读研并不是我最初的选择。但是大三的时候情况发生了变化，我的个人问题来了，那时的男朋友，也就是现在的丈夫，之前一直对我很好，但是我一直在想自己是要回浙江的，并未对此多加考虑。那时候女同学很吃香的，一个班级50个人，女同学就10来个，所以女生被追的也很多。大三的时候，我也定好了要在大四上半学期的9月份到嘉兴中院去实习，但在这个时候，我和他之间的关系变得很微妙，我们确立了恋爱关系。这样我的压力就很大了，因为他是上海人，虽然他不介意随我到浙江去，但当时上海比浙江的条件要好很多，我觉得不能让自己欠他什么，而当时要留在上海，唯一的可能就是考研究生。所以我才决定要考研，这样至少我已经努力过了，也算是对他有一个交代。

我们是1月份考研究生的，当时我考研究生的有利条件就是，我男朋友也和我一起考，他喜欢做研究，我考研究生就是把他准备的东西回去背一背，当时也没有什么自己的想法。他报刑法，我也跟着报刑法，因为我的背功比较好，所以许多门课我居然考得比他还好。

记：您那时候考的是刑法，为什么后来却进入了宪法与行政法专业？

李：因为当时两个人都上了线，我们那时一个年级就招29个人，刑法招7个，我的成绩在刑法考生中并不冒尖。当时苏惠渔老师对我的男朋友说，如果你们两个人都读这个专业挺无聊的，刚好那一年宪法没有招满，教宪法的金永健老师也愿意接收我，就这样，为了不在一个专业读下去，我转到了宪法专业。

记: 那您当时对宪法有概念吗?

李: 当时没有什么概念。我们宪法一个年级就两个研究生,上课时有时候就是金永健老师、孔令望老师和俞子清老师这三位老师对着我们两个学生上课,而且20世纪80年代末期,宪法课也不那么好上,我的感觉就是我这三年中基本没有好好读书。

记: 学业没太上进,那课余时间您主要做了哪些事情?

李: 我最多的时间就是在玩,我没有现在的学生读书那么认真,也不会花太多的精力在学习上,更不会被逼着写论文。当然,也有个别同学花很多的精力在英语上,但要么为了出国,要么为了考博士,我的生活状态可能与我的个人性格也有关系。我真不是自己要去考什么研究生才考上的,性格上也比较被动。

记: 但现在如果回想起那段时光,也许会觉得无忧无虑地去玩,也不是什么坏事。

李: 虽然我也觉得不一定是什么坏事,但是我现在很后悔,至少我该用在学习上的时间没有用到。不过,我的性格在这一段时间里确实发生了很大的变化,在本科一二年级的时候,我几乎是不大说话的,甚至一个人连校门都不敢出,这与我从小在乡下长大,没见过世面,有一定的关系。在我考大学的前一个月,我的妈妈去世了,这对我的性格有很大的影响。我从小很开朗,因为我在家中是老小,也一直被宠着,但我从来没想过,我妈妈才60岁怎么突然就病逝了,一直到了大三以后,我才慢慢地调整过来。大学期间,跟我关系好的同学很多,参加体育活动,再后来跟男朋友交往,使我在研究生期间,恢复了原来的性格。我觉得,性格对一个人生活的幸福和事业的进步都有很大影响。我本科到研究生期间变化很大,大一、大二其实不是真正的我,所以有时候本科同学看到我现在这个样子,都会问我你怎么变了呢。其实我并没有变,我本来就应该是这种样子。

记: 您出生在20世纪60年代,一个普遍的现象是,在您的本科和研究生的时代,一批20世纪50年代的青年学者已经开始在学术等各个领域崭露头角了,在您的记忆里,早期的本科和研究生时,您与他们是否有接触,对您又有什么帮助?

李: 本科期间就我个人来说,和他们的接触很少。因为我的性格并不是那种很主动的，但是我们一进校，给我们印象比较深的一件事情就是曹建明老师给我们作报告。当时曹老师已经是一个全国性的模范人物，我们这一届听过他很多次报告，大家对他有一种高山仰止的感觉。但是，我们大家都住在一幢楼，上下几届很熟悉。而且当时每届还都有像北大等名校的学生来考我们学校的研究生，这种不同背景、不同地域之间学生的交流是非常重要的。现在你们博士与硕士，高年级与低年级之间也一定要做好交流和沟通，做好“传帮带”的工作，一定要彼此之间多交流。读书，读学位，其实都不是考出来的，而是“熏出来”的，在这样一个环境中，慢慢吸收很多人的优点，才能更好地成长。

记：您读书的时候，当时的思想比较活跃，政治风气比较敏感，对您有什么影响？

李：因为女同学不大关注这个方面，只是“政治风波”出现以后我们才知道是怎么一回事情，而当时的“政治风波”，对我们这一届影响很大，尤其是对于我们文科学法律的同学来说，在分配之前可谓人心惶惶。政治风波影响到了很多人，比如说我的男朋友，本来他已经确定留校，他在研究生期间就已经在《中国法学》发了一篇文章，但由于“政治风波”而没有办法留下来。从我个人来说，我也觉得很内疚，因为他比我更适合做学术，所以说有时候像我这样一个从来没想过要在高校，从来没想过要搞研究的人可以留下来，而他却没有留下来，这对学校来说或许也是一种损失。

辗转回校　法史机缘

“（在日本）当时很艰苦，我一边打工，一边还要自己读书，我日语就是完全自学的，当时我带的磁带，一有空就听，选择电焊工，是因为电焊工是不需要说话的，做得最多的是在拉面厂拿面条，就是大家很熟悉的味千拉面，还当过服务员，卖过盒饭……现在回过头有时候想想觉得很苦，但这都是我成长的收获。对我成长影响最大的，就是在日本的这段日子。”

记：您毕业以后即选择了留校，当时您有没有想到过别的工作，还是一切听从分配？

李：我一直是很被动地做一些事情，在1989年之前，硕士留校不是一个好的工作，因为外面有很多选择的机会。但是1990年时，如果能留校，那就非常好了。我本身性格上就是随遇而安的，而当时学校的师资确实很缺，所以我就留了下来。

记：那时的宪法教研室是个什么样的情况？

李：当时的宪法教研室其实还是比较强的，除了刚才提到的三位教授，年轻的还有孙潮老师等一批前面几届我们学校培养的硕士。那时候宪法教研室和社会学的也都在一起，社会学也有一批年轻的骨干，比如说李建勇老师、易益典老师等，人数也不少，但相对而言，20多岁的人比较少，我和同学付思明是最年轻的。

记：您是1990年留下来的，您在教研室里待了多长时间，后来为什么要选择出国？

李：我从1990年7月到1993年10月在教研室，当时还规定所有的留校老师都要兼职当班主任，我当1989级8905班的班主任当了半年多，在1992年我怀孕了，那个时候是我的一段过渡期，因为我还要照顾家里。1993年3月，我女儿出生，两个月后，我丈夫就要去日本，他抛不开那种对学术的追求，想去日本读博士。那时我在学校，他在上海的美国庄臣公司，就工资收入来说，我在学校每个月只有165元，而他已经有2000多元了。他想去日本读博士，但到了日本才知道，博士学位特别难拿，很多老师在那边读了五六年都没有读出来。日本的经济压力特别大，如果一边打工，一边学习，那肯定是学不好的，所以他去了以后，就千辛万苦地帮我以妻子身份弄了一个倒签证，虽然我并不想去，因为当时我的女儿太小，还在哺乳期，但当时拿到了一个倒签证不去又太可惜，我婆婆也支持我去，说这个孙女由她来照顾。这样我才来到日本，去了之后确实很辛苦，到了那边一句日语都不会说，不得不一边工作一边开始学日语。

记：过去听您说过，您曾经当过3个月的电焊工。

李：当时很艰苦，我一边打工，一边还要自己读书，我的日语就是完全自学的，当时我带的磁带，一有空就听，选择电焊工，是因为电焊工是不需要说话的，而做得最多的是在拉面厂拿面条，就是大家很熟悉的味千拉面，此外，我还当过服务员，卖过盒饭。其实从法律上说我是不符合打工的身份的，因为家属的身份是不能打工的，当时我的身份写成汉字叫“家族滞在”，但是当时留学生们都是和我一样的情况。我爱人当时在日本也是一边读书一边打工，他刚进去的时候叫研究生，相当于访问学者，没有正式入籍，在研究生读完之后，他再读的硕士生，写成汉字叫“修士”。

记：这段生活对您的影响应该是非常大的。

李：现在回过头想想有时候觉得很苦，但这都是我成长的收获。对我成长影响最大的，应该就是日本的这段日子。日本一年多时间，让我有了一种担当、独立的意识。因为我丈夫自己本身也很辛苦，不能一切都依靠他，所以在那边，包括找工作，都需要很大的勇气。那时我的日语刚刚会说一点，就要拿着书去打电话，这需要克服原来我那种害羞的性格。

记：您当时回来是出于什么原因？

李：当时我回来的原因有很多，其中有两个最重要的原因。一个是想我女儿了，有一段时间我觉得自己都快崩溃了，那时中国还没有超市，我在日本的超市里看到小孩推着个小推车在超市里面跑来跑去，听到小孩子“咿咿呀呀”的声音，就会觉得很伤心，甚至会不由自主地跟着小孩走。另外一个原因就是我丈夫本来想去读博士，但是到了那边才发现他所在的这个大学竟然不能招博士，必须从硕士开始读，而且当时中国人去得很多，奖学金也不是很好拿。所以这样一想，有点遥遥无期的感觉，所以及时作出了回国的决定。其实现在我们很庆幸及时回来了。因为在那边真的待下去以后，换一个学校，拿到一个博士学位，也不一定是现在这个样子。对我来说，我可能就会变成一个家庭主妇了。

记：现在想想，在日本的岁月真的是一笔财富。

李：前年的时候，我和我丈夫还特地回了一趟熊本。虽然之前我们也回过日本，但是一直没有勇气回熊本，因为那个地方给我们留下的回忆是最底层、最辛苦的部分，回去以后我们就在找当时我们曾经住过哪里，在哪个地方买菜，很多的角落我们都特意过去了一下。

记：您后来为什么又回到了华政？

李：当时我回来之后，因为之前和同事们的关系都很好，所以先回教研室去看望他们。那时候孙潮老师当系主任，郝铁川老师当书记，他们都对我比较了解，因为我性格上比较随和，那时候学术上大家也都不怎么写东西，再加上正赶上学校的人往外走的一个潮流，学校正好也缺人。虽然也去公司面试过，但我发现那里并没有我喜欢的感觉。再加上我还要与我女儿培养感情，我刚回来时，女儿都不愿意叫我，所以我回来以后一直住在婆婆家，整天带她去长风公园玩，培养和女儿的感情。在家待了几个月，也没有刻意地去外面寻找工作。

记：对您来说，回到华政有一种归属感。

李：我觉得是这样，当时也是个契机，如果在日本再待一段时间再回学校，学校教研室如果名额已满，他们也不一定要我了。但回来后，我却发现宪法教研室因为殷啸虎老师的到来已经满了，而刚好外法史教研室缺一个人，那时的外法史教研室自周伟文老师之后就没有人了，所以教研室需要这样一个人。孙潮老师和郝铁川老师把我的情况跟徐轶民老师和何勤华老师说了一下，他们说愿意接收，我就这样进入了外法史教研室。当时我的感觉是一下子就懵掉了，外法史？我从来就没怎么接触过，我总觉得自己是宪法出身，心里还有些不安。但我丈夫已经在外面找到了非常不错的工作，他很忙，所以也希望我回到学校，然后能照顾一下孩子，这样生活能安定一点。就这样，我就误打误撞地进入了外法史教研室。

记：当时的外法史教研室的情况是什么样子的？

李：当时，法制史教研室都是在一起的，在东风楼一进去的左面角落里。那时候王召棠老师、徐轶民老师、陈鹏生老师还都没有退休，中法史的一帮老教师也都在。我1995年回来时，何勤华老师刚刚当上副院长，徐老师他们本来基础打得就很好，何老师又那么执着。整个外法史在各方面的项目开始启动，最开始就是跟何老师做现在的统编教材，然后再写“法律发达史”系列。我在日本学到的日语也就派上了用场，回来的时候我日语的口语还蛮好的，看看文本问题也不是很大，在写教材时，特别是日本法的这一部分这就派上了用场。日本法的这一部分与之前的外法史教材可以说是有了全新的变化，我几乎全都是参考日文的资料。从那个时候起，我逐渐开始踏上了学术的道路。

记：统编教材的影响很大，当时是什么情形？

李：该项目的启动是1996年，我到现在还清楚地记得，因为当时这套教材是司法部的统编教材，王人博老师、方立新老师、郑祝君老师等都来到了上海，司法部还来了一个姓沈的负责老师，我们像模像样地开了一个会，我还带他们去了外滩。我还记得当时我和王人博老师等站在外滩的时候，王老师说："上海好是好，但是我不属于这个地方。"我对这句话印象很深。

记：1996年以后，徐轶民老师、王召棠老师就基本上已经慢慢准备退了，当时的教研室又有什么变化，您当时主要做了什么？

李：我刚回来时，跟着何老师听了他给本科生上的一个学期的课，也跟着徐老师听了他给研究生上的一个学期的课。两个老师的课我完整地听了一遍。何老师的课，就是在东风楼那个大的教室，而徐老师给研究生的课都是在小的教室。这两门课对我当时外法史的起步很有帮助，因为那时并不像现在有那么多的资料。

记：您是哪一年开始给本科生上课的？

李：在听完何老师和徐老师一个学期的课后，就开始给本科生上课了。不过刚开始自己的水平还很有限，能把这个场面应付下来就不错了。随着自己的积累，我的课才越上越好，上课是一个综合实力的体现，并不只是文字上的东西。

记：后来您就开始做"法律发达史"方面的工作，那套书的影响应该很大。

李：是的，后来就是法律发达史的撰写工作，其实我一直没有问过何老师，但是有一点，我写的统编教材中的日本部分何老师肯定是满意的，所以才可能让我跟着做很多事情，先是做《日本法律发达史》，在做这本书时我是蛮投入的，我参考的几乎全部是日文的资料。

事业荣誉　情定华政

"这么多年，我能一直在这个学校，无非是受到两个因素影响，一方面是对这个校区的感情太深了，万航渡路1575号，我自从17岁就到了这里，走在这个校园里我有一种归属感，这个是很重要的原因。另外一个就是我们法律史的年轻老师和学生我觉得也离不开他们，我还希望在这样的一个团体中发挥一定的作用，所以我特别不能忍受一些有损于我们这个团体的不好的言行。”

记：2001年，华东政法的法律史有了第一批博士，您也就顺理成章地成为他们中的一员。

李：我在博士论文后记里面说的都是真心话，我在回顾的时候一直觉得自己很幸运。单是从这个博士点的建设来说，当时我们法律史申请博士点的资料，大部分是我在何老师的指导下填写的。我从1997年以后就没有真正的休息过，一直在忙这样那样的事。申请博士点的时候，环境比较微妙，那时候盛传可能要与交通大学合并，各种事情很多，何老师的压力也很大。博士点申请下来后，在高校读博士已经是大势所趋。从家庭等方面考虑，我又不大愿意跑到北京去读。所以就决定要考何老师的博士。关于考博士，我是花了大力气的，因为一般来说，我们第一年招博士只能招一个，所以我当时给自己规定一定要考第一名。因为当时正处在与交大合并与否并不确定的时期，交大答应拨了我们50个博士名额，所以那一年我们专业才会有15个名额，而我最终也如愿考到了第一名。

记：当时您读博士时，您要一边读博士，还要继续做没有做完的一些课题。

李：那个时候就很累了，尤其是2000年到2004年，我不断地承接各种课题。2000年，我们启动了《外国法与中国法》项目，何老师最初是想招一批人来写，以主编的形式，按照年代来分。当时去湘潭开年会，我主动跟何老师讲，何老师您不要这么弄，我们能不能以专题的形式我和你两个人弄就可以了。何老师觉得这个建议很好，所以这样就定下来。当时初定何老师只写开头和结尾，当中全部由我来写。从这时开始，我几乎没日没夜地到上海图书馆找资料，还出了个《民国法学论文精粹》——与这个课题有关的副产品。那个时候的硕士也非常得力，如王沛、陈颐、冷霞他们，而且都是无偿劳动，法律出版社能将这些书出版就已经非常不错了。在这么多资料的基础上，我顺利地写完宪政、民商、刑法三部分，但是写到司法制度、国际法时就已经没有时间了。如果我再不写博士论文就来不及了。现在想想，正是因为这本书让我自己对研究的要求、视野提高了。从此以后，我再也不认为随随便便编一本书是我想做的，我希望这一本书的每一个部分都是一篇独立的文章。如果不是《外国法与中国法》，后来的《日耳曼法研究》我可能也写不出来。

记：您的博士论文是《日耳曼法研究》，当时的一个比较有利的形势就是您在英国，能说说当时的情况吗？

李：那是因为定了《日耳曼法研究》的选题，我才去的英国。最初我的博士论文想写的是教会法，2002年去澳大利亚悉尼大学法学院复印的都是教会法的资料。因为当时这边的英文数据库不像现在这么发达。但2002年的秋季，情况发生了变化，第二届博士生进来了，商务印书馆的王兰萍编审在报到的时候，我去留学生楼与她聊天，她说彭小瑜的《教会法研究》一书已经准备由商务印书馆出版。我一个晚上没睡着觉，我觉得自己必须重新确定题目。在考虑了几天之后，我主动给何老师打了电话，问刘晓雅当时选的日耳曼法研究还弄不弄了，何老师说刘晓雅已经放弃了，我就跟何老师说，我想选这个题目。当时我说这句话的时候，心里一点底也没有，因为当时我什么资料也还没有找。后来，牛津大学的一个老师来我们这边参加校庆50周年，正好学校也有出国访学的一个名额，所以这样我去了英国。

记：当时您去了英国有什么不适应的地方？

李：因为之前有了去日本的经历，而且有博士论文压着我，使我每时每刻都在想这个问题，所以我在英国一直很专注。当时我是和李桂林老师一起去的，因为他已经是博士后，所以他就比较轻松一点，他是我们学校引进的第一个博士后。我在牛津大学法律系的半年，将大部分时间都花在了博士论文的写作上，当时也是一个很大的锻炼。李桂林老师是不大喜欢玩的，但是我想这么好的一个地方，我怎么能不出去呢？所以我在星期一到星期五时非常用功地寻找资料，在星期五晚上我就开始上网查哪里好玩，周末就是在玩。牛津总共有39个学院，我在刚去的时候想先把这39个学院走一遍，然后再到英国重要的地方看一看。比如说，伦敦、坎特伯雷等地我肯定要去。很多地方也都是我一个人去的。我先了解好去的路线，一个人背着双肩包，里面放着最简单的东西，一瓶水，一个苹果，一个面包，一台照相机。这个双肩包跟着我去了很多地方，我去过哪个国家，它就去过哪个国家。在工作方面，我给自己的规定是周一至周五每天编译5000字，所以回来的时候编了40多万字的相关资料，虽然最后也只用了十几万字的资料，但这个过程使我收获很大。我在牛津待了半年多，2003年7月回来的。

记：有一个事情，您是很有发言权的。现在我们专业很多的博士和硕士，都会面对何老师的课题，这对大家都有很大的锻炼，这点是毫无疑问的。但是另一方面来说，如果没有这些课题，我们会有很多时间看很多的书，或者是扩展自己的视野。这样大家就会很纠结，有时候书也看不好，课题也做不好，这两者之间怎么去掌握一个平衡？

李：这个确实是一个矛盾，跟何老师做学科的课题对大家确实是一个锻炼，很多其他的博士点或硕士点并没有这个机会。所以如果我的硕士博士问我，我都会这样回答："如果你真的感兴趣，你就要参加。如果你真的参加，一定要尽力。"但是对博士同学来说，我觉得你可以参加，但是你必须要保证这个课题要在博士一年级完成，如果在博士二年级之后你还在忙一个与博士论文无关的课题，就没有时间来完成博士论文了。但是从另一个方面来说，假如你从来没有参加过课题这方面的训练，你一定要参加，因为这个完成课题的过程都是对你们的训练。所以我为什么逼着我的学生上课时提交自己的论文，因为这个过程是一个完整的学术训练过程，训练大家如何找资料、如何构思、如何行文规范。只有这样，才能应付其他的一些写作。但是这个关键还是要尽力，尽心尽力去做才会从课题中有所收获，否则就是拼拼凑凑，人家也不喜欢看，自己也觉得没有意思，就会很遗憾。

记：您回来之后不仅要面对艰苦的论文写作，行政职务上也有了一定的调整。

李：回来之后，我就成为了《华东政法学院学报》的主编。当时学校要重新轮岗，我原来是科研处的副处长，学报副主编，那两个职务都是虚职，不需要我去做什么事情。但是，回来以后我就成了主编，事情也就忙碌起来。在我之前，学报主编是何老师挂名的，殷啸虎老师是常务副主编。我回来时殷老师去图书馆当了馆长，所以刚回来的时候我就开始编杂志。当时我对编杂志什么也不清楚，编辑部总共就三个人，只有我、余红老师和已经退休的郑茳老师这三个女的，好在当时冷霞、王沛他们两个人轮流到编辑部值班，帮了我很大的忙。

记：在您的主持下，学报这几年有了很大的发展，您觉得自己对学报做出了什么样的贡献，或者是自己得到了什么样的锻炼？

李：这个要从两方面说，从我自己当学报主编后，学报确实是发展了，有几个衡量的指标，包括学报进入了CSSCI核心。那个时候的我居然还不知道什么是CSSCI，只是想把每期学报编好，后来，突然有人向我表示祝贺，我才反应过来这个是我们学报一个非常重要的突破。后来，学报也被评为了全国的、上海的最佳学报、百强社科学报等，这都是一些硬的指标。而从软的方面看，学报的学术声誉，也逐步提高了，从投稿量、人们对我们的认可等方面，我们都可以感受到我们的进步。我希望在我当主编期间，学报有一个相对纯洁的环境，而且我办杂志是有底线的。虽然有的时候“人情稿”我们没有办法，但是我们绝对不会以牺牲学报的声誉去迎合，甚至会因此得罪领导和同事，我觉得时间长了大家也都会理解的。因为这是学校的一个学报，我的这个位置就决定了我要把学报做好，尽管我在学报办公室的时间不多，但是我费的心力是十分多的，每一期的稿子我必须要好好动脑子，也要审读的。

记：我觉得，这个事情从某种意义上来说也是开拓自己的学术视野。

李：是的，当主编对我自己的好处就是逼着自己要去了解所有的领域，并不只是局限于法制史。像刑法、民商法这些领域的文章，我都要花时间去浏览。尽管我没有很深入地去研究，但是我要知道现在大家都在关注些什么，而且我也要关注最新的立法动态。而且另外一个好处就是，在当主编的期间，我既关注学术的问题，也有了很多这个行业的主编朋友，包括法学系统的，包括学报系统的，包括一些相应的协会。对于自己的一些实质性的好处可能就是，自己写出来的东西现在发出去比较容易，但是我不希望他们发我的文章是因为这一原因，我还是希望他们发我文章是因为，我是在搞研究，而且这些研究是我在认真地做的。但是从另外一个方面来说，当主编压力太大，尤其是稿源的压力太大了。有时候我一打开自己的邮箱，有一连串的来稿信件。对于投稿的朋友来说有可能是跟我熟悉，投给我，好的稿子我看到也高兴。但是问题是每期杂志版面有限，不可能照顾到方方面面，而且在这个过程中我也拒绝了很多好的稿子。我的很多脑细胞都用在了怎么样婉转地去应对、去拒绝一些稿子，而且我又不愿意去伤任何人的心。我不能说哪篇稿子好，哪篇稿子不好，我只能说哪篇稿子不适合我们的学报。一般的稿子我自己是不审的，由我们编辑去审，这样可以分担一些我的压力，让我能更超脱一些。

记：不仅仅是学报主编，这些年您还有一个重要的职务，就是全国外国法制史研究会秘书长，能说说这些年您当秘书长的感受吗？

李：我从2000年开始当的副秘书长，2002年贵州会议时开始当的秘书长。

这些年我当秘书长时也是尽心尽力，因为当秘书长要协调各方面的关系，何老师十分信任我。我觉得不管是秘书长也好，主编也好，主要还是做人，还是和人的性格有关系。我当秘书长的一个宗旨就是，要把这个研究会弄成团结、平等、开放、民主的研究会。我们从一开始就是要"以文会友"，没有文章就没有发言权，即使你是最资深的教授，要做主题发言就必须要交与主题符合的文章。这样对整个研究会，特别是对年轻老师的培养，是有很多好处的。早些年，会议代表不多，一般来过一次的人，下次见面的时候我肯定能叫出那个人的名字，尤其是比较偏僻的学校来的老师，人家就会特别感动。我也觉得与他们交流会有很大的收获，我做的无非是些协调的工作，把整个会弄得平平安安，开开心心，大家觉得有收获，有交流，就已经很好了。

记：这几年，您的另一项重要职务是比较法研究所的所长，能谈一下这方面的事情吗？

李：我其实在几年前就是法律史中心的主任了，法制史教研室只有我处在这个年龄段中，比较适合这个岗位，因为需要很多心力去做协调工作。有很多事情比如说申请基地、争取上海市经费的支持等工作都需要去处理。去年何老师还让我担任博士生导师组组长，有时候何老师太信任我，却也让我觉得自己太累了。但是任何一个事情，我都只是一个协调人，我就是为这个团体能够向上做出一点自己的贡献，这是对整个团队老师的一个交代。我也希望年轻的老师能够快点成长，以准备接替我现在的职位。

记：李老师，这些年来，关于您的未来，也有很多传闻。比如说去年学校领导层的变动，今年您女儿考上清华大学等，很多事情会不可避免地和您以后的去向联系在一起，您对自己的未来有什么规划呢？

李：说实话，离开华政并不是件非常困难的事情。如果离开高校，离开这样的工作岗位，或者是到其他的高校，到其他的法学院，现在自己做过的一些事情和成绩，别的学校也会感兴趣。所以现在外面有传闻也是正常的。我现在自己经常扪心自问，我是不是一辈子就要待在华政。就行政职位来说，既无能力，也不感兴趣，很多时候我都是"被"竞聘的。这么多年，我能一直在这个学校，无非是受到两个因素影响，一方面是对这个校区的感情太深了，万航渡路1575号，我自从17岁就到了这里，走在这个校园里我有一种归属感，这个是很重要的原因。另一个就是我们法律史的年轻老师和学生我觉得也离不开他们，我还希望在这样的一个团体中发挥一定的作用，所以我特别不能忍受一些有损于我们这个团体的不好的言行。我们是法学专业，应该具备与人交流与沟通的能力。但有时候人不能太势利，有的同学整天想着眼前的利益，这样是成不了大气候的，因为何勤华老师和周伟文老师都比较宽容，而我对此往往会有一些意见，所以有时候我会表现得激烈一些。我希望在我退休的时候，我们这个团体仍然是蒸蒸日上的，尽管有的时候我有可能会感到无力，但是我还是希望能够发表我的观点。这个团体里有一批年轻而优秀的老师，像王沛、冷霞、陈颐、于明等老师，他们都十分出色，在与他们交流中，我感觉到我有责任尽我所能帮助他们，我十分珍惜与他们交流的机会。而如果叫我去一个更著名的大学，待遇更高的法学院，却要放弃这么熟悉的一个环境，我还是舍不得，除非有什么不得已的特殊原因。

记：今年，您得到了“十大中青年法学家”这个荣誉，这也是我们学校自从曹建明教授、何勤华教授之后十年来首位获此殊荣的教授，您觉得这个荣誉对您有什么影响？

李：这个荣誉不属于我个人，这个荣誉是属于我们整个法制史的，也是属于华政法制史的，这样一个结果对我个人当然是一个肯定，但同时不要真的把这个荣誉当作“法学家”来看。有时候他们让我出席活动、演讲，我就说，这个真的不是我的强项，我希望这个事情过去就过去了，自己该做什么还是应该去做什么，我真的没有太多的感觉。但是，从世俗的眼光来看这还是一个很高的荣誉，这对何勤华老师，对我们专业也是一个交代。从法制史学科来说，这是一个比较值得庆贺的事情，因为法制史学科本身就是一个小学科，特别是我还是偏外法史的，外法史的影响力与中法史是不能比的，很多杂志都不发外法史的文章，这是我们自己心里必须有数的一个事情。在荣誉方面，对很多人来说这可能很重要，但是对我来说，我已经习惯了华政的生活，所以也仅此而已，这绝对不是什么谦虚的话。

索　　引

索引条目以“专论”正文所涉的主要人物、刊物、法律、法案等为限，且已包含在篇目中的，如《中国丛报》、《中国评论》、“王宠惠宪草”、吴经熊、徐志摩、“五四宪法”等，不再列于其中。条目以汉语拼音为序，同一音序下的条目按首字音序排列。数字为本书页码。

A

阿美士德使团　31，39

爱斯嘉拉（Jean Escarra）　87

B

“八二宪法”　137

巴鲁（M.Julien Barraud）　47

包荣第　77

毕葛德（Francis T.Piggott）　47

裨治文（E.C.Bridgman）　4，10，22，23，24，25，27，28，29

博蒙（Gustave de Beaumont）　25

C

曹祖蕃　90

陈瑾昆　77

陈霆锐　100

陈滋镐　89，90

《晨报副镌》　125

程树德　84，88，90

D

《大理院审判编制法》　50，51

《大清律例》　11，12，13，14，18，31，32，36，37，66，117

大隈重信　7

《大学规程》　72

《大学令》 72
《大学组织法》 74
戴修瓒 85，90
丹尼斯（N.B.Dennys） 32，40，41
《德臣报》（*China Mail*） 32，40，42
狄更逊（G.L.Dickinson） 123
丁家立（C.D.Tenney） 66，117
《东方杂志》 56

F

《法国律例》 5
《法律评论》 76
《法学》 6，129，135，136
《法学季刊》 91，105
《法院编制法》 52，85
《法政学交通社杂志》 5
《法政专门学校规程》 72
费伊（L.M.Fay） 37
伏尔泰 3

G

《各级审判厅试办章程》 51
龚当信（Cyr Contancin） 22
龚政 63，66
《共同纲领》 130，133
古德诺（Frank J.Goodnow） 8，47
《广州记录报》 13
郭浚哲 76
郭实腊 4
郭嵩焘 5

H

何超 85，89
何基鸿 77，89
何雯 64
"何震彝宪草" 47，48，49，59
胡长清 76，78，84，88，90
胡适 125，126，127
黄云鹏 60
黄右昌 77
黄璋 61，62
黄遵宪 5
霍姆斯（Oliver W.Holmes，Jr.） 104，106，118，122，126，127

J

嘉约翰（J.G.Kerr） 35，38
"姜廷荣宪草" 47，49，59
江庸 74，79，82，92
金保康 90
金岳霖 112，124，126
《京报》 13，19，21，22，39
《纠弹法》 68
《纠弹条例》 68

K

"康有为宪草" 47，48，49，59

L

莱布尼茨 3
兰金（C.W.Rankin） 96

“李超宪草”　47,48,50,59
李鸿章　39
李怀亮　77,90
李良　82,85,88,90
李浦　89,90
“李庆芳宪草”　47,48,49,59
李维汉　131
李祖荫　78,82,85,89,90
利玛窦　3
梁敬錞　77
梁启超　65,121,122,126
“梁启超宪草”　47,49,59
梁廷枏　4
林则徐　4
林志钧　77
刘崇佑　62
刘鸿渐　77
刘远驹　77
刘震　77
刘志扬　77
卢天游　62
陆鼎揆　100
陆小曼　125,127,128
罗素（Bertrand Russell）　119,123

M

“马伯里诉麦迪逊案”　54
马戛尔尼使团　31,39
马建忠　5
马礼逊（Robert Morrison）　4,22,35,37,39,41
麦都思（W.H.Medhurst）　40
梅森（George H.Mason）　31
米怜（W.Milne）　36,41
《密歇根法律评论》　102,122
《民立报》　57,58

N

宁协万　90

O

《（欧美）法政介闻》　5

P

庞德（Roscoe Pound）　8,80,105,118,125
“彭世躬宪草”　47,48,54,59
彭时　76
彭真　135,138
《平政院编制令》　68
《平政院裁决执行条例》　68
《平政院各庭评事兼代办法》　68
《平政院拟定诉状缮写方法》　68
蒲安臣（Anson Burlingame）　39

Q

钱端升　131
《钦定宪法大纲》　56
屈武　131

R

《人民法庭组织通则》 134

S

施塔姆勒（Rudolf Stammler） 105，118，124
《十九信条》 56
《私立大学规程》 72
宋教仁 53，56，58
苏驭群 89
《诉愿法》 56，68
《诉愿条例》 68
孙觐圻 77
孙润宇 63
孙钟 60

T

陶德骏 82，84
陶惟能 77，78
"特拉诺瓦案" 31
"天坛宪草" 44，59，60，64，66，67
托克维尔（Charles Alexis de Tocqueville） 8，24，25，26，27，28，29

W

《万国公法》 4
万钟庆 78
汪彭年 64
汪荣宝 54，59，60，62，63，65，66，68
"汪荣宝宪草" 47，49，58
汪有龄 74，83，85，92
王材固 75，76，78，84，90
王傅壁 100
"王登乂宪草" 47，49，59
王侃 77
王懋麟 83，90
王绍鏊 61，62
王韬 5
王选 82，84，89
王元增 90
威格摩尔（John H.Wigmore） 104，105，118
卫三畏（S.W.Williams） 23，24，28，39，41
魏源 4
翁敬棠 77，89
伍朝枢 61，63，67
伍廷芳 67
"五五宪草" 69
吴炳枞 89
"吴贯因宪草" 59，65，66
吴振源 78

X

"席聘臣宪草" 47，48，49，59
《遐迩贯珍》 40
夏勤 83，84，87，88，90，92
《宪法新闻》 46，47，54

《香港公报》(*Hong Kong Gazette*) 40
《香港记录报》(*Hong Kong Register*) 40
《香港政府宪报》(*Hong Kong Government Gazette*) 40
小斯当东(George Thomas Staunton) 31,36
《新加坡纪事报》 20
《刑案汇览》 33,37
《刑事、民事诉讼法草案》 51
《行政裁判院官制草案》 51,56
《行政审判法》 56
《行政诉讼法》 68
《行政诉讼条例》 68
"休斯女士号案" 32
徐继畲 4
徐家相 83
许德珩 132
薛福成 5

Y

"姚荣泽残杀周实、阮式二烈士案" 67
叶在均 77
伊藤博文 7
《印中搜闻》(*The Indo-Chinese Gleaner*) 13,31,35,36,38,41,43
余棨昌 77,89
郁达夫 111,112
郁嶷 77,88
袁世凯 68

Z

曾国藩 4
曾志时 78
章士钊 58
张君劢 120,121
张耀曾 60,64
张幼仪 120,124
张之洞 4,51
张志让 131,132
《政法研究》 136,137
《政法译丛》 136
《中国之友与香港公报》(*Friend of China and Hong Kong Gazette*) 40
《中华民国鄂州约法》 53
《中华民国广西省约法》 53
《中华民国江西省约法》 53
《中华民国临时约法》 45,53,55,57
《中华民国临时政府组织法草案》 56,58
《中华民国宪法》(1923) 68
《中华民国宪法》(1946) 69,106
《中华民国训政时期约法》 69,70
《中华民国约法》 68
《中华民国浙江省约法》 53

《中日释疑》 40
《中央人民政府组织法》 135
《中央政法公报》 6
钟赓言 88，89
周鲠生 131
朱深 85，88
朱兆莘 62
《孖剌报》(*Daily Press*) 40

后　记

距上部专著的出版还不到两年，又忙着汇辑这部文集，年内就将面世，自己想想也不敢相信。全然是为了校庆。

我的所有三个学位，皆得于华政园。1983年9月7日，我第一次走出浙江省临海县，来到这位于万航渡路1575号的华东政法学院，由在校门口迎候新同学的本科同班的上海同学带领到四十号楼的三楼女生宿舍。从那时迄今，除了先后赴日陪读及到英、美、德等国三次访学，合起来三年多远离校园之外，其他时间都在此学习、工作。从学士、硕士到博士，从助教、讲师、副教授到教授，三十余年来，华政园见证了这一切。感恩母校。

如今，在校园里，有时会碰到大一时的班主任张善恭老师，他中气十足的一声“丫头”，随即会让我恍惚之间回到那时的校园。前几日，去我的硕士导师金永健老师家拜年。金老师患病多年，沉默寡言，以前见面时必会感叹的“宪法不好弄”这次已想不起来说了，稍感安慰的是，经师母和我的反复提醒，他还能想得起20世纪80年代初自己去北京与许崇德、何华辉等教授一起编写宪法学统编教材的往事。在我读硕士的三年间，是金老师，还有孔令望老师、俞子清老师，让我找到对于宪法学的一点感觉。1990年7月，他们同意成绩平平的我毕业后直接留在宪法教研室任教。1995年5月，从日本回来后我重新回归校园，机缘巧合中，转入法制史教研室，徐轶民、何勤华、张寿民、周伟文等老师的接纳，使我得以成为外国法制史团队中的一员，继而于2001年作为本校法律史专业首届博士生之一，跟随何勤华老师继续深造，三年后顺利毕业获博士学位。诸位老师指导我完成学业，帮助作为教师的我从稚嫩走向成熟。感恩老师。

正是得益于何老师的信任和指导，我才逐渐在教学之余，开始一些思考和研究，在比较法律史方面有了自己的兴趣点，先是用心于欧洲中世纪法，最近七八年，则是倾心于近代中西法律文化交流（或曰冲突）史。我以为，它们是最需要也最能够融合并展现外法史与比较法的视野、方法的两个重要领域。收于本书的专文聚焦于司法，关注中西法律交流史上的主要媒介、重要人物、主要法案，着意挖掘并展示的是近代以来中国的司法制度与观念的选择、转型和变迁，以及法律人在其中的角色和价值，毕竟一代法律人的气度与格局，一定意义上会影响这一时代包括司法在内的法制变革和法治进程。“法思·前言后语”汇集的则是作为纯华政制造的法律人、法学教授的我的一些学思与感怀。各篇皆是旧文，曾分别发表于《法学论坛》《南京大学法律评论》《中外法学》《比较法研究》《华东政法大学学报》《清华法治论衡》《中国法律评论》等刊物。感谢审稿人和编辑老师。

在有限的时间内，我对于各篇文章都做了力所能及的修订和补充。在此过程中，得到身边亲密的小伙伴们的鼓励和指点，书名及个别篇名的确定，也是来自于与他们相聚交流时的启迪。同时，一如既往地得到了我家先生的理解和支持，当年站在校门口的这个上海同学，绝对不会想到，他迎接的不仅是同学，还是这么多年后仍赖在这校园里的一位教授。题目及目录发给远在美国求学的女儿征求建议，也获得了她的赞赏。谢谢你们。

刚刚过去的2016年，于我，可谓多彩、难忘。进入新年，即着手汇辑，正好整理心情，回顾感念，享受宁静，再次出发。感恩岁月，也感谢自己。

2017年2月21日，新学期开学前一天

图书在版编目(CIP)数据

所谓司法:法律人的格局与近代司法转型 / 李秀清著. —北京:法律出版社,2017
(华东政法大学65周年校庆文丛)
ISBN 978-7-5197-1317-1

Ⅰ.①所… Ⅱ.①李… Ⅲ.①法制史—研究—中国—民国 Ⅳ.①D929.6

中国版本图书馆CIP数据核字(2017)第213527号

所谓司法:法律人的格局与近代司法转型
SUOWEI SIFA: FALÜREN DE GEJU YU JINDAI SIFA ZHUANXING

李秀清 著

策划编辑 高 山
责任编辑 韩向臣
装帧设计 汪奇峰

出版 法律出版社
总发行 中国法律图书有限公司
经销 新华书店
印刷 北京嘉恒彩色印刷有限责任公司
责任校对 杜 进
责任印制 陶 松

编辑统筹 学术·对外出版分社
开本 720毫米×960毫米 1/16
印张 15.25
字数 237千
版本 2017年10月第1版
印次 2017年10月第1次印刷

法律出版社 / 北京市丰台区莲花池西里7号(100073)
网址 / www.lawpress.com.cn
投稿邮箱 / info@lawpress.com.cn
举报维权邮箱 / jbwq@lawpress.com.cn
销售热线 / 010-63939792
咨询电话 / 010-63939796

中国法律图书有限公司 / 北京市丰台区莲花池西里7号(100073)
全国各地中法图分、子公司销售电话:
统一销售客服 / 400-660-6393
第一法律书店 / 010-63939781/9782
西安分公司 / 029-85330678
重庆分公司 / 023-67453036
上海分公司 / 021-62071639/1636
深圳分公司 / 0755-83072995

书号: ISBN 978-7-5197-1317-1
定价: 49.00元